西北大学"双一流"建设项目资助

Sponsored by First-class Universities and Academic Programs of Northwest University

国家自然科学基金项目"街区尺度土地混合利用的行为机理与活力效应研究——以西安为例（42071211）"资助

城市土地混合利用空间特征与效应

李建伟 等 著

科 学 出 版 社

北 京

内 容 简 介

深入探究街区尺度城市土地混合利用的时空特征及其建成环境与活力效应，对于满足居民需求、推动土地集约高效利用和激发城市活力具有重要的意义。本书以西安中心城区为研究对象，综合运用 GIS 空间分析、社会调查、定量模拟等方法，系统建构土地混合利用测度框架，定量解析其对建成环境和城市活力的作用机理，并通过轨道交通站点这一典型街区，剖析土地混合利用对于塑造建成环境及激发城市活力的微观作用机制，进而提出精细化管理的调控模式与优化策略。本书深化了街区尺度土地混合利用对建成环境及活力效应的科学认知，为土地资源集约利用、居民生活质量提升以及城市空间品质优化提供理论支撑和实践指导。

本书可供城市地理、城乡规划、土地管理等领域，特别是从事城市与区域规划、城市更新改造等领域的科研人员、高校师生及规划师参阅，亦可作为城乡规划、人文地理、国土空间规划等相关专业研究生的参考资料。

审图号：西 S(2024)027 号

图书在版编目(CIP)数据

城市土地混合利用空间特征与效应／李建伟等著. -- 北京：科学出版社，2024. 11. -- ISBN 978-7-03-080136-4

Ⅰ. F299.232

中国国家版本馆 CIP 数据核字第 2024RA4108 号

责任编辑：刘　超／责任校对：樊雅琼
责任印制：徐晓晨／封面设计：无极书装

科 学 出 版 社 出版
北京东黄城根北街 16 号
邮政编码：100717
http://www.sciencep.com

北京九州迅驰传媒文化有限公司印刷
科学出版社发行　各地新华书店经销
*
2024 年 11 月第 一 版　开本：720×1000　1/16
2024 年 11 月第一次印刷　印张：17 1/4
字数：340 000
定价：195.00 元
（如有印装质量问题，我社负责调换）

序

近几十年，我国城镇化进程取得巨大成就。回顾总结这些年走过的道路，深感进一步提高城镇化发展水平面临重要任务之一是要提高城镇建设用地利用效率，严控增量、盘活存量、优化结构、提升效率，切实提高城镇建设用地集约化程度。

土地混合利用研究是城市规划和城市地理学研究的一个重要课题，也是提升城镇化发展水平的重要抓手。合理的土地混合利用可以将相互联系的城市功能整合布置，藉此既可缩短通勤距离、缓解交通拥堵，又可实现用地功能互补，方便生产生活，提高土地集约利用水平，从而提升城市运行效率。

我国城市发展已由"增量扩张"向"存量挖潜"转变，如何有效实施城市更新，推动低效用地再开发，实现建设用地混合利用和存量建筑空间功能转换，从而促进城市功能融合，激发城市活力，创造宜业、宜居、宜乐、宜游的美好城市空间，是新时代城市现代化过程中深入践行以人为本的城市建设理念的重要内容。开展土地混合利用研究，厘清土地混合利用的行为机理与活力效应，对于合理安排城市生产、生活、生态空间，推进城市规划和建设管理走内涵式、集约型、绿色化的高质量发展路子具有重要意义。

西安是世界历史名城，是国家重要的科研、高等教育、国防科技工业和高新技术产业基地、国家中心城市，也是我国西北地区唯一的特大城市。改革开放以来，随着城市规模的迅速扩张，城市生态文明建设、职住平衡与土地利用形态转化、老工业区更新及历史文化名城保护等方面的问题和挑战逐渐显现。如何优化城市功能布局、提高土地利用效率、增强空间活力等已成为推进城市高质量发展的重要议题，也是学界和社会各方面关注的焦点。

《城市土地混合利用空间特征与效应》一书从西安城市发展的独特性与复杂性出发，在广泛吸纳国内外前沿研究成果的基础上，综合运用空间分析和定量模拟等研究方法，对土地混合利用的空间特性与综合效应做了系统性的探索研究分析。该书研究成果为集约高效利用城市土地资源、激活城市空间潜力、焕发城市活力提供了一个新的理论视角和分析方法，对促进城市土地资源的优化配置具有一定的理论和实践价值，也为西安的城市规划研究和建设用地管理及城市治理决策等方面提供了有益的参考。

李建伟教授长期从事城乡规划与城市地理学领域研究，取得了一些研究成果。希望能够秉承西北大学"公诚勤朴"的校训，保持创新务实和理论联系实际的优良学风，严谨治学，不懈探索，取得更好的研究成果，为新时代城市高质量发展和高效能治理贡献智慧。

匆匆数语，是为之序。

陈宗兴

2024 年 10 月

前　言

在国土空间规划体系逐步建立的背景下，严格控制新增建设用地规模、提高土地利用效率成为近年来城市发展的大方向。《全国国土规划纲要（2016—2030年）》提倡在开发建设用地时应趋向多功能利用，充分利用有限的土地空间，上海、深圳等城市已经广泛开展了土地混合利用相关工作，并出台一系列规范文件。作为促进土地高效利用、激发城市空间活力、提升居民生活品质的重要工具，土地混合利用可以为居民提供更为便捷的服务，有效缩短出行距离与时间，避免城市无序蔓延。然而，土地混合利用并不是万能的，不适宜的土地混合利用反而会对居民生产生活造成不利影响。既有研究在城市宏观层面的时空格局、物质环境方面的作用机理，以及交通、健康和安全等空间效应方面的成果颇丰，而作为土地混合利用核心空间尺度的街区，其行为机理和活力效应研究还比较缺乏。因此，加强街区空间土地混合利用的时空特征、作用机理与空间效应方向的研究，将有利于实现功能融合发展，提升居民生活质量和城市空间品质。

本书以西安为研究对象，基于 POI、百度热力图等地理大数据，综合运用GIS 空间分析、多元回归模型、MGWR 模型等方法，重点开展街区尺度土地混合利用的行为机理与活力效应研究。首先，通过建构土地混合利用测度模型，分析土地混合利用的时空演变特征；其次，围绕"5D"建成环境要素构建指标体系，借助多元线性回归模型定量解析土地混合利用与建成环境之间的作用机理，提出精细化空间混合利用的调控优化模式；再次，在城市活力评价指标体系的基础上，运用 MGWR 模型定量解析土地混合利用对空间活力的影响效应，探究时空演变的行为机理，建构活力效应的分析框架体系；最后，结合城市轨道交通站点典型街区功能演变，建立基于居民行为需求特征的人本化研究路径。形成的主要结论包括以下部分：①从数量、距离和属性三个维度，构建了一个全面且系统的土地混合利用的测度框架，西安市土地混合利用呈现低位运行、稳健增长与可持续性的时间演变特征，以及方向分布、核心集聚与圈层递减的空间演变特征。②通过土地混合利用与建成环境之间作用机理解析，认为路网密度对土地混合利用的促进作用最强，街区面积对土地混合利用的负向影响最显著。③运用多尺度地理加权回归模型（MGWR）量化解析建成环境对城市活力的影响效应，认为与城市中心的直线距离、容积率和土地混合利用度是影响城市活力的主要因素。

④西安市城市轨道交通站点功能呈现波动上升、中稳外变和混合主导的演变特征，商服功能、到城市中心的距离是城市轨道交通站点功能演变的主要因素，并选取西安北站高铁站区探究人本视角城市韧性的响应机理。在理论上有利于深化街区空间土地混合利用行为机理和活力效应的科学认识，在实践上可以为集约利用土地资源，提升居民生活质量和城市空间品质提供科学依据。

在国家自然科学基金项目"街区尺度土地混合利用的行为机理与活力效应研究——以西安为例（42071211）"和西北大学"双一流"建设项目的资助下，作者围绕城市建成环境评价与优化先后发表论文 10 余篇，培养研究生 10 余名。本著作是在这些成果的基础上，经编写组的共同努力，数易其稿，终成此书。本书共分为 7 章，全书提纲由李建伟提出，第 1 章由赵丹、王国吉、李妮执笔；第 2 章由赵丹、蔡谢凡、庞俊祺执笔；第 3 章由李建伟、王国吉、庞俊祺、陈运执笔；第 4 章由李建伟、蔡谢凡、岳清蓉、陈运执笔；第 5 章由李建伟、张永伟、赵丹、陈璐、李霖霖、阮佳香执笔；第 6 章由李建伟、赵丹、王浩、李妮执笔；第 7 章由赵丹、李建伟执笔。书稿由李建伟进行统稿，张永伟、庞俊祺进行模拟计算，蔡谢凡、王国吉、陈璐进行数据处理和插图绘制。在此，对杨海娟教授、赵新正教授、董欣副教授，以及刘傲然、郑拓、邵柳等研究生的辛勤工作表示深切谢意！此外，在课题研究和本书写作过程中，参考了大量学者的研究成果，无法一一列出，谨在此一同致以谢意！

土地混合利用特征与效应研究涉及城乡规划学、人文地理学等众多学科，研究范围十分广泛，理论和方法处于不断发展和完善之中。由于笔者水平有限，土地混合利用研究中的诸多问题尚未涉及，书中所写内容也难免有不足之处，敬请大家批评指正。

李建伟

2024 年 6 月

目　　录

前言
第1章　绪论 ·· 1
　1.1　理论源起 ·· 1
　1.2　概念内涵 ·· 5
　1.3　特征属性 ·· 9
　1.4　现实背景 ··· 14
　1.5　研究区概况 ··· 20
　1.6　数据来源 ··· 27
第2章　国内外研究进展 ··· 37
　2.1　测度方法 ··· 37
　2.2　空间格局 ··· 43
　2.3　影响因素 ··· 48
　2.4　影响效应 ··· 52
　2.5　研究述评 ··· 56
第3章　土地混合利用测度与时空演变特征 ······························· 58
　3.1　研究方法 ··· 59
　3.2　测度框架体系 ··· 63
　3.3　时间演变特征 ··· 78
　3.4　空间演变特征 ··· 82
　3.5　本章小结 ··· 91
第4章　土地混合利用的建成环境效应 ······································ 93
　4.1　研究方法 ··· 94
　4.2　建成环境指标体系 ··· 94
　4.3　回归模型建构 ·· 104
　4.4　建成环境影响效应 ·· 107
　4.5　调控模式 ·· 114
　4.6　本章小结 ·· 133

第5章 土地混合利用的活力影响效应 ················· 136
　5.1 研究方法 ··················· 138
　5.2 城市活力时空演变特征 ··················· 143
　5.3 空间耦合分析 ··················· 151
　5.4 MGWR 模型建构 ··················· 161
　5.5 活力影响效应 ··················· 166
　5.6 调控模式 ··················· 179
　5.7 本章小结 ··················· 202
第6章 典型街区功能演变与韧性响应 ··············· 204
　6.1 研究方法 ··················· 208
　6.2 轨道交通站点空间范围 ··················· 211
　6.3 功能演变特征 ··················· 218
　6.4 功能演变影响因素 ··················· 236
　6.5 西安北站客流扰动与韧性响应 ··············· 243
　6.6 本章小结 ··················· 258
第7章 主要结论 ··················· 261

第1章 绪 论

1.1 理论源起

"土地混合利用"这一概念最初由国外学者提出，主要围绕土地利用的混合状况进行展开，其英文表述包括"mixed-use""mixed land use""mixed-use development"等。土地混合利用与城市空间建设发展紧密相连，其在城市建设和区域发展过程中的作用日益凸显，逐渐成为推动城市高质量发展、提升人民生活水平的重要途径。

随着工业化的发展，城市逐渐出现了居住区与工业区杂糅的现象，同时由于城市规划管控不足、人口高度聚集等出现了一系列的城市问题，如交通拥堵、环境污染、住房紧张等。在这样的背景下，城市功能分区的思想应运而生，并逐渐在城市规划理论中占据主导地位。城市功能分区最具代表性的理论是国际现代建筑协会（Congress International Architecture Modern，CIAM）的《雅典宪章》。它将城市划分为生活、工作、游憩和交通四个功能区，并强调居住作为城市规划的首要考虑因素，集中体现了"功能分区"的思想[1]。这种机械的土地使用隔离策略在早期的城市规划中，对于解决工业化导致的诸多问题起到了非常积极的作用。

虽然功能分区在城市空间组织与土地管理方面具有一定优势，但是严格的城市功能分区却被认为是诸多城市问题的根源[2]，例如城市格局日益分散、空间活力不足、中心区衰败[3]、土地利用低效、城市空间无序扩张和发展动力枯竭[4]等问题都被认为是严格功能分区的规划思想导致的。在此背景下，20 世纪 60 年代，

---

① 丁凌. 城市规划三大宪章的分析与比较. 特区经济，2014（6）：220-221.

② Raman R，Roy U K. Taxonomy of urban mixed land use planning. Land Use Policy，2019，88：104102.

③ Zeng C，Song Y，He Q S，et al. Spatially explicit assessment on urban vitality：case studies in Chicago and Wuhan. Sustainable Cities and Society，2018，40：296-306.

④ Li S J，Wu C，Lin Y，et al. Urban morphology promotes urban vibrancy from the spatiotemporal and synergetic perspectives：a case study using multisource data in Shenzhen，China. Sustainability，2020，12（12）：4829.

土地混合利用思想应运而生，城市土地功能布局理念逐渐由分区隔离向混合利用转变。这一发展大致可分为对传统功能分区思想的批判和土地混合利用思想的建构两个阶段。

1.1.1　传统功能分区的批判

以简·雅各布斯（Jane Jacobs）为代表，对城市功能分区进行理性思考与批判，关注城市土地的多样性和城市活力，推动城市功能的混合[①]。虽然《雅典宪章》所倡导的功能分区思想在缓解各类城市问题方面发挥了一定的积极作用，但严格的功能划分并不能完全有效地解决城市问题。第二次世界大战后，随着汽车保有量的急剧增加，中心城市的大批人口外流。土地利用规划和分区法规也导致住宅和非住宅用地之间的空间隔离，从而增加了居民对汽车的依赖。机械的功能分区思想给城市带来了各种矛盾和挑战[②]。对此，简·雅各布斯通过对美国大城市的观察分析，于 1961 年出版了《美国大城市的死与生》（*The Death and Life of Great American Cities*）一书。在书中，她指出严格的功能分区破坏了城市的多样性，主张土地混合利用是激发城市活力的重要方式，强调空间和功能的多样性及其所带来的经济多样性在提高城市竞争力和空间活力方面具有决定性作用。

随着工业技术的不断进步和科技革命的持续发展，城市化进程加速导致全球范围内出现了资源短缺、生态恶化、环境污染等一系列问题。为了应对这些问题，20 世纪 60 年代，美国开始推广规划单元开发（planned unit development）[③]和叠加分区（overlay zoning）[④] 等土地用途管制方法，旨在强调开发的灵活性和土地的混合利用，以更好地平衡城市发展与环境保护之间的关系[⑤]。

1977 年，在对《雅典宪章》批判性继承与发展的基础上，国际建筑师协会（International Union of Architects，UIA）在秘鲁签署了《马丘比丘宪章》。首先，

---

① 简·雅各布斯. 美国大城市的死与生. 金衡山，译. 南京：译林出版社，2006.

② Mehri F. Utilizing mixed use theory in order to obtain a sustainable urban development. Life Science Journal，2012，9（3）：1879-1885.

③ 规划单元开发（planned unit development）：为了促进土地混合使用，允许开发者将整个地块统一开发（包含住宅、商业、绿化等用途），需要一定的规模门槛和综合发展规划，可以看作是一种特殊的浮动叠加区分方式。

④ 叠加分区（overlay zoning）：为特殊地区（环境脆弱区、交通廊道、历史街区、可支付性住房等）提供可选的土地开发要求，一般覆盖在传统分区之上，具有独立的边界线和分区，被覆盖地块需要同时满足传统分区和重叠分区的管控条例。

⑤ 杨欢. 重塑城市形态：美国空间形态管制的演变特征及控制实施体系研究. 现代城市研究，2020，35（5）：104-109.

该宪章认为严格的功能分区规划牺牲了城市的有机结构，并不符合人类在流动、连续的空间内进行活动的事实①。其次，该宪章在居住、工作、游憩与交通四大分区的基础上，将人的精神和文化融入其中，充分体现了对人本主义的思考，为后续的规划工作提供了指导。最后，该宪章强调有机的功能分区思想，反对简单的机械分割，强调城市各组成部分之间的相互依赖性和关联性，强调功能的综合与混合，主张城市建设应努力创造综合、多功能的环境。这一时期主要反映了人们对城市空间利用思想的反思与探索，为土地混合利用思想的提倡与推广提供了土壤。

1.1.2　土地混合利用的建构

土地混合利用被视为包括"紧凑城市""城市复兴""新城市主义"及"精明增长"等城市规划理论中至关重要的组成部分，在指导城市建设并解决城市问题中被认为是一种重要的规划范式和应用策略。

"紧凑城市"这一城市规划理念是针对城市的无序蔓延发展提出的，旨在通过城市增长边界来控制城市无序蔓延，同时并不限制城市成长发展。紧凑城市的内涵主要体现在以下几个方面：①促进城市复兴，对中心区进行再开发；②保护农地，限制农村地区的过度开发；③实现更高的城市密度；④采用功能混合的用地布局；⑤优先发展公共交通，并在其节点处集中开发。紧凑城市主张城市应具备更高密度的人口、混合的土地使用功能布局以及高效的交通系统等特点②，提倡对土地利用进行适度混合，主张将居住、商业、休闲娱乐、公共服务设施等不同功能的用地混合布局，以缩短城市交通距离，提高城市居民的生活品质③。

"城市复兴"是一种可持续发展的城市更新思想，旨在以全面融汇的观点与行动为导向解决城市问题，寻求在经济、文化、社会、环境等方面的全面持续改善④⑤。城市复兴的核心发展模式——存量更新模式，即运用城市更新的手段，包括旧城改造、环境整治、交通改善、园区整治和土地整理等，通过合理地规划存量资源，达到促进城区功能优化的目标⑥。这种模式体现了城市规划中土地混

①　丁凌. 城市规划三大宪章的分析与比较. 特区经济，2014（6）：220-221.

②　Kjaeras K. Towards a relational conception of the compact city. Urban Studies，2021，58（6）：1176-1192.

③　吕斌，祁磊. 紧凑城市理论对我国城市化的启示. 城市规划学刊，2008（4）：61-63.

④　Lichfield D. Urban Regeneration for the 1990s. London：London Planning Advisory Committee，1992.

⑤　吴晨. 城市复兴的理论探索. 世界建筑，2002（12）：72-78.

⑥　罗翔. 从城市更新到城市复兴：规划理念与国际经验. 规划师，2013，29（5）：11-16.

合利用的观点，着力于城市中心的混合功能开发，振兴经济活力低下的地区[①]，土地混合利用作为城市复兴的有效手段，在英国得到了广泛应用。这种政策能够提高城市活力，有利于实现更为广泛的城市再生、可持续的社区发展，以及社会混合和社区建设。

"新城市主义"是针对城市郊区无序蔓延所导致的环境问题，如原有城市结构、文脉、关系、邻里和社区结构被破坏，对汽车过分依赖，严重的能源浪费与环境破坏等，提出的一种规划设计指导思想[②]。新城市主义主张以人为本，强调以社区为中心，创造一种居住、工作、商业休闲混合使用的、紧凑的、适宜步行的新型社区[③]。这种思想主要包括传统邻里开发（traditional neighborhood development，TND）和公共交通导向开发（transit-oriented development，TOD）两种模式[④]。TND模式主张在步行可达的邻里社区内，营造混合利用的社区，提供多样化住宅和工作场所，形成良好生活氛围且宜居的街道；注重社区的可达性和多样性，通过合理规划公共空间和提供必要的公共服务设施，打造宜人的居住环境。TOD模式则是从公共交通站点出发，在步行半径范围内，实现城市商业、公共服务等功能的混合利用，促进步行活动，增强社区多样性[⑤]。通过优化交通网络和提升公共交通的便捷性，引导人们选择公共交通出行，降低对私家车的依赖，从而减少能源消耗和环境污染，强调公共交通导向的开发。新城市主义通过倡导紧凑型城市发展模式和混合功能开发，旨在解决城市无序蔓延和环境破坏等问题，提供更宜居的城市环境。同时，新城市主义还强调社区参与和规划的可持续性，注重环境保护和资源利用效率。

"精明增长"是在20世纪90年代末，针对"郊区化"发展带来的诸多城市问题，在"紧凑城市"理念的基础上提出的。其核心内容是充分利用城市的存量空间，减少盲目扩张；加强对现有社区的重建，重新开发废弃、污染工业用地，以节约公共服务和基础设施成本；城市建设集中密集组团，生活和就业单元尽量拉近距离，减少房屋、基础设施建设和使用的成本[⑥]。精明增长的首要原则

① 安德鲁·塔隆. 英国城市更新. 杨帆，译. 上海：同济大学出版社，2017.
② 王国爱，李同升."新城市主义"与"精明增长"理论进展与评述. 规划师，2009，25（4）：67-71.
③ 周晓艳，甘甜，章芳. 新城市主义视角下基于CRAI的城市社区宜居性评价：以武汉市主城区为例. 现代城市研究，2020，35（2）：26-32.
④ Kitchen T. New urbanism and CPTED in the British planning system: some critical reflections. Journal of Architectural and Planning Research, 2005, 22 (4): 342-357.
⑤ Hooper P, Bolleter J, Edwards N. Development of a planning support system to evaluate transit-oriented development masterplan concepts for optimal health outcomes. Environment and Planning B: Urban Analytics and City Science, 2022, 49 (9): 2429-2450.
⑥ 王国爱，李同升."新城市主义"与"精明增长"理论进展与评述. 规划师，2009，25（4）：67-71.

便是土地混合利用，主张通过土地混合利用等方式提高土地利用效率以控制城市蔓延①，认为土地混合利用有利于形成紧凑高效发展的城市，有利于提高城市的宜居性②，同时还强调社会、经济和环境的可持续发展。可持续发展意味着有限的增长，以尽量减少资源消耗和废物产生。城市的可持续发展应支持异质、邻近和互动，提倡紧凑而不是扩张，并且可以通过各种方式来实现③④。土地混合利用是包括住宅、商业和工业在内的一系列土地利用，能够以综合的方式存在，并且支持如公共交通、步行和自行车等可持续交通形式，有利于城市的可持续发展。

随着上述理论模式的逐步完善，土地混合利用在公共空间开发、混合功能开发、紧凑可持续发展以及人本主义回归等方面受到了越来越多的关注。随着人类生活方式及土地利用模式转变，土地混合利用作为一种城市土地政策在理论研究与规划实践中逐渐走向成熟。土地混合利用作为一种城市空间组织的方式，可以创造一个宜居的、可持续的和具有多样性的城市环境，以满足人们对于生活、工作和休闲的需求。

1.2　概念内涵

1.2.1　土地混合利用

土地混合利用是国外率先提出的概念，主要是围绕土地利用的混合情况进行探讨。20 世纪 90 年代以来，土地混合利用的概念被引入⑤⑥，"土地混合利

---

① Krueger R，Gibbs D."Third wave" sustainability? smart growth and regional development in the USA. Regional Studies，2008，42（9）：1263-1274.

② Handy S. Smart growth and the transportation-land use connection：what does the research tell us？. International Regional Science Review，2005，28（2）：146-167.

③ Williams K. Sustainable cities：research and practice challenges. International Journal of Urban Sustainable Development，2009，1（1/2）：128-132.

④ Dania C G. Sustainable urban development. Cuban challenges. International Journal of Urban Sustainable Development，2022，14（1）：409-411.

⑤ 刘勇. 基于新城市主义理念的城市住区模式及其启示. 西北大学学报（自然科学版），2012，42（4）：663-666.

⑥ 朱晓青. 混合功能人居："产住共同体"聚落的演进、机理与建构. 北京：中国建筑工业出版社，2014.

用①②""土地混合使用③④""混合功能开发⑤""混合使用（用途）开发⑥""功能复合（混合）⑦""用地混合使用⑧"等名词概念层出不穷。长期以来，学者们对土地混合利用的概念内涵展开了广泛的讨论，但难以对其有一个明确的概念界定⑨。由于土地混合利用本身所体现的学科的综合性和视角的广泛性⑩，使得建立一个完整统一的概念标准变得十分困难，因而土地混合利用一直是一个模糊复杂的概念。一般认为，土地混合利用指在一块地上可以同时建设两种或两种以上功能建筑物的土地利用方式。当在同一建筑物内具有两种或两种以上的使用功能时，被称为建筑复合使用，广义上也属于土地混合利用的范畴。

尽管土地混合利用的概念没有一个统一的界定，但大多数学者认为，土地混合利用是两种或两种以上的功能在一定空间中的相互联系、作用，主要包括土地、功能及形态上的混合⑪，并从不同视角的概念内涵中挖掘其界定的共通之处⑫。首先，土地混合利用应该包含结构或功能上可以整合的多种用途，这些用途可以是零售、办公、住宅、酒店、文化等，也可以是其他能够通过良好规划或建设项目实现整合的用途；其次，土地混合利用可通过集约化的土地利用和步行导向的交通方式来实现空间优化，以实现土地资源的最大化利用，同时注重步行环境和步行导向的交通方式，以提供更加便利和舒适的出行体验；最后，土地混合利用应符合相关规划的管控，这意味着土地混合利用应在城市规划的框架下进行，遵循相关的规划原则和管控要求，以确保其与城市整体规划相协调，并满足社会、经济和环境等方面的可持续发展要求。

土地混合利用的概念可以从多个角度来理解。从城市规划的角度看，土地混

---

① 包宇. 城市土地混合利用测度研究：以深圳市为例. 湖北农业科学, 2016, 55 (22)：5794-5797, 5801.

② 郑红玉, 吴次芳, 沈孝强. 土地混合利用研究评述及框架体系构建. 经济地理, 2018, 38 (3)：157-164.

③ 朱俊华, 许靖涛, 王进安. 城市土地混合使用概念辨析及其规划控制引导审视. 规划师, 2014, 30 (9)：112-115.

④ 江浩波, 唐浩文, 蔡靓. 我国城市土地混合使用管控体系比较研究. 规划师, 2022, 38 (7)：87-93.

⑤ 黄毅. 上海城市混合功能开发的机遇与挑战. 城市问题, 2008 (3)：35-37.

⑥ 文雯. 阿姆斯特丹混合使用开发的规划实践. 国际城市规划, 2016, 31 (4)：105-109.

⑦ 黄莉. 城市功能复合：模式与策略. 热带地理, 2012, 32 (4)：402-408.

⑧ 王德, 殷振轩, 俞晓天. 用地混合使用的国际经验：模式、测度方法和效果. 国际城市规划, 2019, 34 (6)：79-85.

⑨ Raman R, Roy U K. Taxonomy of urban mixed land use planning. Land use Policy, 2019, 88：104102.

⑩ 刘勇. 基于新城市主义理念的城市住区模式及其启示. 西北大学学报（自然科学版）, 2012, 42 (4)：663-666.

⑪ Cheng Z, Wang H, Wang L, et al. Mix leading to success? Exploring the innovative development model in peri-urban China. Habitat International, 2018, 82：1-8.

⑫ 郑红玉. 土地混合利用多尺度测度的理论和方法研究：以上海市为例. 杭州：浙江大学, 2018.

合利用是指土地用途分类中单一用地具有两类或两类以上的使用性质，包括商业、娱乐、办公、酒店和居住等多种功能在同一宗用地上或同一栋建筑内混合建设和使用。这种使用方式可以促进城市功能的混合布局，提高城市的活力和便利性。从土地利用的角度看，土地混合利用强调"土地利用"与"混合功能"两个层面的整合①。通过不同土地利用方式的混合、不同设施的混合以及土地与设施交错的混合来实现不同类型活动的混合布局（垂直或水平），是体现在土地使用、功能布局和空间形态上的混合。可见，土地混合利用是一种多元化的、综合性的土地利用方式，旨在实现土地的高效利用和城市的可持续发展。

土地混合利用是改变单一功能分区，遏制城市无序蔓延的重要方法，可以促进不同功能在地域空间上的集聚，提高土地利用效率，增强空间活力，有助于形成多元融合的社区，解决由土地分割带来的社会问题。土地混合利用研究的最终目的是指导人地系统可持续发展的社会实践，促进人地关系的和谐。在城市转型升级的实践探索中，土地混合利用作为一种高效紧凑、内涵挖掘的土地利用方式，在破解城市用地瓶颈、促进功能融合等方面显示了越来越突出的优势，多样化的土地混合利用模式在政府主导或市场自发力量下成为城市更新过程中的重要抓手。土地混合利用因为能够满足当前节约集约利用存量土地促进高质量发展的转型需求，在城市更新政策与实践中日益受到重视。虽然土地混合利用并没有形成完整且统一的概念体系，但是其内涵边界基本是清晰的。因此，应在理论研究的同时不断完善和丰富土地混合利用的概念内涵，以便更好地理解和应用这一概念，使其贴近实际，更好地指导实践，以促进城市可持续发展，提升空间活力。

1.2.2　土地利用与功能混合

土地利用是将土地的自然生态系统转化为人工生态系统的过程，受到自然、经济、社会等多种因素的影响。社会生产方式往往对土地利用起决定性作用，土地利用实际上是人类改变未利用土地或已有土地用途性质的一种活动，包括将未利用土地转变为农业用地、商业用地、交通用地、居住用地等建设用地，或将已有土地用途的建设用地转变为其他性质。

功能混合则强调在宏观土地利用背景下，进行城市功能的再分配。例如，住宅空间不再仅仅是提供居住的场所，而是正逐步向社区融合的方向转变，包括多种居住户型、居住功能与其他城市功能的混合；办公空间从功能单一向"与城市

---

① 郑红玉，吴次芳，郑盛，等. 空间一致性视角下的城市紧凑发展与土地混合利用研究：以上海市为例. 中国土地科学，2016，30（4）：35-42.

功能混合利用"转变，形成商业办公综合体、城市工作社区等。

土地利用与功能混合在以下两个方面有所不同：一是两者的侧重点不同，土地利用更侧重于土地使用性质属性，而功能混合更强调城市功能组合属性。二是两者的尺度不同，土地利用通常涉及较大的地理范围，关注宏观层面的土地变化情况；而功能混合的空间尺度则相对较小，关注一种或几种土地利用性质内的功能混合。值得注意的是，土地混合利用是一个结构功能的复合系统，"土地利用"是"功能混合"在空间上的外在表现，其组合形态直接影响城市功能的发挥和运转，而"功能混合"是"土地利用"的内在依据，其进化或衰退促使土地利用结构的调整与优化[①]。

1.2.3 土地混合利用与土地复合利用

"土地混合利用"与"土地复合利用"是两个非常相似的概念，它们之间的区别和联系在国内学者的研究中得到了广泛地探讨。从字面上看，"混合"强调的是不同个体或成分的融合，而"复合"强调不同成分组合后成为一体[②]。因此，"混合"的概念相对更加全面，包括了独立的特性和协同的整体。"土地混合利用"主要关注地块尺度上的内部混合情况[③]，而"土地复合利用"这一概念则更加宽泛，广义上强调宏观层面的混合开发策略，狭义上则更关注微观层面的开发建设与使用，包括土地混合利用与建筑复合使用[④]。

"土地混合利用"与"土地复合利用"并没有本质的区别，很多时候它们被视为同一概念的近义词。这两个概念都是相对于单一功能分区而言，强调将各个部分要素整合在一起，在保证各部分自身特性的同时，实现整体之间的相互协调[⑤]。在实际使用中，"土地混合利用"与"土地复合利用"往往被视为在土地利用研究领域中具有相同含义的同一概念。

1.2.4 土地混合利用与土地多功能利用

土地多功能利用（multifunctional land use）是欧盟提出的一种发展可持续影

---

① 郑红玉，吴次芳，沈孝强. 土地混合利用研究评述及框架体系构建. 经济地理，2018，38（3）：157-164.
② 郑红玉. 土地混合利用多尺度测度的理论和方法研究：以上海市为例. 杭州：浙江大学，2018.
③ 胡国俊，代兵，范华. 上海土地复合利用方式创新研究. 科学发展，2016（3）：46-55.
④ 郑红玉. 土地混合利用多尺度测度的理论和方法研究：以上海市为例. 杭州：浙江大学，2018.
⑤ 卓跃飞. 城市土地混合利用综合测度及其影响机理研究：以广州市中心城区为例. 杭州：浙江大学，2020.

响的评估工具，旨在支持欧洲区域土地多功能利用的政策制定①，成为整合经济、社会和环境问题的有效途径②，以及测量土地利用变化对其功能可持续性的重要概念和方法体系③。根据经济合作与发展组织（Organization for Economic Cooperation and Development，OECD）的研究报告，"多功能性"被解释为经济活动的一种特性以及农业领域的多种角色④。在经济活动的特性中，被定义为某一区域内不同土地利用类型或功能的组合⑤，作为城市区域可持续发展的重要手段，推动社会经济的融合发展。

虽然"土地多功能利用"与"土地混合利用"有相似之处，但也存在差异。土地混合利用主要关注不同土地利用类型及功能之间的相互关系及组合方式，侧重于不同土地利用类型之间的协同作用。而土地多功能利用作为经济活动的特性，是一个更广泛的概念，涵盖了经济、社会和环境等多个方面。

1.3　特　征　属　性

国内外学者以多元化的视角对土地混合利用开展了大量研究，一般认为土地混合利用的内涵包括功能多样性、系统整体性、利用集约性、用地兼容性、时空耦合性等几大特征属性。

1.3.1　功能多样性

土地利用多样性源自简·雅各布斯的城市多样性理论。简·雅各布斯在市区重建过程中认识到单一土地利用的弊端，揭露了功能主义城市的弊端，阐述了城市多样性的必要条件及城市土地功能混合的必要性，认为多样性是城市与生俱来的特性，而土地混合利用是实现城市多样性的关键⑥。在此基础上，很多学者也对功能分区的思想进行了理性思考，对单一土地利用带来的弊端进行批判，将混

① Helming K，Pérez-Soba M，Tabbush P. Sustainability Impact Assessment of Land Use Changes. Berlin，Heidelberg：Springer Berlin Heidelberg，2008.

② Wiggering H，Dalchow C，Glemnitz M，et al. Indicators for multifunctional land use—linking socioeconomic requirements with landscape potentials. Ecological Indicators，2006，6（1）：238-249.

③ 甄霖，曹淑艳，魏云洁，等. 土地空间多功能利用：理论框架及实证研究. 资源科学，2009，31（4）：544-551.

④ 卓跃飞. 城市土地混合利用综合测度及其影响机理研究：以广州市中心城区为例. 杭州：浙江大学，2020.

⑤ Rodenburg C A，Nijkamp P. Multifunctional land use in the city：a typological overview. Built Environment，2004，30（4）：274-288.

⑥ 简·雅各布斯. 美国大城市的死与生. 金衡山，译. 南京：译林出版社，2006.

合视为一个特定区域内相邻土地有着不同的土地利用类型①，认为混合利用是一个相对的概念，混合来源于城市用地的主次功能之间，是多种功能的多样性共存，只有在与单一用途的比较下才能被定义②，强调应关注城市的多样性和活力，促进城市功能混合发展。美国城市土地学会（Urban Land Institute, ULI）在"*Mixed-Use Development Handbook*"（第二版）中，对土地混合作了相对明晰的定义，认为土地混合应是三种或三种以上功能实现整合的土地使用模式，且这些功能间应是相互支持的，并提出混合功能开发的三大特点：一是由良好的规划项目所支撑，包含三种及三种以上的获利用途，如零售、娱乐、办公、住宅、酒店、文化；二是项目要素应整合重要的物质与功能，形成相对紧凑集约的土地利用方式，并包含无缝连接的步行环境；三是保持规划的一致性，规定用途的类型与规模、密度限制等相关内容③。

城市土地混合利用要求功能具有多样差异性，这种多样功能通常以横向的土地混合利用和纵向的建筑复合使用两种形式展开（图1-1）。城市土地混合利用是实现城市可持续发展的重要手段之一。通过横向的土地混合利用和纵向的建筑复合使用，可以创造一个功能丰富、活力四射的城市环境，提供更好的生活和工作环境，同时提高城市的整体竞争力。

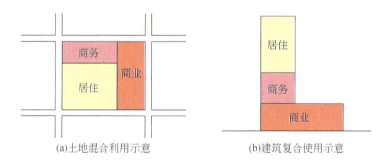

(a)土地混合利用示意　　　　　　(b)建筑复合使用示意

图1-1　功能多样性的两种形式

在横向层面上，功能的多样性意味着将两种或两种以上能产生显著正向效益的用地性质，通过规划手段安排布置在一个地块或街区，借助混合相邻的不同功能，创造更加丰富的活动。常见的混合用地性质包括居住、商业、办公用地等。

①　Handy S L, Boarnet M G, Ewing R, et al. How the built environment affects physical activity: views from urban planning. American Journal of Preventive Medicine, 2002, 23（2）: 64-73.

②　Angotti T, Hanhardt E. Problems and prospects for healthy mixed-use communities in New York city. Planning Practice & Research, 2001, 16（2）: 145-154.

③　Schwanke D, Phillips P, Spink F, et al. Mixed-Use Development Handbook. 2nd ed. Washington: Urban Land Institute, 2003.

居住功能的混合利用不再是单一且封闭的居住空间，而是提供了一个能够保证居民进行各种活动的环境，为街区创造活力的基础条件；商业功能的混合利用不仅可以满足居民的日常生活需求，还能解决部分居民的就业问题，吸引更多的人流，促进街区的繁荣和发展；办公功能的混合利用则能减少居民上下班交通时间，缓解职住不平衡的问题，通过在街区内部设置办公空间，可以方便居民在家附近工作，从而减少居民通勤时间和城市交通压力。

在纵向层面上，建筑复合使用是实现功能混合的另一种形式。最常见的形式包括"居住-商业-停车"混合、"居住-停车"混合、"办公-停车"混合、"居住-旅馆"混合或者"居住-其他非居住功能"混合。通过在单体建筑内部实现功能混合，使这些建筑成为商业综合体或居住综合体，这种建筑复合使用可以在有限的空间内实现多种功能的集成，提高土地利用效率和空间利用率。

1.3.2 系统整体性

土地混合利用是一种以人类为实施主体，以土地资源为基础，由资源、环境、经济、社会相互影响的复合系统，涉及土地的开发、使用、管理全过程，具有系统整体性的特点。土地混合利用内部要素多元，利用方式多样，强调各要素间及其与社会、经济、生态要素之间的相互作用关系[①]。系统内各要素相互影响，存在协同效应，要素的组合方式不同导致土地混合利用的结构有所不同。在不同混合单元对应的空间关系与作用过程中，土地混合利用的格局由此得以形成。不同层级的不同土地利用类型相互作用，形成不可分割的整体。在系统外部，土地混合利用与社会、生态、经济各个子系统相互作用，系统间相互交织、渗透，从而构成统一整体。

土地混合利用系统具有一定的稳定性，可持续的混合利用系统需要维持在一定水平上或某一水平下的波动幅度，避免影响系统稳定性[②]。土地混合利用不能脱离城市整体系统以孤立的方式进行，混合开发活动应控制在各环境要素的承载范围之内。同时，土地混合利用不是将各种功能简单叠加混合，而是要考虑周边地区乃至更大范围的整体系统，对城市整体功能组织进行补充完善，使居住、商业、办公及其他配套功能等在一定范围内形成相互依赖的整体。

---

① 李寒冰，金晓斌，吴可，等. 土地利用系统对区域可持续发展的支撑力评价：方法与实证. 自然资源学报，2022，37（1）：166-185.

② 蔡运龙，李军. 土地利用可持续性的度量：一种显示过程的综合方法. 地理学报，2003，58（2）：305-313.

1.3.3　利用集约性

城市建设用地资源是有限的，因此土地混合利用被认为是一种提高土地使用效率和经济效益的经营管理模式。土地混合利用作为一种有效的集约用地方式，其特点更加凸显。一方面，城市人口和产业高度聚集，使得土地混合利用成为一种有效的集约用地方式。通过混合开发活动，可以显著提高土地利用效率，并产生可观的社会经济效益，同时通过资本、技术等生产要素的高强度投入，可以进一步挖掘土地的潜力，实现土地资源利用的最大化[①]。这种集约利用方式不仅提高了土地的经济效益，还兼顾了社会和生态效益，为城市的可持续发展奠定了坚实基础。通过提高建筑高度、增加建筑密度等方式提高容积率，并不断开发地下空间，以实现土地混合的集约利用，因而高密度成为土地混合利用的重要表征。这种方式弥补了城市土地供给有限的不足，凭此城市土地相较于自然土地有更大的空间供给。土地混合利用的集约性特点在一定程度上也为限制城市用地的扩张提供了支撑。

另一方面，土地混合利用的集约性还表现在对存量土地资源的有效利用，通过改善经营、增加投入等途径，不断提高存量土地的利用效率。如果盲目提高土地利用强度，追求过高的容积率，将会大大降低人居环境质量和居民生活品质，因此需要逐步改善旧城基础设施条件，适当提高土地使用强度，实现一地多用[②]；如果用地混合不能尽可能实现集约利用，即使投入再多，也很可能难以达到最佳的利用效果。通过集约利用，可以更高效地利用有限的土地资源，提高土地的经济、社会和生态效益，同时也可以限制城市的过度扩张，保护生态环境。

1.3.4　用地兼容性

充分考虑不同用地性质之间的兼容性，可以有效规避不同类型用地之间的矛盾和冲突。城市建成区人口和产业高度聚集，充斥着复杂的社会关系和利益群体，土地混合利用不仅对用地自身有影响，还会对其他土地利用类型产生影响。城市功能承载着居民生活，不同的城市功能布置在城市用地上，形成了多种功能混合利用的格局。在这种格局中，不同功能之间相互影响且最大程度地规避负效

---

① 谭爽，魏冶，李晓玲，等．不同邻近性视角下城市网络外部性、集聚外部性对城市经济的影响：以辽宁省城市网络为例．地理研究，2022，41（9）：2404-2417.
② 宁爱凤，刘友兆．城市土地集约利用研究：以宁波为例．开发研究，2008（5）：58-63.

应，这体现了土地混合利用的兼容性。

土地混合利用的兼容性应发挥积极的外部性，考虑功能上的协调以实现空间的高效利用与生活品质的提升，带来额外的效益收益，而不是"有机的混乱"。在分析开发商和土地混合利用倡导者的目的与策略的基础上，通过鼓励多种功能的兼容增加土地利用的多样性，以倡导步行或乘坐公共交通[1]。同时，通过分析土地混合利用倡导者所提出的目标和策略，认为其概念包含三个层次：一是增加土地利用的强度，鼓励具有不同容积率或住户类型的混合；二是鼓励兼容性用途的混合以增加土地利用多样性，例如商业办公与住宅的混合；三是克服管理障碍，避免噪音、交通及环境影响，整合隔离不兼容用途[2]。可见，土地混合利用能够通过兼容多种功能来增加土地利用的多样性，同时也是实现城市可持续发展和提高宜居性的重要途径之一。

土地混合利用强调土地可提供各类产品或服务的能力，尤其在城市的旧城区，人们往往在步行尺度内就能获得居住、商业、娱乐等日常所需的功能，这里的土地利用兼容类型较多，地块内或者更大范围内包含了不止两种基本功能的混合。集中成片的居住用地往往对商业用地具有较大吸引力，而商业用地的设置可以满足居民日常生活需求；相反，工业用地或其他用地则对环境产生不利影响，存在排斥作用[3]。用地的可兼容性为城市规划实施管理提供了灵活性，使得不同属性的土地可以混合利用，体现了在空间上对城市土地资源的优化组合。

1.3.5　时空耦合性

土地混合利用也涉及土地使用的时空尺度。时空耦合性即不同土地利用方式可在不同时空尺度上以多种维度进行混合。由于土地利用具有明显的"时间演变"和"空间格局"，城市功能可以在各种空间层面和时间维度进行混合，因而土地混合利用的组织形式必然需要考虑时空尺度。土地混合利用的空间尺度和时间维度之间存在密切的耦合关系。这种耦合关系表现为不同功能空间分布和时间演变之间的相互影响和相互作用。例如，在城市更新过程中，需要综合考虑不同功能的空间分布和未来发展趋势，以制定合理的更新计划。

空间尺度方面，土地混合利用在不同的空间尺度上呈现出不同的特征。在建筑单体尺度上，混合利用表现为建筑内部功能的混合；在地块尺度上，土地混合

---

[1]　Schwanke D，Smart E，Kessler H J. Looking at MXD's. Urban Land，1986，45：12-20.

[2]　Grant J. Mixed use in theory and practice：canadian experience with implementing a planning principle. Journal of the American Planning Association，2002，68（1）：71-84.

[3]　屈文毅. 基于规划数据的增量更新及决策应用分析研究. 中国建设信息化，2016（22）：73-75.

利用表现为不同功能用地的混合；在街区尺度上，土地混合利用表现为不同功能建筑和设施的混合；在街道尺度上，土地混合利用表现为街道两侧建筑功能的混合；在区县和城市尺度上，土地混合利用表现为各类用地功能的混合。这些不同尺度的混合利用可以增强城市的活力和便利性，提高土地的利用效率。

时间尺度方面，土地混合利用在不同时间维度上也存在差异，可以拓展到特定空间的整个生命或租赁周期（life or lease cycle），可通过包租、分割、调整和翻新以促进更为多样的人流、活动和生活方式的混合①。在此基础上，进一步将功能、维度、尺度及城市肌理系统化，建立了混合功能模型②。土地混合利用表现为不同功能在城市空间上的历史演变和未来发展，这种演变和发展往往是动态的、不确定的和不可预测的。因此，土地混合利用需要考虑未来的发展变化，以适应城市发展的需要。

1.4　现实背景

1.4.1　存量规划背景城市土地利用面临转型

随着城镇化进程的不断加快，土地紧缩政策的不断推进，城市土地资源短缺与居民日常需求之间的矛盾日益突出。习近平总书记在中央城镇化工作会议上强调，应"提高城镇建设用地利用效率，严控增量、盘活存量、优化结构、提升效率，切实提高城镇建设用地集约化程度"。高质量、高效率的发展模式对于提高我国目前城市土地集约利用水平及保护现有耕地资源有着极其深刻的意义。面对国土空间规划体系逐步完善的时代背景，对建设用地的新增规模应进行严格控制，提高土地利用效率成为城市发展面临的首要问题③。

土地混合利用作为节约土地资源、避免城市蔓延的有效路径，可以促使城市土地利用理念由外延式向内涵式回归。伴随着国土空间规划体系的建立，存量土地的功能优化与高效利用对城市可持续发展显得十分必要。2000～2015年，全国城镇建成区面积增长了约113%，远高于同期城镇人口59%的增幅。资源约束

---

① Rowley A. Mixed-use development: ambiguous concept, simplistic analysis and wishful thinking?. Planning Practice & Research, 1996, 11（1）: 85-98.

② Hoppenbrouwer E, Louw E. Mixed-use development: Theory and practice in Amsterdam's Eastern Docklands. European Planning Studies, 2005, 13（7）: 967-983.

③ 林坚，赵冰，刘诗毅. 土地管理制度视角下现代中国城乡土地利用的规划演进. 国际城市规划，2019, 34（4）: 23-30.

条件下优化城市功能、盘活存量土地成为理性选择。随着城镇化进程进入高质量发展阶段，城市发展不再盲目追求规模扩张的发展模式，而是朝着更加注重质量的方向发展，我国国土空间治理迎来了新的变化。在《"十四五"新型城镇化实施方案》中倡导建设用地的集约高效利用，将新增建设用地与存量消化相挂钩，以推进城镇低效用地的再开发①。《全国国土规划纲要（2016—2030年）》提出"推进建设用地多功能开发、地上地下立体综合开发利用，促进空置楼宇、厂房等存量资源再利用"，充分利用有限的土地空间。

　　土地混合利用能够有效提高城市土地利用效率，因而其重要性得以逐步强化。近年来，一系列土地利用相关文件的颁布实施（表1-1），可以看出土地混合利用成为引导传统土地使用单一化和分割化转变的基本手段。"混合用地"被认为是土地使用功能超出用地兼容性规定的适建用途或比例，需要采用两种或两种以上用地性质组合表达的用地类别，在主要用地性质兼容的情况下，可进行功能混合，促使城市功能向合理复合化的方向发展②，以此激发城市可持续发展动力与空间活力。上海③、深圳④等超大城市相继开展了混合用地相关工作。具有多元化城市功能与多样化活动类型的西安，伴随着快速的外延式扩张也产生了一系列诸如较低的土地利用效率、空间生活品质不高、人地关系矛盾凸显等问题。

表1-1　土地混合利用相关文件

政策文件、规范标准	颁布时间	主要内容
《节约集约利用土地规定》（国土资源部令第61号）	2014年5月	鼓励大型基础设施等建设项目综合开发利用土地，促进功能适度混合、整体设计、合理布局
《国土资源部关于推进土地节约集约利用的指导意见》（国土资发〔2014〕119号）	2014年9月	制定地上地下空间开发利用管理规范，统筹地上地下空间开发，推进建设用地的多功能立体开发和复合利用，提高空间利用效率。统筹城市新区各功能区用地，鼓励功能混合和产城融合，促进人口集中、产业集聚、用地集约。加强开发区用地功能改造，合理调整用地结构和布局，推动单一生产功能向城市综合功能转型，提高土地利用经济、社会、生态综合效益

---

　　① 《国家发展改革委关于印发"十四五"新型城镇化实施方案的通知》（发改规划〔2022〕960号），在提升城市治理水平方面强调提高建设用地利用效率，提出推动不同产业用地类型合理转换，探索增加混合产业、复合功能用地供给。

　　② 徐小峰，黄贤金，陈志刚. 上海新型产业用地政策的演进逻辑研究. 规划师，2023，39（2）：70-76.

　　③ 在《上海市控制性详细规划技术准则（2016年修订版）》中用地分类新增了"综合用地"这一大类。

　　④ 深圳市2010年出台了《深圳市法定图则土地混合使用指引（试行）》，鼓励合理的土地使用，增强土地使用弹性，明确常用用地性质允许建设的内容、设施类别范围和规模控制要求，对不同用地间的土地混合使用做出规定。

政策文件、规范标准	颁布时间	主要内容
《关于支持新产业新业态发展促进大众创业万众创新用地的意见》（国土资规〔2015〕5号）	2015年9月	引导土地用途兼容复合利用，新产业的工业、科教用地可兼容建筑面积比例不超过15%的生产服务等设施；推动功能混合和产城融合，开发区、产业集聚区适当安排建设用地用于商品零售、住宿餐饮、商务金融、城镇住宅等
《城乡用地分类与规划建设用地标准GB50137（修订）（征求意见稿）》	2018年5月	对混合用地设置提供了鼓励混合、可混合两种方式初步指引，鼓励混合指在一般情况下此类用地的混合使用可以提高土地使用效益，促进功能互动且无功能干扰，可经常使用；可混合的用地是指此类用地应视建设项目条件进行具体选择与裁量
《国务院办公厅关于全面推进城镇老旧小区改造工作的指导意见》（国办发〔2020〕23号）	2020年7月	加强既有用地集约混合利用，在不违反规划且征得居民等同意的前提下，允许利用小区及周边存量土地建设各类环境及配套设施和公共服务设施
《自然资源部办公厅关于做好2021年度自然资源评价评估有关工作的通知》（自然资办发〔2021〕39号）	2021年5月	对组织实施、规范混合用地地价评估和加强行业监督等提出明确要求，根据《通知》要求，涉及多种用途混合的土地使用权出让时，应按不同用途分别评估地价
《国务院办公厅关于印发要素市场化配置综合改革试点总体方案的通知》（国办发〔2021〕51号）	2022年1月	鼓励优化产业用地供应方式，探索增加混合产业用地供给。支持建立工业企业产出效益评价机制，加强土地精细化管理和节约集约利用
《自然资源部关于加强国土空间详细规划工作的通知》（自然资发〔2023〕43号）	2023年3月	融合低效用地盘活等土地政策，统筹地上地下，鼓励开发利用地下空间、土地混合开发和空间复合利用，有序引导单一功能产业园区向产城融合的产业社区转变，提升存量土地节约集约利用水平和空间整体价值
《国土空间调查、规划、用途管制用地用海分类指南》（自然资发〔2023〕234号）	2023年11月	使用时可根据管理实际需求，在本指南分类基础上增设土地混合使用的用地类型及其详细规定

在"增量扩张"转向"存量挖潜"的时期，在旧城更新与城市活力提升的双重压力下，如何实现土地资源的合理有效利用，促进功能混合，激发城市活力，是目前亟待解决的现实问题。传统的单一土地功能已逐渐不能满足现代社会对多元化、便捷化生产生活服务的需求，土地混合利用作为节约土地资源、减缓城市蔓延的有效路径，对于满足现阶段城市建设向高质量集约化转型、满足居民对物质空间功能的需要具有重要意义，可以最大化提升各阶层人群的生活满意

度，刺激带动城市多元化发展①。因此，结合现有各项技术手段，进一步探索土地混合利用测度相关技术方法与空间特征识别，有利于厘清土地混合利用基本特征与影响因素，为促进用地功能混合提供科学依据。

1.4.2　城市发展转型过程城市活力问题凸显

随着城市化水平的不断提高，城市土地快速扩张，人们不仅强调基本的生活需求，而且更为向往充满活力的建成环境，满足精神层面的需求。城市活力与建成环境关系密切，相互影响，二者间合理运作能够产生一定的社会经济效益②。党的十九大报告指出，我国经济已由高速增长阶段转向高质量发展阶段，需要将城市建设、公共服务、人居环境以及城市管理等多方面有机统一，合理规划发展③。党的二十大报告指出，坚持人民城市人民建、人民城市为人民，提高城市规划、建设、治理水平，加快转变超大特大城市发展方式，实施城市更新行动，加强城市基础设施建设，打造宜居、韧性、智慧城市。2023 年 3 月，《自然资源部关于加强国土空间详细规划工作的通知》（自然资发〔2023〕43 号）的文件中明确指出，城镇开发边界内增量空间要强化单元统筹，防止粗放扩张，避免增量空间无序、低效，表明城镇建设用地集约化程度的提高需要进一步地细化与具化，我国走集约利用土地、盘活存量的发展道路已成为必然趋势④。

在城市高质量发展背景下，如何满足居民行为需求，提高居民满意度和幸福感，有效激发城市活力，是一个迫切需要解决的问题。城市是承载各种人类活动的空间载体，因与人类活动的互动而产生活力，一个有活力的城市才能支持居民多样化的社会活动，促进居民社会交流与互动，提高居民的生活福祉⑤。快速城市化导致了城市土地持续扩张，城市面临着城市空间迅速扩张和人口增长带来的巨大挑战。改革开放以来，我国社会经济水平高速发展，城市化率不断提高，由1978 年的 17.92% 增至 2022 年的 65.22%，其背后的蔓延式发展模式必然伴随对土地的大量需求，产生了诸多负面影响，其突出表现是资源环境的破坏和高质量

①　陈阳. 土地混合利用路径良性演变机制. 城市规划，2021，45（1）：62-71.

②　He Q S, He W S, Song Y, et al. The impact of urban growth patterns on urban vitality in newly built-up areas based on an association rules analysis using geographical "big data". Land Use Policy, 2018, 78 (11): 726-738.

③　李雯琼，刘达，李志刚. 新冠疫情下我国城市活力复苏的时空特征分析. 现代城市研究，2022，37（6）：1-7, 15.

④　丁志刚，石楠，周岚，等. 空间治理转型及行业变革. 城市规划，2022，46（2）：12-19, 24.

⑤　塔娜，曾屿恬，朱秋宇，等. 基于大数据的上海中心城区建成环境与城市活力关系分析. 地理科学，2020，40（1）：60-68.

耕地的锐减，不可避免地带来诸如城市膨胀、交通拥挤、环境质量下降、基础设施配套不足、能源利用效率不高、人口流失、环境恶化、社会分离等一系列的城市问题[①]，城市空间活力亟待提升[②]。

党的十八大以来，我国的城市发展模式进入转型阶段，关注生态文明建设，由粗放式、蔓延式的发展模式转变为高效式、存量式的发展模式，使得城市空间结构、土地利用模式发生巨大变化[③]。城市中心区人口过度集聚，各类公共设施老化，服务能力不足，城市更新压力大；城市新区建设过快，服务设施供给不足，"鬼城"和"空城"等现象，制约着城市健康发展，这令城市空间活力提升更加困难。因此，人地关系紧张、设施配给与居民需求不匹配、城市活力分布不均等一系列问题，促使学者以及管理者对原有的土地利用模式进行反思，倡导通过优化建成环境来解决快速工业化和城市化带来的各类城市问题，加强城市空间与居民行为活动诉求的互动，促进城市活力提升以及城市可持续发展[④]。塑造高活力城市，作为实现新城市主义和城市精明增长的关键抓手，是推动城市多样化、精细化发展转型的重要工具，逐渐成为学者们关注的焦点[⑤]。

2022年，西安市城镇人口为1034.34万人，城镇化率为79.59%，城市发展正处于存量发展的关键时期。调整人地关系、寻求土地利用的最佳配置对城市发展尤为必要。因此，研究土地混合利用的活力影响效应，合理优化建成环境要素布局，有助于更好地理解城市内在动态与社会、经济、文化之间的复杂关系，对引导城市活力提升与可持续发展有重要的意义。

1.4.3　土地混合利用是城市更新的重要抓手

土地混合利用被认为是城市更新中创造和维持有吸引力、宜居和可持续城市环境的必要条件。研究城市土地混合利用有利于科学解读城市土地利用模式，解

---

① 郑红玉，吴次芳，沈孝强. 土地混合利用研究评述及框架体系构建. 经济地理，2018，38（3）：157-164.

② Bai X M，Chen J，Shi P J. Landscape urbanization and economic growth in China：positive feedbacks and sustainability dilemmas. Environmental Science & Technology，2012，46（1）：132-139.

③ Xia C，Zhang A Q，Wang H J，et al. Bidirectional urban flows in rapidly urbanizing metropolitan areas and their macro and micro impacts on urban growth：a case study of the Yangtze River middle reaches megalopolis，China. Land Use Policy，2019，82（3）：158-168.

④ Whittemore A H，Bendor T K. Rhetorical framing in planning：an empirical investigation of how planners discuss density. Journal of Planning Education and Research，2018，41（1）：48-61.

⑤ Koster H R A，Rouwendal J. The impact of mixed land use on residential property values. Journal of Regional Science，2012，52（5）：733-761.

决城市发展中的"城市病"问题。长期以来，土地利用分区成为城市规划的主导原则，城市规划早期也因此取得较大"成功"，由此带来的结果是城市大规模单一功能区的开发，如工业区、居住区在城市中蔓延，旧城原有的小尺度城市肌理被破坏，丰富连续的城市空间和多样的城市生活被单一封闭的功能所取代。城市系统呈现出高度复杂性和功能多样性的特点，过度追求功能分区可能会导致城市运作效率的降低，引发城市交通拥堵、城市中心的衰落和社会孤立等问题[1][2]，亟须通过城市体检、城市更新等手段进行优化。在城市更新的众多策略中，土地混合利用被认为是解决这些城市问题的一种颇具前瞻性的途径[3][4]。通过多样化的土地利用方式，可以减少对汽车的依赖。土地混合利用有利于减轻个体的职住分离[1]，城市功能的有机混合可以为居民提供更为便捷的服务，减少交通拥堵[5]，空间活动的多样性可以有效缩短出行距离与时间，在一定程度上也为限制城市用地的扩张提供了可能，避免城市无序蔓延[6]。此外，土地混合利用对于城市中心区的复兴，促进中心区的多样性和活力方面同样具有重要作用[7]。

土地混合利用俨然成为城市更新和功能优化的重要手段，采取适度的土地混合和功能混合开发能够积极适应城市开发建设新形势。近年来，西安市积极开展城市更新[8]、城市体检试点工作[9]，重点探索可持续的城市更新模式，建立与之配套的城市更新制度政策，有针对性地制定对策措施，补齐城市建设短板、解决"城市病"问题，以进一步提升城市精细化治理水平。通过对广州市国土资源和

---

① 党云晓，董冠鹏，余建辉，等. 北京土地利用混合度对居民职住分离的影响. 地理学报，2015，70（6）：919-930.

② Song Y，Merlin L，Rodriguez D. Comparing measures of urban land use mix. Computers, Environment and Urban Systems, 2013, 42：1-13.

③ 陈阳，阳建强. 城市土地混合利用优化的本质内涵、系统特征与保障路径. 规划师，2023，39（10）：50-57.

④ 陈金留，李鹏程，王昊琦，等. 社会可持续视角下基于多源大数据的社区活力测度和更新规划策略研究：以苏州市中心城区为例. 上海城市规划，2023（3）：119-127.

⑤ Zhang M Z，Zhao P J. The impact of land-use mix on residents' travel energy consumption：new evidence from Beijing. Transportation Research Part D：Transport and Environment, 2017, 57（12）：224-236.

⑥ Hoppenbrouwer E，Louw E. Mixed-use development：theory and practice in Amsterdam's Eastern Docklands. European Planning Studies, 2005, 13（7）：967-983.

⑦ McNeill D. Fine grain. global city：jangehl，public space and commercial culture in central Sydney. Journal of Urban Design, 2011, 16（2）：161-178.

⑧ 根据《住房和城乡建设部办公厅关于开展第一批城市更新试点工作的通知》（建办科函〔2021〕443号），西安市入选住房和城乡建设部第一批城市更新试点名单。

⑨ 根据《住房和城乡建设部关于开展2022年城市体检工作的通知》（建科〔2022〕54号），西安入选住房和城乡建设部公布的2022年城市体检样本城市名单，将采取城市自体检、第三方体检和社会满意度调查相结合的方式综合评价城市发展建设状况。

规划委员会网站公开的331例"三旧"改造或控制性详细规划修改等相关批复进行统计（2007年3月~2015年3月），涉及单一用地性质调整为混合用地的1078宗，共195宗。混合土地利用模式以科技产业园区、TOD轨道交通站点土地混合利用较为典型，在用地组合与混合方式上比"产业-居住"更加多元①。地段较好的旧工业区，随着产业升级，原有单一功能转变为商业、办公和居住功能混合的混合区，带来可观的经济效益。由此可见，用地的多样功能混合使用已成为城市更新的有效手段，土地混合利用在集约高效地利用土地资源、提升城市空间功能多样性、促进城市可持续发展等方面发挥了至关重要的作用。

1.5　研究区概况

1.5.1　研究区选择

西安市坐落于西北地区东部、黄河流域中游、关中平原核心地带，北濒渭河，南依秦岭，位于东经107°40′~109°49′，北纬33°42′~34°45′，全市下辖新城区、未央区、长安区等11区2县，辖境东西长约204km，南北宽达116km，土地总面积约10752km²（含西咸新区）。其地理位置优越，是丝绸之路的起点，是国家重要的交通枢纽和经济中心，也是国家级的教育和文化中心，教育和文化资源丰厚，拥有七所"双一流"建设高校，凝结着十三朝古都的历史，有着"世界历史文化名城"的称号。作为关中城市群以及西北地区的经济、社会、文化中心，西安更是我国西部大开发的桥头堡，在关中平原城市群中占据绝对中心地位。

在城市宏观层面，本研究以西安市中心城区为研究区域，涉及新城区、碑林区、莲湖区、未央区、雁塔区、灞桥区和长安区等7个市辖区50个街道，总面积约为640km²。西安市是一个历史积淀深厚、功能类型多样、活动空间多元的大都市，城市空间呈圈层式不断向外增量扩张。近年来，外延式的空间发展模式致使城市出现土地利用效率低下、用地结构不合理、空间活力不足等一系列问题。土地混合利用不仅可以引导土地集约利用，充分发挥土地效益，而且可以促进功能融合、激发城市活力、提升空间品质，引领城市土地利用理念由外延式向内涵式回归。因此，以西安市中心城区为研究对象开展土地混合利用研究具有较

---

① 张梦竹，周素红. 城市混合土地利用新趋势及其规划控制管理研究. 规划师，2015，31（7）：42-48.

好的代表性和典型性。根据西安市中心城区城市道路等级、宽度以及空间关系等要素作为分割线，将研究区划分为1251个自然街区作为基本空间分析单元，以保证地块的完整性，便于对研究区整体土地混合利用演变特征及影响效应的研究。同时，结合环路，将研究区划分为Ⅰ区（一环内）、Ⅱ区（一环与二环之间）、Ⅲ区（二环与三环之间）和Ⅳ区（三环外）等四个部分（图1-2）。

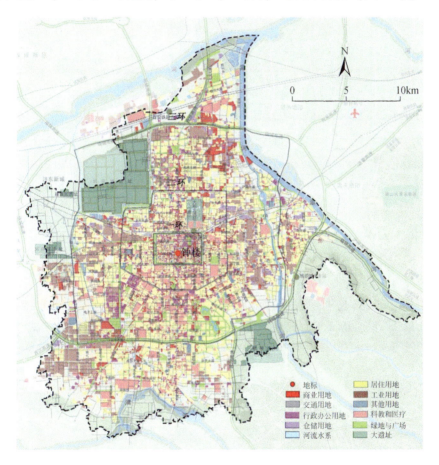

图1-2　研究区范围

图片来源：根据《西安城市总体规划（2008—2020年）》（2017年修订）用地现状图改绘

在街区微观层面，以《城市居住区规划设计标准》（GB50180—2018）中的生活圈理论内涵为参照系，以地铁站点为中心，以200m距离为半径间隔，划分形成不同半径的栅格缓冲区（图1-3），按照生活圈的理念中的"15分钟生活圈"尺度，采用800～1000m尺度选取地铁站点空间作为典型街区空间作进一步的研究。

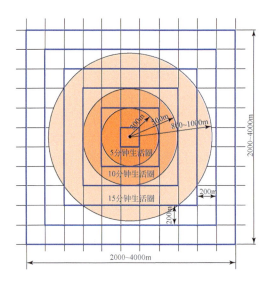

5分钟生活圈
　步行距离：300 m
　居住人口：0.5万~1.2万
　占地面积：8~18hm²

10分钟生活圈
　步行距离：500 m
　居住人口：1.5万~2.5万
　占地面积：32~50hm²

15分钟生活圈
　步行距离：800~1000m
　居住人口：5万~10万
　占地面积：130~200hm²

图 1-3　典型空间圈层划分示意图

1.5.2　人口属性

在人口规模方面，西安市近年来人口增长迅速。一方面，西安市常住人口与城镇人口呈现逐年递增的趋势（图1-4）。西安市常住人口由 2014 年的 960.00 万增长到 2023 年的 1307.00 万人，年平均增长 3.49%；城镇人口也呈现增加的态势且增速迅猛，由 2014 年的 626.44 万人增长至 2023 年的 1044.69 万人，年平均增长 5.85%。近五年来西安市城市化率年均增速较缓，约为 1% 左右，但由于城市常住人口基数大，即使城市化进程放缓，城市人口数量增加依旧很大。另一方面，西安市中心城区人口同样呈现出逐年递增的变化态势，由 2014 年的 398.36 万人增长到 2023 年的 740.00 万人，年平均增长 7.12%，人口将近翻了一番，2020~2023 年，人口增速有所放缓。2018 年，西安市城区人口达 586.61 万人，正式迈入特大城市行列①，且人口增长还在持续。因此，在存量发展的背景下，如何集约利用土地，满足居民多元化的生活需求，成为西安市亟须解决的问题。

---

① 根据 2014 年 11 月国务院发布的《国务院关于调整城市规模划分标准的通知》（国发〔2014〕51号）：以城区常住人口数量作为城市规模划分标准，其中城区常住人口<50 万的城市为小城市，50 万≤城区常住人口<100 万的城市为中等城市；100 万≤城区常住人口<500 万的城市为大城市；500 万≤城区常住人口<1000 万的城市为特大城市，城区常住人口≥1000 万的城市为超大城市。

图 1-4　西安市 2014～2023 年人口变化趋势图资料绘制

图片来源：根据 2014～2023 年西安市统计年鉴和西安市人民政府官网

在人口年龄结构方面，西安已经进入"老龄社会"。2020 年第七次人口普查数据显示，西安市常住人口中 0～14 岁人口占比为 15.65%、16～59 岁人口占比为 68.33%、60 岁以上的老年人口占比为 16.02%、65 岁以上的老年人口占比为 10.09%，其中 60 岁以上及 65 岁以上的老年人口占比远超过联合国所定义老龄化社会的 10% 和 7%。65 岁以上人口占比相较于 2010 年西安市第六次人口普查中的 8.46%，提升了 1.63%。面对老龄社会的现实，如何优化建成环境要素适应老龄化需求是西安市未来可持续发展的重要内容。

在人口受教育程度方面，西安市高校众多，整体受教育程度①较高（表 1-2）。教育程度的高低能够反映城市创新的能力。2020 年，拥有大专及以上文化程度的常住人口约为 402 万人，占比为 31.02%；拥有高中（含中专）文化程度的常住人口约为 240 万人，占比为 18.52%。与 2010 年第六次全国人口普查相比，常住人口中 15 岁及以上人口的平均受教育年限由 10.95 年提高到 11.85 年②。如何激发城市活力、如何为高素质人才提供更好的人居环境，这对西安市的用地功能布局提出了更高的要求。

表 1-2　西安市 2020 年人口受教育程度

文化程度	人口数量/万人	占城市常住人口的比例/%
大专及以上文化程度	402	31.02

①　受教育程度的人口包括各类学校的毕业生、肄业生和在校生。

②　平均受教育年限是将各种受教育程度折算成受教育年限计算平均数得出，具体的折算标准是：小学 = 6 年，初中 = 9 年，高中 = 12 年，大专及以上 = 16 年。

文化程度	人口数量/万人	占城市常住人口的比例/%
高中（含中专）文化程度	240	18.52
初中文化程度	372	28.70
小学文化程度	175	13.50
文盲人口	15	1.12

资料来源：根据西安市第七次人口普查数据整理。

1.5.3 经济属性

近年来，西安市不断释放城镇化发展潜力，成为西北五省最具经济实力与影响力的城市。西安市是中国重要的历史文化名城，也是丝绸之路的起点，具有丰富的历史文化遗产和旅游资源。在国家大力推动西部大开发战略和"一带一路"倡议的背景下，西安市积极响应，加速经济转型和发展。西安市的经济总量不断增长，2014 年地区生产总值（GDP）为 5474.77 亿元，这一数字到 2023 年增长到 12010.76 亿元，年均增速达 9.12%，经济总体形势不断向好，并持续稳定增长。

1.5.4 土地利用

西安市作为一个历史积淀深厚、功能类型多样、活动空间多元的大都市，城市空间呈圈层式不断向外增量扩张。党的十八大以来，西安的空间发展模式开始从粗放式发展向内涵式发展模式转变，建成区面积增速放缓，进入存量发展转型的关键时期，亟须优化建成环境以促进功能融合、激发城市活力、提升空间品质，引领城市土地利用理念由外延式向内涵式回归。

随着改革开放以及各项土地政策改革，西安市建成区面积逐年扩大，因地处关中平原，呈圈层式向外扩张①，增速整体呈现"平缓—加速—再平缓"的趋势（图 1-5）。1990~2000 年为平缓发展阶段，建成区面积从 1990 年的 138km² 增长到 2000 年的 187km²，年均增速为 3.09%；2001~2017 年为加速发展阶段，增速明显变快，建成区面积从 2001 年的 187km² 增长到 2017 年的 661km²，年均增速达 8.21%，呈现膨胀式扩张；2018~2022 年为缓慢增长阶段，建成区面积增长

---

① 葛媛媛，韩磊，赵永华，等. 1984~2016 年西安市城市扩张时空度量分析. 生态学杂志，2019，38（5）：1491-1499.

速度有所放缓，从 2017 年的 661km² 增长到 2022 年的 808km²，年均增速为 4.10%。

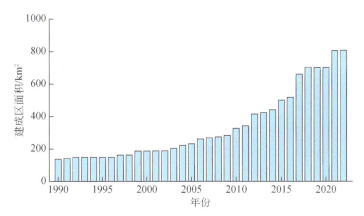

图 1-5　西安市 1990～2022 年建成区面积

图片来源：根据 1990～2022 年西安市统计年鉴绘制

　　土地利用的方式对城市经济的发展有着重要影响，土地利用的结构与城市自然条件、人口、文化等因素紧密相连[①]。根据《中国城市建设统计年鉴》城市建设用地数据，西安市建设用地面积逐年增加，2022 年城区建设用地面积达786.35km²，较 2014 年增加了 352.35km²，年均增速 10.56%。居住用地、公共管理与公共服务用地、商业服务业设施用地、工业用地和道路交通设施用地等主要用地基本呈增长趋势，但具有一定的差异性（表 1-3）。

表 1-3　西安市 2014～2022 年城市建设用地面积

年份	类别	居住用地	公共管理与公共服务用地	商业服务业设施用地	工业用地	物流仓储用地	道路交通设施用地	公用设施用地	绿地与广场用地	总计
2022	面积/km²	245.99	79.02	91.58	166.39	34.05	119.75	17.55	32.02	786.35
	占比/%	31.28	10.04	11.65	21.15	4.33	15.23	2.23	4.07	100.00
2021	面积/km²	245.99	79.02	62.18	99.83	18.78	139.46	11.61	32.02	688.89
	占比/%	35.71	11.47	9.03	14.49	2.73	20.24	1.69	4.65	100.00
2020	面积/km²	246.08	88.22	55.81	109.73	20.37	104.04	8.79	67.65	700.69
	占比/%	35.12	12.59	7.97	15.66	2.91	14.85	1.25	9.66	100.00

---

　　① 胡源，王秀兰. 武汉市土地利用结构变化及其驱动因素分析. 水土保持研究, 2014, 21 (6): 234-239.

续表

年份	类别	居住用地	公共管理与公共服务用地	商业服务业设施用地	工业用地	物流仓储用地	道路交通设施用地	公用设施用地	绿地与广场用地	总计
2019	面积/km²	246.08	88.22	55.81	109.73	20.37	104.04	8.79	67.65	700.69
	占比/%	35.12	12.59	7.97	15.66	2.91	14.85	1.25	9.66	100.00
2018	面积/km²	154.04	75.14	55.45	79.78	21.65	114.03	25.51	132.4	658.00
	占比/%	23.41	11.42	8.43	12.12	3.29	17.33	3.88	20.12	100.00
2017	面积/km²	144.32	71.20	50.67	78.42	14.12	113.85	23.93	128.8	625.31
	占比/%	23.08	11.39	8.10	12.54	2.26	18.21	3.83	20.60	100.00
2016	面积/km²	125.53	65.01	41.91	62.50	10.35	88.76	17.99	101.3	513.35
	占比/%	24.46	12.67	8.16	12.18	2.02	17.29	3.50	19.73	100.00
2015	面积/km²	119.06	63.67	41.39	60.25	9.88	84.74	17.74	99.40	496.13
	占比（%）	24.00	12.83	8.34	12.14	1.99	17.08	3.58	20.03	100.00
2014	面积/km²	101.00	57.00	36.00	50.00	8.00	80.00	12.00	90.00	434.00
	占比/%	23.27	13.13	8.29	11.52	1.84	18.43	2.76	20.74	100.00

资料来源：根据2014~2022年中国城市建设统计年鉴整理。

西安市已进入存量发展阶段，各类不同的功能用地发生转换，土地利用优化作为紧凑发展的重要手段变得格外重要。《西安市土地利用总体规划（2006—2020年）》（2014年调整完善方案）进一步核减了目标年中心城区建设用地规模，确定了以中心城区发展为重点，保障城市基础设施建设用地、文物保护用地需求，完善城市功能，提高土地集约节约水平。通过优化建成环境要素，塑造高活力城市，这对提高城市公平性和空间正义性，完善城市土地利用政策，避免城市空间衰败，促进西安市可持续发展具有重要意义。

2013年9月颁布的《西安市人民政府关于进一步推进土地节约集约利用的通知》（市政发〔2013〕47号），强调通过鼓励盘活企业存量用地、发挥闲置土地效益等政策机制，提高土地利用效率。鼓励用地单位二次开发低效利用土地，利用现有工业厂房、仓储用房等存量房产和土地资源发展商务服务、文化旅游、创意等现代服务业，从而提高土地利用效益。

2017年1月颁布的《西安市土地利用总体规划（2006—2020年）》（2014年调整完善方案），明确了西安市土地利用面临的资源紧约束要求，以及加强土地节约集约利用的新形势，调低中心城区建设用地规模，严格控制中心城区"摊大饼"、鼓励挖存量原则，控制建设用地无限蔓延趋势。

2019年7月颁布的《西安市城乡规划管理技术规定（试行—第二版）》，制定了建设用地兼容性表，在建设用地规划条文说明中提出增加土地供给的灵活性，对以出让方式提供的建设用地，在兼容性方面不做具体规定，可通过市场自发调节。

2019年11月颁布的《西安市轨道交通用地综合开发规划和土地供应暂行规定（试行）》（市政办发〔2019〕43号），明确提出了轨道交通用地应加强综合开发利用，集约节约利用土地，坚持混合利用、分层出让。其中，附件《西安市轨道交通土地综合开发规划技术标准》指出综合开发的用地性质应在上位规划主导用地性质基础上进行综合论证，在交通设施用地基础上混合办公、商业等用地，从而明确混合用地性质。

2020年2月颁布的《西安市中心城区交通优化提升三年行动方案（2020—2022年)》，强调促进城市用地与交通协调发展，增加混合功能用地，完善"15分钟"社区生活圈，降低出行距离，构建慢行交通网络。

2021年4月颁布的《西安市关于推进全市经济技术开发区创新提升高质量发展具体措施》（市政办函〔2021〕64号），进一步要求经济技术开发区应创新用地模式，支持存量用地盘活利用，加强集约利用；合理转换不同产业用地类型，探索混合产业用地供给路径。

西安市现有政策层面土地混合利用的引导举措体现了城市空间高度混合的发展需求。西安市各更新街区有大量土地混合利用的需求，如2021年南三环附近有19个城市更新地块具有土地功能混合的现实需求，新兴工业研发、地铁加盖等综合开发需求项目不断增加。推进土地混合利用研究，能够助力土地混合利用相关法理和技术标准的完善。

1.6 数据来源

本研究所使用的数据来源包括：道路网矢量数据、百度热力图数据、LandScan人口数据、夜间灯光数据、兴趣点（point of interest，POI）数据、谷歌卫星影像图、建筑矢量数据、居民行为调研数据，以及城市规划、土地利用、社会经济等统计数据（表1-4）。

表1-4 数据类型与数据来源

数据类型	数据内容	数据来源
道路网矢量数据	不同等级的道路网络	使用开源地图（Open Street Map，OSM）网站获取2023年西安市中心城区的矢量道路网数据（https://www.openstreetmap.org）

数据类型	数据内容	数据来源
百度热力图数据	通过像元热力数值和像素数据获取人口空间分布信息	西安市 2015 年 12 月 9 日（星期三）共计 1 张百度热力图[①]、2017 年 2 月 18 日（星期六）与 2017 年 2 月 20 日（星期一）共计 18 张百度热力图数据，2020 年 7 月 25 日（星期六）和 2020 年 7 月 30 日（星期四）共计 18 张百度热力图数据，2023 年 6 月 6 日和 10 日共计 18 张百度热力图数据（https://map.baidu.com）
LandScan 人口数据	以 1km×1km 的单元格表征人口空间分布情况	西安市 2014 年的 LandScan 人口数据（https://landscan.ornl.gov）
夜间灯光数据	表征社会经济发展情况的遥感数据影像图	西安市 2014 年、2017 年、2020 年、2023 年 NPP/VIIRS 月度合成数据，来源于美国国防气象卫星计划 DMSP 夜间灯光遥感影像（https://ngdc.noaa.gov/eog/dmsp.html）
POI 数据	包括设施名称、所属类别、行政区划、地址、经纬度坐标等信息，通过数据整理，获取城市层面及典型街区空间的土地功能类型	西安市 2014 年、2017 年、2020 年和 2023 年的 POI 数据，包括餐饮服务、公共设施、住宿服务、金融保险等 16 个类别（https://lbs.amap.com/dev/key）
谷歌卫星影像图	通过解译获取土地利用现状类型、道路网信息和城市建设情况	西安市 2014 年、2017 年、2020 年和 2023 年的卫星影像图（https://www.google.com/maps）
建筑矢量数据	包括建筑位置、建筑轮廓、建筑高度等信息，可获取容积率、建筑密度等反映开发强度的数据	利用高德地图线上爬虫，获取西安市 2023 年建筑矢量数据（https://mobile.amap.com）
居民行为调研数据	包括居民、家庭社会经济基本信息，以及居民日常出行轨迹等数据，作为居民行为需求研究的基础	通过认知地图、GPS 轨迹采集、问卷调查、实地走访、深度访谈及记忆式访谈相结合的方法获取研究时间节点数据
规划资料	获取土地利用、道路网、典型空间地块划分等信息，作为修正遥感解译的校核数据和补充	在西安市自然资源与规划局的官方网站（http://zygh.xa.gov.cn/）上获取包括《西安市城市总体规划（1995 年至 2010 年）》《西安市城市总体规划（2008—2020 年）》《西安城市总体规划（2008—2020 年）》（2017 年修订）《西安市土地利用总体规划（2006—2020 年）》（2014 年调整完善方案）、典型街区空间相关控制性详细规划以及其他规划文件等资料

---

① 李宇青. 基于社区类型的西安城市居民职住分离差异研究. 西安：西安外国语大学，2016.

数据类型	数据内容	数据来源
社会经济数据	社会经济统计资料、人口普查数据、房屋属性、土地权属、土地出让等信息，作为修正遥感解译及人口密度的校核数据	在西安市统计局官网（http://tjj. xa. gov. cn）获取统计年鉴、第六次和第七次人口普查数据 在国家统计局官网（http://www. stats. gov. cn/index. html）获取 2010～2022 年中国城市建设统计年鉴数据 在西安市地铁官网（https://www. xianrail. com/）获取地铁站点信息，通过"盛名时刻表"软件，获取西安北站 2011～2020 年的车次情况

1.6.1　道路网矢量数据

利用开源地图网站（https://www. openstreetmap. org）获取 2023 年西安市中心城区的矢量道路网数据。OSM 是一个面向全球各地使用者，提供全球范围内各种地点、道路、建筑物等的地理数据和地图信息的免费数字化地图资源网站，其道路网数据能够显示不同等级的道路网络，精确地反映不同道路之间的交互关系[1]。利用矢量道路网数据主要进行空间分析单元的划分。

街区尺度是构成城市形态的基础，是城市规划管理者进行规划设计和城市管控的基本单元，也是居民最为基础的日常生活空间。以街区这种较小尺度作为空间分析单元能够有效地反映居民的日常生活诉求，更能从人本主义角度出发探求城市活力与建成环境之间的作用机制[2]，更能刻画出区域内土地混合利用的差异。通过对获取的道路数据结合研究区范围进行处理，以在空间上具有明显分割意义的城市道路划分自然街区，并以自然街区尺度作为本研究的基本空间分析单元[3]。

处理步骤如下：首先，用 ArcGIS 10.8 软件中的转换工具将道路网数据转换成线要素类矢量图层，同时对道路网数据进行裁剪，去除掉研究区范围外的部分，将道路网数据与划分好的空间分析单元图层相连接，创建一个新的字段，将道路线要素的长度累加到各个空间分析单元中。其次，根据下载的矢量数据中的道路等级字段进行分类，将城市道路分为高速路、城市快速路、主干路、次干路

① 丁彦文，许捍卫，汪成昊. 融合 OSM 路网与 POI 数据的城市功能区识别研究. 地理与地理信息科学，2020，36（4）：57-63.
② 塔娜，曾屿恬，朱秋宇，等. 基于大数据的上海中心城区建成环境与城市活力关系分析. 地理科学，2020，40（1）：60-68.
③ Liu X J, Long Y. Automated identification and characterization of parcels with OpenStreetMap and points of interest. Environment and Planning B：Planning and Design，2016，43（2）：341-360.

和功能区内部道路等五个等级，选取具有明显分割空间的城市道路（如城市主干路、快速路等）作为参考线，将研究区域划分为 1251 个空间分析单元①。最后，由于城市道路系统等级较多，分布形态复杂多样，在划分街区时会产生，诸如交叉过多、形状狭长怪异、面积过小等问题，需结合城市空间发展趋势和卫星遥感影像对地块进行校正，将具有相同特征或同一行政管辖范围内的地块进行合并，然后利用 ArcGIS 10.8 工具构建街区尺度空间分析单元的 GIS 数据库。

1.6.2 百度热力图数据

百度热力图数据以用户使用百度企业下的相关应用（百度地图、百度搜索、百度贴吧、百度音乐等）中产生的实时空间位置数据为基础，对各个地区内集聚的人口密度和人流速度进行统计与计算，并根据不同的颜色和亮度表示不同的人口密度大小，颜色越接近于红色表示人口集聚程度越高，越接近于蓝色表示人口集聚程度越低②。与传统的人口普查数据的静态调研相比，百度热力图因其数据的易获取性与时效性，更能体现人在空间之中的动态属性，更能精确地反映出城市人群在城市中的空间集聚及分布情况，被广泛应用于城市人口空间聚集等方面的研究③④。

由于百度热力图数据的即时性特点，虽经多方努力，仅收集到 2015 年 12 月 9 日（星期三）1 张百度热力图⑤，用于对 2014 年的 LandScan 人口数据进行校正。随后获取西安市 2017 年、2020 年和 2023 年的百度热力图数据，分别选取休息日和工作日中的一天，于 7：00～23：00 每两小时采集一次百度热力图，最终形成每年 18 张百度热力图数据，以代表当年休息日和工作日的中心城区人群活力状况。其中，2017 年数据选取 2017 年 2 月 18 日（星期六）与 2017 年 2 月 20 日（星期一）7：00～23：00 进行采集。2020 年，为避免新冠疫情对人群活动的影响，在获取当年百度热力图时，分别在西安市解封后的第 16 天和第 21 天采集，以保证数据的准确性，即 2020 年 7 月 25 日（星期六）和 2020 年 7 月 30 日

---

① Xia C, Yeh A G O, Zhang A Q. Analyzing spatial relationships between urban land use intensity and urban vitality at street block level: a case study of five Chinese megacities. Landscape and Urban Planning, 2020, 193 (1): 103669.

② 吴志强, 叶锺楠. 基于百度地图热力图的城市空间结构研究: 以上海中心城区为例. 城市规划, 2016, 40 (4): 33-40.

③ 王录仓. 基于百度热力图的武汉市主城区城市人群聚集时空特征. 西部人居环境学刊, 2018, 33 (2): 52-56.

④ 张海林. 基于百度热力图的人口活动数量提取与规划应用. 城市交通, 2021, 19 (3): 103-111.

⑤ 李宇青. 基于社区类型的西安城市居民职住分离差异研究. 西安: 西安外国语大学, 2016.

（星期四）。2023 年数据则于 2023 年 6 月 6 日（星期二）和 2023 年 6 月 10 日（星期六）进行采集（https://map. baidu. com）。

基于 ArcGIS 10.8 软件，对获取的百度热力图数据进行预处理。考虑到人群活动的周期性，将人的活动按周期分为工作日和休息日，对选取的工作日与休息日数据进行加权取平均。处理步骤如下：首先，对百度热力图数据重新定义投影（WGS_1984_UTM_Zone_48N）并进行地理配准，对已获取的百度热力图数据按研究区进行裁剪。其次，根据已有百度热力图分级分类研究成果，对数据进行重分类处理。最后，利用分区统计工具对格网内的热力平均值进行统计计算，将其链接到空间分析单元，引入人口热力指数来表征社会活力，并计算出各空间分析单元的人口热力指数作为后续研究计算的基础[①]。

人口热力指数公式如下：

$$Q = \frac{\sum_{i=1}^{m} a_i \times b_i \times c}{S} \tag{1-1}$$

$$N = \frac{Q_{th}}{\sum h \times Q_{th}} \tag{1-2}$$

式中，Q 为某一时刻的人口密度；a 为第 i 种颜色代表的人口密度值，b 为颜色的像元数量；c 为单个像元的像元面积；S 为空间分析单元面积；m 为颜色的种类；N 为人口热力指数；Q_{th} 为 t 时刻空间分析单元 h 的人口密度。

1. 6. 3　LandScan 人口数据

LandScan 人口数据是由美国橡树岭国家实验室开发的全球人口分布数据集。它基于遥感数据，如卫星影像图、地表覆盖和土地利用数据，结合人口普查数据、空间模型和地理信息系统技术，通过复杂的数据处理和分析方法来测度人口分布，旨在提供详细和精准的全球人口分布信息（https://landscan. ornl. gov）。其数据的特点之一是高空间分辨率，以 1km×1km 的单元格表征人口空间分布，在人口统计、城市规划、灾害管理和环境研究等领域具有广泛的应用价值，对于社会发展和政策制定具有重要意义。

获取表征人口分布情况的西安市 2014 年的 LandScan 人口数据。处理步骤如下：首先，在 ArcGIS 10.8 软件中，基于研究区范围对 LandScan 人口数据进行裁

① Li J G, Li J W, Yuan Y Z, et al. Spatiotemporal distribution characteristics and mechanism analysis of urban population density: a case of Xi'an, Shaanxi, China. Cities, 2019, 86 (3): 62-70.

剪。其次，对裁剪后的数据进行重采样处理，通过改变像元大小使得数据能够全部分配到各个空间分析单元。最后，以表格显示分区统计的处理并链接到各空间分析单元，作为后续研究的基础数据。

1.6.4　夜间灯光数据

夜间灯光数据是一种能够在多尺度下表征社会经济发展情况的遥感数据影像图，现已作为一种研究城市经济发展相关领域的稳定数据[①]。城市夜间灯光数据最早出现在 20 世纪 70 年代，由美国发射的 DMSP 卫星搭载了 OLS 传感器产生了初次的夜间灯光遥感数据，并在 1992 年将其进行数字化处理，然后面向公众使用。目前，被广泛使用的夜间灯光数据主要有三种：DMSP/OLS、NPP/VIIRS 和哨兵 1 号数据。然而，DMSP/OLS 已经停止使用，数据只能获取至 2014 年。NPP/VIIRS 和哨兵 1 号数据的时间序列数据目前仍在使用，该数据解决了饱和效应、溢出效应以及未进行星上定标等问题，精度较高，分辨率分别为 500m 和130m[②]。考虑到街区研究尺度和数据的可获得性，选取 2014 年、2017 年、2020年和 2023 年 NPP/VIIRS 月度合成数据，该数据来源于美国国防气象卫星计划DMSP 夜间灯光遥感影像（https://ngdc.noaa.gov/eog/dmsp.html）。

夜间灯光数据中每一栅格内都有其特定的夜间灯光数值[③]，将获取的夜间灯光数据在 ArcGIS 10.8 软件中进行裁剪，并将夜间灯光的值赋到每一个空间分析单元，作为后续计算研究的基础。

1.6.5　POI 数据

POI 数据是一种能够精确表征地面各类实体空间的地理属性的空间数据。利用高德地图网站（https://lbs.amap.com/dev/key）进行矢量爬取西安市 POI 数据，共获得 2014 年近 10 万个数据点、2017 年约 43 万个数据点、2020 年 60 多万个数据点和 2023 年近 70 万个数据点，包括餐饮服务、公共设施、住宿服务、金融保险等 16 个类别。

---

① 韩向娣，周艺，王世新，等. 基于夜间灯光和土地利用数据的 GDP 空间化. 遥感技术与应用，2012，27（3）：396-405.

② 张晓平，高珊珊，陈明星，等. 夜间灯光数据在城市化及其资源环境效应研究中的热点主题追踪. 中国科学院大学学报，2022，39（4）：490-501.

③ 王娜，吴健生，李胜，等. 基于多源数据的城市活力空间特征及建成环境对其影响机制研究：以深圳市为例. 热带地理，2021，41（6）：1280-1291.

处理步骤如下：首先，利用 ArcGIS 10.8 工具，根据研究区范围对 POI 数据进行裁剪，剔除不在研究区范围内的设施点。其次，鉴于源数据可能包含重复性数据及无效性数据，需进行数据清洗，删除重复和不必要的数据（如道路名、小区名等），以保证数据的准确性，并对数据进行坐标纠偏。再次，考虑到 POI 数据可能表征与土地利用相类似的功能，参考相关学者对 POI 数据的分类研究①②③，并结合《城市用地分类与规划建设用地标准》（GB 50137—2011），将 POI 数据按照功能类别重分类为八大类（表1-5）。最后，统计每一个空间分析单元不同类别 POI 数据点的数量，构建 GIS 数据库，用于后续土地混合利用的综合测度，以反映城市用地功能的实际使用情况以及近年来土地混合利用的演变特征。

表1-5　POI 重分类

大类名称	小类名称	具体类型
居住类	住宅	楼宇、住宅区等
公共管理与公共服务类	科教文化	科研与培训机构、学校、博物馆、展览馆、会展中心、图书馆、科技馆等
	体育设施	运动场馆、高尔夫相关
	医疗保健服务	综合医院、专科医院、诊所、急救中心、医药销售、动物医疗、疾病预防
	政府机构及社会团体	政府机关、外国机构、民主党派、社会团体等
商业服务类	旅馆	宾馆酒店、旅游招待所等
	餐饮	中餐厅、咖啡馆、冷饮店等
	购物	大型商场、小商店、超市、综合市场、专卖店等
	金融保险	银行、保险公司、证券公司、财务公司等
	商务办公	公司企业、写字楼
	娱乐休闲设施	度假疗养、休闲场所、影剧院、农家乐等
	生活服务设施	旅行社、信息咨询、邮局、物流速递、营业厅等
绿地与广场类	广场绿地	公园、广场

① 曹根榕，顾朝林，张乔扬. 基于 POI 数据的中心城区"三生空间"识别及格局分析：以上海市中心城区为例. 城市规划学刊，2019（2）：44-53.

② 李岩，林安琪，吴浩，等. 顾及空间尺度效应的城市土地利用变化精细化模拟. 地理学报，2022，77（11）：2738-2756.

③ 牟凤云，黄淇，王俊秀，等. 重庆市轨交客流与土地利用混合度耦合协调关系研究. 西南大学学报（自然科学版），2023，45（9）：162-170.

大类名称	小类名称	具体类型
道路与交通类	交通服务设施	火车站、长途汽车站、停车场等
公共设施类	公共设施	公共厕所、报刊亭、应急避难场所等
工业类	产业园区	产业园区、工厂
风景名胜类	风景名胜区	风景名胜区

资料来源：作者根据高德平台 POI 分类整理。

1.6.6　谷歌卫星影像图

谷歌卫星影像图是一种高分辨率的卫星影像，由谷歌公司通过其在线地图服务提供的电子地图服务。谷歌卫星影像图可以显示地球上的地理特征、城市景观、自然环境等。通过谷歌地图网站（https://www.google.com/maps）获取2014年、2017年、2020年和2023年西安市的卫星影像图，并通过人工判读和目视解译识别四个时间节点的城市建设情况，构建西安市四个时间节点的中心城区土地利用数据库，形成西安市中心城区近年来城市土地混合利用时空演变和空间格局的基础数据源。

处理步骤如下：首先，在 ArcGIS 10.8 中导入卫星影像图，基于研究区底图进行地理配准，使得谷歌卫星影像图与研究区底图对齐。其次，以《西安城市总体规划（2008—2020年）修改》中的中心城区用地规划图为基础，结合四个年份的谷歌卫星影像图人工识别城市建成空间与各空间分析单元的用地性质，进行分图层表达，用以对比西安市中心城区建成空间的演变特征，并作为后续各年份西安市中心城区空间分析单元土地混合利用计算的数据基础。

1.6.7　建筑矢量数据

建筑矢量数据是建筑物在二维平面视图上的物质信息，包括建筑位置、建筑轮廓、建筑高度等，可获取容积率、建筑密度等反映建成环境的数据。利用高德地图线上爬虫（https://mobile.amap.com），收集2023年西安市中心城区建筑矢量数据作为分析空间分析单元开发强度的基础数据。

处理步骤如下：首先，利用 ArcGIS 10.8 工具对基础数据的坐标系进行转换并进行定义投影（WGS_1984_UTM_Zone_48N）。其次，按照研究区范围对数据进行裁剪处理，并进行分区统计，获取每一个空间分析单元的建筑数据。最后，校正数据，借助卫星遥感数据以及实地调查，对数据进行清洗，对建筑高度、面积与实际差距过大的数据进行修正，以及对数据不全的空间分析单元尽可能地进行补充，最终得到西安市中心城区建筑轮廓数据的 GIS 数据库。

1.6.8 居民行为调研数据

调研数据主要针对西安高铁北站人群活动特征展开调研。首先，针对西安北站旅客出行情况，于 2018 年 3 月 17 日开展预调研，发放调查问卷 50 份。其次，分析总结预调研结果、完善调研内容后，选取 2018 年 3 月 19 日（星期一）、3月 21 日（星期三）、3 月 24 日（星期六）与 3 月 25 日（星期天）开展正式调研，共计发放问卷 300 份，其中有效问卷有 263 份，问卷有效率为 87.7%。最后，2018 年 3 月多次对调研对象及西安北站管委会工作人员等进行深入访谈。通过现场记录、录音文件的整理，获得大量站区客流扰动与韧性治理信息。

1.6.9 统计数据

统计数据主要包括规划资料和社会经济数据，旨在了解西安市城市社会经济发展的基本概况，土地混合利用与城市活力的时空演变概况、影响因素和作用机理。

城市规划、土地利用资料数据方面，包括西安市自然资源与规划局的官方网站（http://zygh. xa. gov. cn/）获取包括《西安市城市总体规划（1995 年至 2010年）》《西安市城市总体规划（2008—2020 年）》《西安城市总体规划（2008—2020 年）》（2017 年修订）《西安市土地利用总体规划（2006—2020 年）》（2014年调整完善），以及典型街区空间相关控制性详细规划等相关资料。

社会经济数据包括社会经济统计资料、人口普查数据、房屋属性、土地权属、土地出让等信息，作为修正遥感解译及人口密度的校核数据。统计年鉴数据是由统计局或其他相关机构统计的用于反映城市社会、经济、文化、建设情况等的重要数据。本研究主要涉及人口统计数据、建设统计数据、地铁数据。其中，人口统计数据，在西安市统计局官网（http://tjj. xa. gov. cn）下载 2014～2023 年西安市统计年鉴、西安市第六次人口普查和第七次人口普查数据，再将人口数据转录 Excel 进行汇总，作为研究空间分析单元人口数据的基础；建设统计数据，在国家统计局官网中下载 2010～2022 年中国城市建设统计年鉴数据（http://www. stats. gov. cn/index. html），将收集到的西安市城市建设用地相关数据于Excel 中进行汇总，得到西安市城市建设用地数据库；地铁数据，在西安市地铁官网（https://www. xianrail. com/）上获取地铁站点信息，并用 Map Location 在线经纬度获取网站（https://maplocation.sjfkai.com/），将获取的站点信息转换为经纬度坐标信息，借助 ArcGIS 10.8 软件，将经纬度信息录入，建立地铁线路和站点的 GIS 数据库；同时，通过"盛名时刻表"软件，获取西安北站自 2011 ~ 2020 年内的车次情况，统计日期为当年第三季度铁路运行图调整后第一日，统计时间为 6：00 ~ 24：00，共获得西安北站 10 年内共 1144 个车次信息，其中包括 381 个夜间车次信息，利用此数据对站区客流扰动特征分析。

第 2 章 | 国内外研究进展

　　土地混合利用是城市规划和土地管理领域的一个重要议题。随着城市化进程的推进，城市问题逐渐凸显，而严格的城市功能分区被认为导致了城市发展不平衡、社会隔离、城市活力下降等一系列城市问题。因此，学者们对土地混合利用的研究兴趣逐渐升温，并从测度方法、空间格局、影响因素和影响效应等多个维度进行了深入探讨。尽管目前在城市宏观层面通过多元化视角和指标体系对土地混合利用进行了大量的研究，揭示了其空间分布特征和演变趋势，但在街区尺度上对土地混合利用的定量分析尚显不足。特别是从居民行为角度出发，对空间活力的实证研究仍有待加强。为了更全面、科学地理解街区尺度土地混合利用的时空变化特征与影响效应，有必要构建一个以居民行为需求为导向的土地混合利用人本化发展模式，为土地资源的有效利用和空间活力的提升提供坚实的理论支撑，促进城市的精细化管理。

2.1　测 度 方 法

　　土地混合利用作为城市功能的一种组织形式，包含"土地利用"与"混合功能"两个层面[①]。为了表征空间格局演变特征，有关用地功能混合测度的主要研究方法包括：①根据不同用地类型、功能的面积比例直接计算，即比例视角；②借助辛普森指数（Simpson index）、香农–维纳指数（Shannon Weaner index）、熵指数（entropy index）、平衡指数（balance index）、相异指数（dissimilarity index）等多样性指标来计算，即多样性视角；③通过不同用地、功能的空间使用需求的可达性来计算，即可达性视角；④综合多样性和可达性指标的综合计算，即综合视角[②]。这些测度方法基本围绕土地混合利用的数量、距离和属性三个方面的核心内容展开。

---

　　① 郑红玉，吴次芳，郑盛，等. 空间一致性视角下的城市紧凑发展与土地混合利用研究：以上海市为例. 中国土地科学，2016，30（4）：35-42.

　　② 赵广英，宋聚生. 城市用地功能混合测度的方法改进. 城市规划学刊，2022（1）：51-58.

2.1.1 数量维度

从数量维度上看，测度方法侧重于土地利用的多样性视角，具体可分为两类。

第一种是根据不同用地功能类型的面积比例计算混合度。一般通过住宅和非住宅用途的比例衡量城市街区的土地混合利用程度，这种比例包括建筑面积和用地面积两种。一方面，从建筑面积出发，例如通过住宅与非住宅的建筑面积与区域总建筑面积的百分比测度土地混合利用[①]；另一方面，从用地面积出发，将非住宅用途用地划分为社区商业商店、多户住宅单元、轻工业用地、公共机构和公园等五类，并根据交通小区划分计算社区内每种非住宅土地利用用途面积的比例[②]；或将其划分为工业、商业金融、教育、绿地、水域及其他等六类，通过土地利用用途面积的百分比，作为混合利用社区划分的依据[③]；抑或将功能类型简化，不做明确划分，直接以两种以上的功能面积比衡量土地混合利用[④]。

第二种是借助辛普森指数、香农-维纳指数、熵指数、相异指数等多样性指标来计算混合度。①辛普森指数，也称为辛普森多样性指数，最初用于衡量某一地区特定物种的丰富度。在土地混合利用研究中，借鉴物种的丰富度来测度土地混合的多样性。辛普森指数适用于探究土地利用破碎度的空间模式[⑤]以及土地利用多样性的空间格局[⑥]，重点是分析各土地利用类型的丰富程度，不涉及用地间的相互影响。例如，利用辛普森指数分析墨尔本街区的土地混合丰富度水平，对墨尔本中心区土地混合的丰富度进行量化分析，进而基于土地利用信息平台构建模式与管理经验提出城市用地结构调整与空间优化策略[⑦]。②香农-维纳指数是

① Hoppenbrouwer E, Louw E. Mixed-use development: theory and practice in Amsterdam's Eastern Docklands. European Planning Studies, 2005, 13 (7): 967-983.

② Song Y, Knaap G J. Measuring the effects of mixed land uses on housing values. Regional Science and Urban Economics, 2004, 34 (6): 663-680.

③ Kong H, Sui D Z, Tong X, et al. Paths to mixed-use development: a case study of Southern Changping in Beijing, China. Cities, 2015, 44: 94-103.

④ Shi B X, Yang J Y. Scale, distribution, and pattern of mixed land use in central districts: a case study of Nanjing, China. Habitat International, 2015, 46: 166-177.

⑤ Zhang S N, York A M, Boone C G, et al. Methodological advances in the spatial analysis of land fragmentation. The Professional Geographer, 2013, 65 (3): 512-526.

⑥ Comer D, Greene J S. The development and application of a land use diversity index for Oklahoma City, OK. Applied Geography, 2015, 60: 46-57.

⑦ 焦佳成, 傅白白. 混合开发模式下墨尔本土地利用量化分析及经验启示. 规划师, 2021, 37 (7): 82-88.

根据信息论建立的，表示不确定的程度，其本质与辛普森指数是一致的，在表示用地功能类型多少的基础上，基于各地块用地面积进行测度。香农-维纳指数值越高，不确定程度越大，多样性越高。③熵指数是土地混合利用最广泛接受和最常用的指数，熵通常量化给定区域内土地利用类型的多样性，熵水平越高，土地利用混合度越高。例如，通过计算街道密度、住宅密度、住宅多样性、自有住宅比例、独立住宅比例等的熵指数，将土地多样性作为影响因子之一，研究其与社区可达性的关系[1]。通过土地混合利用、居住密度和交叉口密度的熵值与每天适度体育活动时长进行相关性分析，判断土地功能混合发展是否有助于公众健康[2][3]。但目前熵值法的运用还存在不足，大多数学者从功能类型和数量出发，依据不同土地利用类型的面积比例进行测度，却因未能考虑混合成分数量、不同组分与混合方式而备受怀疑[4][5]。④相异指数是基于土地利用空间单元与相邻单元的不相似性而获得的累积平均值，用于计算一个区域内单元之间土地利用的差异性[6]。这种方法考虑了相对于整个区域的土地利用百分比，表征了用途分布的均匀性，但其指数取值取决于网格像元大小，存在一定弊端。在研究过程中，亦可将这些多样性指标组合运用，例如在结合熵指数、相异指数的基础上，考虑土地混合利用的面积与种类，对土地混合利用进行量化，能够有效捕捉城市的土地混合利用特征[7]。

2.1.2　距离维度

从距离维度上看，即从土地利用的空间结构是否邻近的视角进行土地混合利

---

① Maleki M Z, Zain M F M, Ismail A. Variables communalities and dependence to factors of street system, density, and mixed land use in sustainable site design. Sustainable Cities and Society, 2012, 3: 46-53.

② Frank L D, Andresen M A, Schmid T L. Obesity relationships with community design, physical activity, and time spent in cars. American Journal of Preventive Medicine, 2004, 27 (2): 87-96.

③ Frank L D, Schmid T L, Sallis J F, et al. Linking objectively measured physical activity with objectively measured urban form: findings from SMARTRAQ. American Journal of Preventive Medicine, 2005, 28 (2): 117-125.

④ Brown B B, Yamada I, Smith K R, et al. Mixed land use and walkability: Variations in land use measures and relationships with BMI, overweight, and obesity. Health & Place, 2009, 15 (4): 1130-1141.

⑤ Dovey K, Pafka E. What is functional mix? An assemblage approach. Planning Theory & Practice, 2017, 18 (2): 249-267.

⑥ Kockelman K M. Travel behavior as function of accessibility, land use mixing, and land use balance: evidence from San Francisco Bay Area. Transportation Research Record: Journal of the Transpotation Research Board, 1997, 1607 (1): 116-125.

⑦ Bordoloi R, Mote A, Sarkar P P, et al. Quantification of land use diversity in the context of mixed land use. Procedia-social and Behavioral Sciences, 2013, 104: 563-572.

用程度的测度。适宜步行的建成环境有利于促进土地混合利用，因而其基本思想是通过各类用地之间的空间邻近程度来进行测度[1]，大致可以分为两种测度方法。

第一种测度方法是通过欧氏距离计算各用地类型的邻近度，即依据居民使用服务或便利设施的便利程度来表现空间的邻近性，体现土地混合利用应考量不同功能用地的相邻位置和相互作用[2]。通过对住宅、商业、工业、基础设施、社区设施和开放空间等每种土地利用类型进行邻近度分析，并以适当权重对邻近结果进行聚合，可识别土地混合利用的基本情况[3]。当然，亦可通过测度各类功能设施 POI 的邻近度，如公共交通站点可达性、公共服务设施邻近度等指标，探究土地混合利用的空间结构[4]，即考虑到住宅、商业等多样的土地利用类型，以住宅为起点，计算其到学校、商业等地区的可达性，通过土地利用类型多样性和距离可达两种思路来计算混合度[5]。此外，通过架构包含土地利用类型和空间距离两个维度的土地混合利用测度模型，可探讨土地混合利用与城市通勤、就业分散的关系[6]，抑或结合出租车 OD 联系数据，在信息熵基础上进一步建构时空熵指数，以此来识别测度城市功能混合度[7]。

第二种测度方法为空间拓扑特征分析中分形理论的引用。分形理论广泛应用于土地利用的空间格局探究[8][9][10]。城市土地混合利用是一种分形现象，土地利用混合度空间分布呈现分形结构，具有自我组织的特征。因此，从分形理论的容积维度与信息维度，通过格子法计算分形维度值，分析土地混合利用分布的空间聚

① 周婷. 基于 POI 数据的城市土地利用活力评价与增强机制研究：以杭州市八区为例. 杭州：浙江工商大学，2021.

② Talen E. Land use zoning and human diversity: exploring the connection. Journal of Urban Planning and Development, 2005, 131 (4): 214-232.

③ Abdullahi S, Pradhan B, Mansor S, et al. GIS-based modeling for the spatial measurement and evaluation of mixed land use development for a compact city. GIScience & Remote Sensing, 2015, 52 (1): 18-39.

④ 郑红玉，吴次芳，郑盛，等. 空间一致性视角下的城市紧凑发展与土地混合利用研究：以上海市为例. 中国土地科学，2016，30 (4): 35-42.

⑤ Nabil N A, Eldayem G E A. Influence of mixed-use on realizing the social capital. HBRC Journal, 2015, 11 (2): 285-298.

⑥ Wheaton W C. Commuting, congestion, and employment dispersal in cities with mixed land use. Journal of Urban Economics, 2004, 55 (3): 417-438.

⑦ 李苗裔，马妍，孙小明，等. 基于多源数据时空熵的城市功能混合度识别评价. 城市规划，2018，42 (2): 97-103.

⑧ Purevtseren M, Tsegmid B, Indra M, et al. The fractal geometry of urban land use: the case of Ulaanbaatar city, Mongolia. Land, 2018, 7 (2): 67.

⑨ 叶长盛，董玉祥. 珠江三角洲土地利用分形特征及其影响机制. 农业工程学报，2011，27 (4): 330-335, 404.

⑩ 余万军，吴次芳，关涛，等. 基于 GIS 和分形理论的山西屯留县土地利用空间格局变化. 农业工程学报，2005，21 (10): 64-69.

集性与多样性[①]。同时，根据分形维数存在相邻单元性质相似的思想，每个空间单元的土地混合利用程度与其周围相邻的单元有关，利用目标单元与其周围所有相邻的区域的土地利用特征可建构土地利用混合度模型[②]。土地利用的空间拓扑可以通过计算功能地块之间共享边的长度来实现，即单位面积内不同功能间共有边长的值用以衡量不同土地利用类型的互补性[③]，以这种方式对地块的混合度进行测量，从而更加科学地表征土地混合利用情况。单位面积内不同功能用地间共有边长的值能表达不同功能间的空间关系，即该指标能反映不同功能用地的分布情况。如果不同功能用地是集中分布的，那么其共有边长会较少；若不同功能用地是散落均匀分布，则其共有边长会增加。通过研究发现，基于空间拓扑的土地混合利用度能表达土地功能混合的相互作用，认为土地混合利用与居民步行和骑自行车行为联系紧密[④]。在使用该指标时需注意共有边长的确定依据，例如当两种功能平面上紧密相连但管理上不允许通行时，该共有边长是否纳入统计；当两种功能中间间隔一条道路，但该道路允许行人横穿时，该道路是否属于功能间的共享边长，都是需要斟酌的[③]。

2.1.3 属性维度

从属性维度上看，主要关注相邻功能用地之间的兼容关系，通过兼容性所带来的外部效应以寻求较优的土地混合利用。每种土地利用类型都会因自身活动的特点对近邻用地产生或强或弱、或正或负的影响[⑤]。对兼容性测度多从定性角度出发，定量测度较少。现有从属性维度定量测度用地兼容的模型方法相对单一，以兼容性矩阵、面积加权混合、相邻边长等修正性测度为主。

最初，根据土地利用的性质和特点，开发了一个基于多标准评价分析、层次分析法和有序加权平均法的评估城市密集地区的土地利用兼容性的模型（land

---

① 郑红玉，吴次芳，郑盛，等. 空间一致性视角下的城市紧凑发展与土地混合利用研究：以上海市为例. 中国土地科学，2016，30（4）：35-42.

② 冯红霞，张生瑞. 基于元分维理论的土地利用混合度研究：以榆林空港生态城控规为例. 西安建筑科技大学学报（自然科学版），2014，46（6）：882-887.

③ Manaugh K, Kreider T. What is mixed use? Presenting an interaction method for measuring land use mix. Journal of Transport and Land Use, 2013, 6 (1): 63-72.

④ Zhang M Z, Zhao P J. The impact of land-use mix on residents' travel energy consumption: new evidence from Beijing. Transportation Research Part D: Transport and Environment, 2017, 57: 224-236.

⑤ 王卉. 存量规划背景下的城市用地兼容性的概念辨析和再思考. 现代城市研究，2018，33（5）：45-54.

use compatibility evaluation model)①。该模型可用于计算水平和垂直方向上的土地利用兼容性，可以评估建筑物中各楼层的使用与其相邻土地使用之间的兼容性，在微观尺度上探索邻近土地利用之间的空间外部性。根据土地利用的兼容性关系，分析住宅和工业用地的混合程度，通过定义住宅和相邻区域组成的空间分析单元，分别对不同类别的工业用地以及住宅用地和工业用地以外的土地利用类型赋值。根据该规则，每个空间分析单元的兼容值等于基础值和八个相邻单元分配的值之和②。然后，从邻域面积、空间几何特征等方面进一步修正土地利用的兼容性测度方法。修正的过程中大多采用矢量的土地利用数据，一方面通过纳入不同土地利用之间的兼容性关系，考虑每个地块的面积权重，提出基于面积加权向量的混合度指数来测度兼容性混合度③；另一方面，充分考虑诸如相邻边长等功能用地的重要空间几何特征对土地混合利用进行测度④。

虽然赫芬达尔-赫希曼指数（Herfindahl-Hirschman index）、阿特金森指数（Atkinson index）、集群指数（cluster index）等更多的测度方法不断地被运用⑤，但由于土地混合利用内涵抽象，研究对象复杂，土地混合利用程度测度方法虽多但仍有其不足之处，因此，需要根据具体的研究问题和研究条件筛选测度方法。同时，现有土地混合利用测度方法不能反映不同混合形式的影响⑥，难以说明土地用途间的相互作用、土地用途的结构配置等问题⑦⑧。因此，土地混合利用测度方法的科学表征仍有待进一步探究⑤。

① Taleai M, Sharifi A, Sliuzas R, et al. Evaluating the compatibility of multi-functional and intensive urban land uses. International Journal of Applied Earth Observation and Geoinformation, 2007, 9 (4): 375-391.

② Tian L, Liang Y L, Zhang B. Measuring residential and industrial land use mix in the peri-urban areas of China. Land Use Policy, 2017, 69 (9): 427-438.

③ Zhuo Y F, Zheng H Y, Wu C F, et al. Compatibility mix degree index: a novel measure to characterize urban land use mix pattern. Computers Environment and Urban Systems, 2019, 75: 49-60.

④ 师浩辰，赵渺希，陈佩谦. 土地混合使用视角下的地块间兼容度测度：以湖南省湘潭市市辖区为例. 热带地理，2021，41 (4): 746-759.

⑤ Comer D, Greene J S. The development and application of a land use diversity index for Oklahoma City, OK. Applied Geography, 2015, 60: 46-57.

⑥ 王德，殷振轩，俞晓天. 用地混合使用的国际经验：模式、测度方法和效果. 国际城市规划，2019，34 (6): 79-85.

⑦ Hajna S, Dasgupta K, Joseph L, et al. A call for caution and transparency in the calculation of land use mix: measurement bias in the estimation of associations between land use mix and physical activity. Health & Place, 2014, 29: 79-83.

⑧ Im H N, Choi C G. The hidden side of the entropy-based land-use mix index: clarifying the relationship between pedestrian volume and land-use mix. Urban Studies, 2019, 56 (9): 1865-1881.

2.2 空间格局

　　一般认为，土地混合利用促进了紧凑型城市的建设，在不同的空间尺度上会表现出不同的格局和过程特征，已有研究发现土地混合利用在不同的空间尺度下具有空间相关性与空间异质性的特征[1][2]，且在同一个空间尺度下具有动态演替的特征[3][4]。

2.2.1 空间尺度

　　尺度是确定土地混合利用研究对象的基础，是化解混合研究复杂性的有效手段。随着空间尺度的变化，其分析结果也将随之变化，在此过程中，其斑块大小也将随尺度变化而进行调整。虽然不同的学者认为土地混合利用的空间尺度划分并不一致，但一般认为土地混合利用可以在建筑（building）、地块（plot）、街区（block）、街道（street）、区县（district）和城市（city）等六个不同空间尺度上发生（图 2-1），既有研究大体上涵盖了土地混合利用的所有尺度和维度[5][6][7][8][9][10]。

---

①　Musakwa W, Niekerk A V. Implications of land use change for the sustainability of urban areas: a case study of Stellenbosch, South Africa. Cities, 2013, 32 (6): 143-156.

②　仇保兴. 紧凑度与多样性: 中国城市可持续发展的两大核心要素. 城市规划, 2012, 36 (10): 11-18.

③　Rowley A. Mixed-use development: ambiguous concept, simplistic analysis and wishful thinking? . Planning Practice & Research, 1996, 11 (1): 85-95.

④　史北祥, 杨俊宴. 城市中心区混合用地概念辨析及空间演替: 以南京新街口中心区为例. 城市规划, 2019, 43 (1): 95-105.

⑤　Coupland A. Reclaiming the City: Mixed Use Development. London: Routledge, 1997.

⑥　Grant J. Mixed use in theory and practice: Canadian experience with implementing a planning principle. Journal of the American Planning Association, 2002, 68 (1): 71-84.

⑦　Hoppenbrouwer E, Louw E. Mixed-use development: theory and practice in Amsterdam's Eastern Docklands. European Planning Studies, 2005, 13 (7): 967-983.

⑧　Jacobs-Crisioni C, Rietveld P, Koomen E, et al. Evaluating the impact of land-use density and mix on spatiotemporal urban activity patterns: an exploratory study using mobile phone data. Environment and Planning, 2014, 46 (11): 2769-2785.

⑨　Yang X. Exploring the influence of environmental features on residential burglary using spatial-temporal pattern analysis. Gainesville: University of Florida, 2006.

⑩　Shi B X, Yang J Y. Scale, distribution, and pattern of mixed land use in central districts: a case study of Nanjing, China. Habitat International, 2015, 46: 166-177.

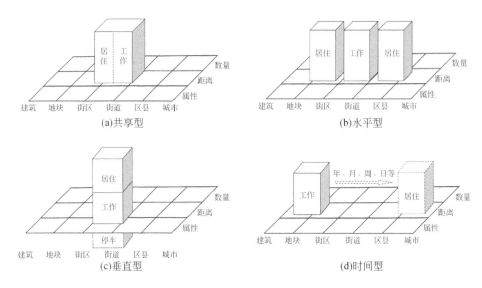

图 2-1　土地混合利用空间尺度与类型

结合我国的实际情况，多从行政管理角度，将空间尺度划分为街道尺度①②③④、区县尺度⑤⑥与城市尺度⑦，也有从建筑单体、社区、城市等尺度进行功能复合的探索⑧。在微观尺度上，强调建筑功能混合利用，如商业、办公、住宅、停车等，倡导不同功能的平衡与协调；而在宏观尺度上，强调区域整体功能的提升和综合效益的发挥。针对不同研究目的，很难用某一种空间尺度测度或评价土地混合利用，但随着研究尺度的缩小，土地混合利用差异性逐渐扩大。

不同的空间尺度对土地混合利用的界定以及度量起着至关重要的作用⑨，早期土地混合利用主要关注平面的混合，随着生活活动丰富化、用地功能精细化、

①　王敏，田银生，袁媛．基于"混合使用"理念的历史街区柔性复兴探讨．中国园林，2010，26（4）：57-60.

②　邢琰．规划单元开发中的土地混合使用规律及对中国建设的启示．北京：清华大学，2005.

③　平山翔吾．郊外大规模居住区开发过程中的土地混合使用研究．北京：清华大学，2013.

④　华夏．微观层面土地混合使用评价初探：以苏州工业园区居住用地为例．苏州：苏州大学，2016.

⑤　钱林波．城市土地利用混合程度与居民出行空间分布：以南京主城为例．现代城市研究，2000，（3）：7-10，63.

⑥　鲍其隽，姜耀明．城市中央商务区的混合使用与开发．城市问题，2007（9）：52-56.

⑦　郑红玉，吴次芳，郑盛，等．空间一致性视角下的城市紧凑发展与土地混合利用研究：以上海市为例．中国土地科学，2016，30（4）：35-42.

⑧　黄莉．城市功能复合：模式与策略．热带地理，2012，32（4）：402-408.

⑨　McDonald J F. A model of mixed land use in urban areas. Theoretical Economics Letters, 2012, 2 (1): 94-100.

时间利用多元化，土地混合利用也呈现出多样化的特点，土地功能的混合可以发生在多种空间尺度上，包含共享式的混合、水平方向上的混合、垂直方向上的混合和时间维度的混合等不同类型（图 2-1）。建筑多是纵向维度的混合，而片区及城市则更多的是横向维度的混合①，地块和街区尺度通常是横向混合、纵向混合、时间混合相互交织。

学者们围绕建筑单体、地块、街区、街道、区县、城市等不同空间尺度展开了多层次的研究，既有研究主要以城市宏观空间尺度为主，缺乏小尺度、基础分析单元的格局探索②，对街区微观层面的研究仍有待加强。街区通常由城市道路分割，可以是独立地块，也可能是包含多条道路围合的多个地块，是最接近于城市居民生活圈的尺度，也是土地混合利用研究的核心尺度③，作为城市管理的基本空间单元④，城市更新等土地开发大多可通过街区这一基本单元进行管控⑤⑥。混合特征是街区本身应具备的特性，城市街区内的功能混合方式直接影响建成环境质量，绝大多数的功能都能在城市街区里共存，街区尺度上土地混合利用的时空演变特征，以及不同地类功能的组合结构、相关系数阈值、相互影响程度等都值得深入探究。

2.2.2 空间相关性

土地混合利用存在显著的空间相关性。以主城区为混合中心，向周围逐渐递减，呈辐射状分布；中度混合区则主要环绕在高度混合区外围，分布较为分散；低度混合区主要分布在主城区外围，具有明显的边缘效应⑦。居住用地广泛分布且与其他城市用地相互混合是中国城市土地利用的一大特点，据此提出中国城市

---

① Hoppenbrouwer E, Louw E. Mixed-use development: theory and practice in Amsterdam's Eastern Dock-lands. European Planning Studies, 2005, 13 (7): 967-983.

② Xing H F, Meng Y, Shi Y. A dynamic human activity-driven model for mixed land use evaluation using social media data. Transactions in GIS, 2018, 22 (5): 1130-1151.

③ 许思扬，陈振光. 混合功能发展概念解读与分类探讨. 规划师, 2012, 28 (7): 105-109.

④ 李志强，周伟奇. 街区尺度城市内部动态度的量化：以深圳市为例. 生态学报, 2021, 41 (6): 2180-2189.

⑤ 严若谷，闫小培，周素红. 台湾城市更新单元规划和启示. 国际城市规划, 2012, 27 (1): 99-105.

⑥ 龙瀛，沈尧，金晓斌，等. 中国城市地区的识别：街区尺度的探索. 城市与区域规划研究, 2019, 11 (1): 13-36.

⑦ 周德，钟文钰，周婷，等. 基于 POI 数据的城市土地混合利用评价及影响因素分析：以杭州市主城区为例. 中国土地科学, 2021, 35 (8): 96-106.

内部空间结构模型[①]，并划分为四个层次：第一个层次的土地利用结构整体上呈同心圆状，由市中心地带、混合地带、工业地带、外部地带构成；第二个层次是居住用地，从市中心向外依次为旧城区邻里旧居住区、单位混合居住区和郊区新居住区；第三个层次是文教卫生、办公和新工业用地等专门用途地区，呈扇状分布在特定地区；第四个层次是由上述三个层次相互重叠，形成不同类型的混合地域。

2.2.3　空间异质性

空间异质性的格局特征在不同的空间尺度下具有不同的表现形式。首先，在城市尺度下，呈现从中心城区向郊区混合程度缓慢递减的格局[②]以及城市功能要素高度集中的特征[③]。其次，在街区尺度下，土地混合利用的空间异质性格局特征表现为街区内部不同功能用地的相互交织。在商业街区中，零售、餐饮、娱乐等设施与居住、办公等用地相互融合，形成了充满活力的商业氛围；在住宅街区，住宅用地与公园、学校、医院等公共设施相邻，为居民提供了便利的生活条件。再次，在地块尺度下，表现为地块内部功能的多样性和复杂性。一个地块内可能包含住宅、商业、办公等多种功能，形成典型的"综合体"模式，这种模式有利于提高土地资源的利用效率，同时也为居民提供了多样化的生活选择。最后，在建筑单体尺度上，表现为建筑单体的多功能性和综合性。一栋建筑可能底层是商业空间，中间是办公空间，高层是住宅空间，形成"垂直综合体"的利用模式，这种模式不仅提高了建筑单体的利用效率，也丰富了城市空间的形态和功能。不同尺度形成了相异的空间格局特征和不同的侧重点，小尺度（建筑单体与地块）的混合利用研究更偏向城市空间设计，注重建筑构成要素之间的关系和空间组织的逻辑性与规律性，强化高密度与立体开发，体现紧凑化可复制；中尺度（街道、街区）的混合利用研究更强调土地的空间布局与功能的融合，更接近于具备经济功能和社会功能的综合集聚区，强调非工业用途的综合与有机兼容；大尺度（区县、城市）的混合利用地域广范围大，强调土地与城市形态及空间格局的联系[④]。因此，关注不同尺度上的异质性格局有助于以动态的开放的

---

① 柴彦威. 中、日城市内部空间结构比较研究. 人文地理, 1999, 14 (1): 10-14.
② 郑红玉, 吴次芳, 郑盛, 等. 空间一致性视角下的城市紧凑发展与土地混合利用研究: 以上海市为例. 中国土地科学, 2016, 30 (4): 35-42.
③ 浩飞龙, 施响, 白雪, 等. 多样性视角下的城市复合功能特征及成因探测: 以长春市为例. 地理研究, 2019, 38 (2): 247-258.
④ 方梦静, 郑钰旦, 夏兆煊, 等. 基于微博大数据的游客情感时空变化特征: 以杭州西溪国家湿地公园为例. 西南大学学报（自然科学版）, 2020, 42 (3): 156-164.

思维把握土地混合利用的整体与局部特征①。

2.2.4 动态演替性

土地混合利用在同一个空间尺度下功能混合的动态演替特征是在时间维度上对土地混合利用进行探讨，主要表述了对于某一空间功能单元在不同时间点被多种用途或功能依次使用的情况②。混合反映了人们社会活动的不同原因和多样化的时间安排，人群活动的丰富化和时间利用的多元化打破了生活、休闲、工作的时空边界③，即使在周内与周末，甚至白天与晚上等较短的时间段内土地混合也会发生变化④。为实现在同一个空间尺度上功能的动态混合，可以通过"夜间经济政策"提升创新创意产业和休闲娱乐业态的夜间活力，延长办公、娱乐和生活功能的活力时长⑤，以促进城市空间的高效利用与健康发展；亦可通过"停车空间差异时段共享⑥""剧场非放映时间的会议使用⑦"等错时共享，以及"共享办公⑧"等来实现同一个空间尺度上功能的动态混合。此外，时间维度可以拓展到一个小时、一个月、一年，空间维度可以通过包租、分割、调整和翻新等方式，从而针对特定空间进行整个生命或租赁周期（life or lease cycle）的混合利用，促进多样化的人群活动，产生多样化的生活方式⑨。

从街区微观尺度开展土地混合利用的动态演变特征研究，有利于进一步拓展与深化城市宏观层面空间格局演变的研究内容，完善土地混合利用空间研究的范畴体系。同时，以街区为研究单元对城市尺度的土地利用混合度进行研究，在数

---

① 吕青宙，林伊琳，赵俊三，等．昆明市土地混合度预测与土地混合利用演变相关性分析．兰州大学学报（自然科学版），2022，58（4）：548-559.

② 黄毅．上海城市混合功能开发的机遇与挑战．城市问题，2008（3）：35-37.

③ 唐爽，张京祥，何鹤鸣，等．土地混合利用及其规建管一体制度创新．城市规划，2023，47（1）：4-14.

④ Hoppenbrouwer E，Louw E. Mixed-use development：theory and practice in Amsterdam's Eastern Docklands. European Planning Studies，2005，13（7）：967-983.

⑤ 陈阳，阳建强．城市土地混合利用优化的本质内涵、系统特征与保障路径．规划师，2023，39（10）：50-57.

⑥ Procos D. Mixed Land Use：From Revival to Innovation. Stroudsburg：Dowden，Hutchinson & Ross，Inc，1976.

⑦ Salami S F，Isah A D，Muhammad I B. Critical indicators of sustainability for mixed-use buildings in Lagos，Nigeria. Environmental and Sustainability Indicators，2021，9：100101.

⑧ Bouncken R B，Reuschl A J. Coworking-spaces：how a phenomenon of the sharing economy builds a novel trend for the workplace and for entrepreneurship. Review of Managerial Science，2018，12（1）：317-334.

⑨ Rowley A. Mixed-use development：ambiguous concept，simplistic analysis and wishful thinking？. Planning Practice & Research，1996，11（1）：85-98.

据层面具有可获取性强的优点，且单元间空间异质性也远大于单元内部等较小的尺度，可以形成较好的单元间对比[①]。由此可见，从街区尺度出发开展土地混合利用评价具有现实意义。

2.3 影响因素

明晰不同功能用地混合的影响因素及其作用机理，是促进土地良性混合的基础。土地混合利用是由多元土地利用方式、不同的功能混合布局、多样化的业态，以及空间布局形态共同作用的结果[②]，其利用方式受到众多因素的影响。土地混合利用作为建成环境的组成部分，受到各种城市建成环境要素的影响。一般认为，土地混合利用与土地的开发强度、城市肌理、可达性等建成环境密切相关[③]。此外，能否实现多功能混合使用还受到公共政策、经济发展状况[④]、设施的配置[⑤]、可达性[⑥⑦⑧]等外在因素的影响。

2.3.1 开发强度

开发强度通常是指在某一地块上建筑物和构筑物的密度、高度，以及容积率等多个指标的综合体现。

一方面，土地混合利用可以显著提高城市的开发强度。土地混合利用往往同

---

① 党云晓，董冠鹏，余建辉，等. 北京土地利用混合度对居民职住分离的影响. 地理学报，2015，70（6）：919-930.

② 黄莉. 城市功能复合：模式与策略. 热带地理，2012，32（4）：402-408.

③ Kockelman K M. Travel behavior as function of accessibility, land use mixing, and land use balance: evidence from San Francisco Bay Area. Transportation research record: Journal of the Transportation Research Board, 1997, 1607（1）：116-125.

④ 殷秀梅，周尚意，唐顺英，等. 影响纽约曼哈顿商住混合度变化的因素分析. 现代城市研究，2013，28（8）：74-79.

⑤ 郑红玉，吴次芳，郑盛，等. 空间一致性视角下的城市紧凑发展与土地混合利用研究：以上海市为例. 中国土地科学，2016，30（4）：35-42.

⑥ 蔡育新，王大立，刘小兰. 土地混合使用对住宅价格的影响：解析混合使用，密度与可及性. 都市与计划，2011，38（2）：119-146.

⑦ Kantor Y, Rietveld P, van Ommeren J. Towards a general theory of mixed zones: the role of congestion. Journal of Urban Economics, 2014, 83（9）：50-58.

⑧ Sung H, Lee S. Residential built environment and walking activity: empirical evidence of Jane Jacobs' urban vitality. Transportation Research Part D: Transport and Environment, 2015, 41: 318-329.

高强度高密度的开发模式相关联[1][2]，功能混合度与城市密度具有强相关关系，与开发强度呈正比例关系[3][4]，城市密度和功能混合度均对空间紧凑发展产生促进效应[5]，因而一度致力于通过提高城市密度和土地混合利用来促进城市紧凑发展[6]。不同性质的土地利用方式在同一地块上集中可以产生集聚效应，提升土地的利用效率和经济效益。较高的建筑密度和适宜的街区尺度可以促进混合功能的形成，具有较高开发强度的城市街区能够吸引人群集聚在多种功能混合的空间中，从而有利于促进城市街区的紧凑发展[7]。建筑密度大、容积率高的街区有利于土地的集约化利用[8]，符合紧凑城市的发展要求，并且影响着街区功能的混合布局。

另一方面，适宜的开发强度可以为土地混合利用提供更好的实施条件。高强度的开发通常意味着更高的土地利用效率和更紧凑的城市结构[9]，这为土地混合利用提供了更多的可能性和空间[10]。

2.3.2 城市肌理

城市肌理是城市物质空间形态的重要特征，是由反映城市自然环境条件和生态条件的自然系统与体现城市历史、经济、文化和科学技术等方面的人工系统相互融合、长期作用形成的空间特质，是城市、自然环境与人所共同构筑的整体。

---

① Gehrke S R, Clifton K J. Toward a spatial-temporal measure of land-use mix. Journal of Transport and Land Use, 2015, 9 (1): 171-186.

② Long Y, Huang C C. Does block size matter? The impact of urban design on economic vitality for Chinese cities. Environment and Planning B: Urban Analytics and City Science, 2017, 46 (3): 406-422.

③ 李晨, 姚文琪, 程龙, 等. 城市土地使用相容性比例及影响要素探讨——以深圳市更新地区为例. 城市规划学刊, 2013 (4): 60-67.

④ Xia C, Yeh A G O, Zhang A Q. Analyzing spatial relationships between urban land use intensity and urban vitality at street block level: a case study of five Chinese megacities. Landscape and Urban Planning, 2020, 193: 103669.

⑤ 陈飞, 李永贺, 张帅, 等. 城市形态结构对空间紧凑发展的影响机制分析: 以上海为例. 地理科学, 2023, 43 (5): 763-773.

⑥ Whittemore A H, BenDor T K. Talking about density: an empirical investigation of framing. Land Use Policy, 2018, 72: 181-191.

⑦ 索雯雯. 基于 POI 的上海黄浦江中段滨水区混合功能研究. 北京: 北京林业大学, 2019.

⑧ 陈楠, 陈可石, 方丹青. 中心区的混合功能与城市尺度构建关系: 新加坡滨海湾区模式的启示. 国际城市规划, 2017, 32 (5): 96-103.

⑨ 李红娟, 宋玲. 紧凑城市的科学内涵及其空间形态蕴含的价值属性探析. 商业经济, 2022 (1): 18-21, 44.

⑩ 赵坚, 赵云毅. "站城一体"使轨道交通与土地开发价值最大化. 北京交通大学学报 (社会科学版), 2018, 17 (4): 38-53.

城市肌理的形态特征如街区尺度、道路宽度、街道布局（道路网络的结构和相互连接方式）、建筑物形态（建筑群落的布局组织、建筑单体的空间秩序组织）等都会影响到土地混合利用的可行性。

一般情况下，街区尺度会影响土地的开发利用。小街区、密路网有利于增加地块分割的可能性，促进土地的集约化利用，便于不同用途的土地混合利用。而在其他条件相同的情况下，较大的街区尺度可以容纳更加丰富的用地功能类型[①]。对于促进土地混合利用的理想城市肌理，因其受到众多因素的影响，其空间规模没有明确的划分标准。尽管土地混合利用的空间组织方式被认为存在多重尺度的差异性，但以步行为导向是土地混合利用空间组织的重要特征，也是土地混合利用成效的重要目标。一般认为，在舒适步行距离内的区域（如15分钟步行距离）是土地混合利用最为重要的基础空间组织单元[②]。也有学者认为当街区尺度在100~150 m时，既可以满足步行的适宜性，又易于推动城市紧凑发展，并且能够满足城市的各项功能[③④]。良好的城市肌理可以为土地混合利用提供空间载体，促进各种功能的融合和互补。同时，合理的土地混合利用可以塑造丰富的城市肌理，提高城市的可识别性和特色性。

2.3.3 可达性

可达性是指从特定地点到其他地方工作、购物、娱乐或就医的方便程度。通常将路网密度、道路交叉口数量等指标作为影响功能混合度的外部因素[⑤]。

一方面，一个地区的可达性高低直接影响土地混合利用程度。当可达性较低时，人们可能更倾向于在自己的社区内满足所有需求，这可能导致土地使用功能的单一。相反，在可达性高的地区更有可能产生不同土地使用功能的混合[⑥]。当可达性提高时，人们可以更便捷地到达其他地区，减少了交通成本和时间。活动

① Huang S W, Tsai W J. The analysis of measurements and influence factors of mixed land use. International Journal of Bioscience, Biochemistry and Bioinformatics, 2013, 3（3）：206-210.

② 陈阳，阳建强. 城市土地混合利用优化的本质内涵、系统特征与保障路径. 规划师，2023，39（10）：50-57.

③ 刘晓波，李珂. 城市住区规模研究. 北京规划建设，2011（6）：98-106.

④ 谌丽，张文忠，褚峤，等. 北京城市街区尺度对居民交通评价的影响. 地理科学展，2018，37（4）：525-534.

⑤ 浩飞龙，施响，白雪，等. 多样性视角下的城市复合功能特征及成因探测——以长春市为例. 地理研究，2019，38（2）：247-258.

⑥ Shi B X, Yang J Y. Scale, distribution, and pattern of mixed land use in central districts: a case study of Nanjing, China. Habitat International, 2015, 46：166-177.

可达性与道路交通网络相关，尤其街道连通性是影响混合功能的必要条件。土地混合利用与影响居民日常生活的各类服务设施和交通方式的可达性密切相关，一般认为土地混合利用程度随着街道连通性的降低而减小[①]。人们通过特定的交通方式到某个地区，从而进行不同类型的活动，在此过程中不同活动的便利性是可以影响土地混合利用程度的[②]，通过计算一定步行距离内的不同类别的 POI、公交站点和地铁站点的可达性可综合衡量街道的可达程度[③]，其中到地铁站点的距离以及公交站点数量等因素对土地混合利用的影响显著[④]。

另一方面，不同功能用地在同一地区的混合可以提高一个地区的可达性。一个功能多样的市中心可以吸引居民和游客前往，促进公共交通的生成与使用，以提升地区的可达性。可见，可达性是促进土地混合利用的关键因素之一。

2.3.4 公共政策

城市公共政策是影响土地混合利用的重要因素[⑤]。在大多数情况下，城市用地的使用受到规划管理或机构管理，而城市土地的混合用途开发在很大程度上取决于规划管理部门的态度和优先事项[⑥]。城市规划管理作为推动土地混合利用的关键因素之一，通过城市规划管理的法规、程序、计划和政策的制定来影响不同功能用途的空间布局[⑦]。土地混合利用涉及土地开发与建设管理的全流程，不仅是规划编制的技术问题，在项目落地实施过程中还需要相关配套政策的密切配合与系统跟进[⑧]。因此，土地混合利用应侧重于规划编制中的规划政策和技术性探

---

① 殷秀梅，周尚意，唐顺英，等．影响纽约曼哈顿商住混合度变化的因素分析．现代城市研究，2013，28（8）：74-79.

② Wang W，Chen J，Wang Z Y，et al. An estimation model of urban land accessibility. International Journal of Environmental Research and Public Health，2021，18（3）：1258.

③ Zheng H Y，Zhuo Y F，Xu Z G，et al. Measuring and characterizing land use mix patterns of China's megacities：a case study of Shanghai. Growth and Change，2021，52（4）：2509-2539.

④ 周德，钟文钰，周婷，等．基于 POI 数据的城市土地混合利用评价及影响因素分析：以杭州市主城区为例．中国土地科学，2021，35（8）：96-106.

⑤ Ghosh P A，Raval P M. Modelling urban mixed land-use prediction using influence parameters. GeoScape，2021，15（1）：66-78.

⑥ Chen L. Redefining the typology of land use in the age of big data. Cambridge：Massachusetts Institute of Technology，2014.

⑦ Hoppenbrouwer E，Louw E. Mixed-use development：theory and practice in Amsterdam's Eastern Docklands. European Planning Studies，2005，13（7）：967-983.

⑧ 唐爽，张京祥，何鹤鸣，等．土地混合利用及其规建管一体制度创新．城市规划，2023，47（1）：4-14.

索以及在实践过程中的政策性引导①。探索用地规划管理机制，实现地块混合、区域混合与空间混合的有机结合，以推动土地混合利用的生命周期管理和多元化的混合方式②。

2.4　影响效应

土地混合利用通过促进多样化土地利用类型的组合，提高土地使用效率，为居民提供便捷的服务，进而激发城市活力，同时在低碳交通、社会融合、居民健康、城市安全等诸多方面产生积极的影响效应③。

2.4.1　空间活力

土地混合利用还可以促进城市功能的多样化，提高城市的宜居性和吸引力④。同时，多样化功能的有机混合可有效促进不同层次人群的融合⑤⑥，进一步促进土地混合利用。空间作为人群活动的载体，活力与土地功能往往在空间上呈现聚集效应或者相关关系，社会活动与功能混合在空间上并非完全契合，这可能会导致城市空间的过度拥挤或城市功能的闲置与浪费，也难以在城市层面对更新地块选择、相关功能布局提供有效的指导。

土地功能的多样混合与居民行为之间也有着密不可分的关系⑦⑧，这种关系在城市活力的提升方面有着显著的体现。土地混合利用是人类有目的的社会实

①　卢弘旻，朱丽芳，闫岩，等．基于政策设计视角的新型产业用地规划研究．城市规划学刊，2020（5）：39-46.

②　马琳，黄志基，宋名悦，等．产业用地混合利用的国际经验与实践启示．国际城市规划，2023，38（3）：91-98.

③　王德，殷振轩，俞晓天．用地混合使用的国际经验：模式、测度方法和效果．国际城市规划，2019，34（6）：79-85.

④　洪敏，金凤君．紧凑型城市土地利用理念解析及启示．中国土地科学，2010，24（7）：10-13，29.

⑤　Raman R，Roy U K. Taxonomy of urban mixed land use planning. Land Use Policy，2019，88（11）：104102.

⑥　Farjam R，Motlaq S M H. Does urban mixed use development approach explain spatial analysis of inner city decay？. Journal of Urban Management，2019，8（2）：245-260.

⑦　赵鹏军，孔璐．TOD 对北京市居民通勤影响及其机制研究．人文地理，2017，32（5）：125-131.

⑧　Yue Y，Zhuang Y，Yeh A G O，et al. Measurements of POI-based mixed use and their relationships with neighbourhood vibrancy. International Journal of Geographical Information Science，2017，31（4）：658-675.

践，应为居民的行为需求所服务①。不同人群会产生不同的活动，从而要求不同的土地利用类型，更高的人口密度促进了更高的活动水平，从而对居民和商业机构更具吸引力，人口越多，活动的复杂性就越高，土地利用类型、数量以及功能组合形式也会增加②。基于人口数据探究城市混合功能区的变化和驱动力因子的相关性大小③，结果表明人口与主要功能用地类型相关性较强。

城市活力是城市住区等对生命需求、生态要求和人类重要功能的支持，从承载人群的场所出发，强调城市空间与功能的多样性。较高程度的人流密度，是生发城市多样性的条件之一，由人类活动及街道场所构成的城市多样性是维持城市活力的必要条件④，这被认为是土地混合利用及组合的观点，确保人群在一天中的不同时间和有不同需求时均能使用该空间，这将使社区及城市在经济及社会上都更加活跃⑤，简·雅各布斯的观点至今仍被认为是理解城市运作方式的基准⑥。人作为城市中的主要成分，其在城市中所发生的"事件"与空间是密不可分的。从新城市主义角度出发，应着重考虑人在场所中的舒适感，认为城市活力的主要来源应是在其中活动的人群，城市活力是由人群在公共空间中的持续存在、其发生的活动及其所需要的场所环境等共同组成，可划分为市井生活活动、拥有共同愿景的人群、人与自然的互惠共处及文化习俗传统活动事件四个方面⑦。从紧凑城市的角度，认为合理尺度、连通街道、功能混合等是城市活力的关键要素，并突出人类活动的重要性⑧。

---

① 李萌. 基于居民行为需求特征的 "15 分钟社区生活圈" 规划对策研究. 城市规划学刊, 2017 (1)：111-118.

② Jacobs-Crisioni C, Rietveld P, Koomen E, et al. Evaluating the impact of land-use density and mix on spatiotemporal urban activity patterns：An exploratory study using mobile phone data. Environment and Planning A, 2014, 46 (11)：2769-2785.

③ 陈嘉浩. 基于众源地理数据的佛山市城市功能区时空演变及驱动力分析. 地理信息世界, 2022, 29 (1)：1-5.

④ 简·雅各布斯. 美国大城市的死与生. 金衡山, 译. 南京：译林出版社, 2006.

⑤ Delclòs-Alió X, Gutiérrez A, Miralles-Guasch C. The urban vitality conditions of Jane Jacobs in Barcelona：residential and smartphone-based tracking measurements of the built environment in a Mediterranean metropolis. Cities, 2019, 86：220-228.

⑥ Klemek C. Placing Jane Jacobs within the transatlantic urban conversation. Journal of the American Planning Association, 2007, 73 (1)：49-67.

⑦ 王建国. 包容共享、显隐互鉴、宜居可期：城市活力的历史图景和当代营造. 城市规划, 2019, 43 (12)：9-16.

⑧ Montgomery J. Making a city：urbanity, vitality and urban design. Journal of Urban Design, 1998, 3 (1)：93-116.

2.4.2 外部效应

适宜的兼容混合比例①有利于实现土地利用的良性发展②，而不相兼容的土地混合应避免产生负外部性③，兼容性高的功能相互混合往往会起到"事半功倍"的效果④，如餐饮、商业、文化等具有正外部性功能的设施混合对吸引人群集聚、提高城市活力具有积极作用；而具有负外部性功能的混合可能会起到相反的作用，甚至影响其他功能的正常使用⑤，如改革开放后的"三合一"场所⑥，由于住宿与其他功能之间未设置有效的防火分隔而引发了许多安全问题，在中央环保督察中发现，居住区底层的餐饮油烟是最主要的投诉源。因此，如何解决混合用途之间的外在影响是土地混合利用的核心议题之一⑦。

以阿姆斯特丹为例，阿姆斯特丹是荷兰最大的城市，自20世纪80年代中期起，阿姆斯特丹政府便运用混合利用开发策略进行城市开发，旨在提高城市竞争力和吸引力。为实现城市复兴以及提高城市多样性，东部港区改造工作得以启动，灵活的住宅设计为小型商业、艺术工作、家庭办公等发展提供了更多的空间，促进居住区内超过60%的小微型企业落户，增加了1600多个工作岗位，在全区就业岗位中占比39%，实现了职住结合，有效促进了不同层次人群的融合⑧。20世纪90年代，为打造高品质的城市环境，泽伊达斯（Zuidas）开发项目，在开发过程中始终坚持混合利用开发，在地区内部强调居住、办公和文化等不同功能的混合利用与均衡开发，建设区域需具备居住、办公和公共设施等基本

① Manaugh K, Kreider T. What is mixed use? Presenting an interaction method for measuring land use mix. The Journal of Transport and Land Use, 2013, 6 (1): 63-72.

② Zhuo Y F, Zheng H Y, Wu C F, et al. Compatibility mix degree index: A novel measure to characterize urban land use mix pattern. Computers, Environment and Urban Systems, 2019, 75: 49-60.

③ Irwin E G, Bockstael N E. Land use externalities, open space preservation, and urban sprawl. Regional Science & Urban Economics, 2004, 34 (6): 705-725.

④ 钟炜菁, 王德. 上海市中心城区夜间活力的空间特征研究. 城市规划, 2019, 43 (6): 97-106, 114.

⑤ 周碧茹, 张振龙. 基于大数据分析的城市社区活力评价及其影响因素分析. 苏州科技大学学报（工程技术版）, 2020, 33 (1): 57-62.

⑥ 家庭作坊式"三合一"场所是指将员工集体住宿场所与小型生产加工、修理或可燃物品仓库混合设置且未采取必要防火分隔的住宅建筑。

⑦ 唐爽, 张京祥, 何鹤鸣, 等. 土地混合利用及其规建管一体制度创新. 城市规划, 2023, 47 (1): 4-14.

⑧ 程晓曦. 阿姆斯特丹东港码头改造：城市复兴中的多重平衡. 世界建筑, 2011 (4): 102-106.

功能，同时控制居住功能高于25%的比例①。1998～2009年，考虑到未来建筑功能的变化，强调建筑的功能适应性，泽伊达斯地区商业建筑面积占比下降了13%，居住建筑面积占比下降了6%，而公共设施建筑面积占比增长超过10%②③。由此可见，在泽伊达斯以提高公共设施面积比例的方式，有效推动功能混合发展。混合土地用途的社区有助于遏制城市蔓延，提高城市多样性。此外，增加密度不仅降低了土地的成本与住宅本身的价格，还将住房相关的成本，如设施、道路和绿植树木的维护等分担到更多的单元，对创建可持续城市具有重要意义。

虽然影响土地混合利用实现的因素很多，但当前研究主要集中在以定性研究为主的物质环境影响因素分析，而与居民意愿及行为需求特征相结合的定量研究相对较少④⑤。当前中国许多城市将步入城市化中后期，城乡功能结构将朝向要素更加集约化的方向发展，城市空间组织向以居民活动为中心转型的诉求也越发强烈。城市活动空间的形态与结构反映了居民个体进行活动场所优化选择的能动性，同时混合化的场所分布和场所功能的混合化，能够改变人群活动频次与城市土地使用类型之间固有的关系。在空间功能已发展为或正在向综合化与服务导向发展的城市片区，用地混合性增强是空间组织与利用效益最大化的必然结果⑥。因此，从满足居民生活需求的角度出发，探究居民行为需求特征对于土地混合利用的影响因素、作用方式、作用强度与作用机制等⑦⑧，以及通过社会调查分析混合功能形成的原因，强化基于居民行为需求的内在机理研究⑨，倡导从满足人民的生活和物质文化需求出发，基于居民行为需求特征，定量解析影响土地混合

① Fainstein S S. Mega-projects in New York, London and Amsterdam. International Journal of Urban and Regional Research, 2008, 32 (4): 768-785.

② 文雯. 阿姆斯特丹混合使用开发的规划实践. 国际城市规划, 2016, 31 (4): 105-109.

③ Gualini E, Majoor S. Innovative practices in large urban development projects: Conflicting frames in the quest for "new urbanity". Planning Theory & Practice, 2007, 8 (3): 297-318.

④ Handy, S. Regional transportation planning in the US: an examination of changes in technical aspects of the planning process in response to changing goals. Transport Policy, 2008, 15 (2): 113-126.

⑤ Ewing R, Cervero, R. Travel and the built environment: a meta-analysis. Journal of the American Planning Association, 2010, 76 (3): 265-294.

⑥ 陈映雪, 甄峰. 基于居民活动数据的城市空间功能组织再探究——以南京市为例. 城市规划学刊, 2014 (5): 72-78.

⑦ Manaugh K, Kreider T. What is mixed use? Presenting an interaction method for measuring land use mix. Journal of Transport and Land Use, 2013, 6 (1): 63-72.

⑧ 郑红玉, 吴次芳, 沈孝强. 土地混合利用研究评述及框架体系构建. 经济地理, 2018, 38 (3): 157-164.

⑨ Niemira M P. The concept and drivers of mixed-use development. Icsc Research Review, 2007, 14 (1): 53-56.

利用时空演变的驱动因素与作用机理，丰富土地混合利用的研究视角。

2.5 研究述评

从严格的城市功能分区导致社会隔离并引发一系列的城市问题开始，学者们便开始了对城市空间土地混合利用的研究。土地混合利用相关研究主要从测度方法、空间格局、影响因素和影响效应等诸多方面展开。

在测度方法方面，土地混合利用测度是土地利用规划、城市规划、房地产经济等许多学科的关键课题。目前，从数量、距离和属性维度层面提出了包括辛普森指数、熵指数等多种测度方法。然而，属性维度定量测度的相关研究相对不足，尽管部分学者已经意识到了单一维度的测度不足，但综合维度下的定量测度研究仍需进一步深入和完善。因此，需要根据不同维度以及土地混合利用影响的近似规模来选取测度方法。

在空间格局方面，土地混合利用可以在建筑单体、地块、街区、街道、区县、城市等多种空间尺度上展开，但对于城市街区层面的测度探讨较少[1]。城市道路所围合的由建筑群体和公共空间共同组成的自然街区往往能比较真实地反映土地利用的状况和城市形态[2]，是土地混合利用的核心研究尺度[3]，以街区为基本单元表征城市的土地混合利用，在街区层面结合混合利用的组织方式进行研究能够揭露城市微观层面土地混合利用的具体情况。

在影响因素方面，影响土地混合利用的因素以建成环境为主，学者们集中于开发强度、城市肌理、可达性和公共政策等层面。既有研究主要从土地的自然属性出发，探究土地利用结构的影响因素，在表征城市功能属性的差异性方面有所欠缺。尽管学者们对城市土地混合利用的具体影响因素进行研究，但其背后的影响机理探讨较为缺乏。因此，为促进城市的可持续发展，在我国城市用地开发策略从增量规划转变为存量规划的背景下，需要关注城市微观土地混合利用差异的影响机理，以便为未来的城市发展和精细化管理提出建议。

在影响效应方面，合理的土地混合利用作为节约土地资源、激发城市活力的有效手段，在诸多方面具有非常积极的空间效应。反之，不恰当的土地混合会引起负的外部效应，随着邻近土地用途的不相容性水平的提高，土地可用性和吸引

---

① Yang H B, Fu M C, Wang L, et al. Mixed land use evaluation and its impact on housing prices in Beijing based on multi-source big data. Land, 2021, 10 (10): 1103.

② Xing H F, Meng Y, Shi Y. A dynamic human activity-driven model for mixed land use evaluation using social media data. Transactions in GIS, 2018, 22 (5): 1130-1151.

③ 许思扬，陈振光. 混合功能发展概念解读与分类探讨. 规划师，2012，28 (7): 105-109.

力可能受到影响；土地混杂度过大也会导致居住环境质量降低，严重影响城市居民的正常生活。近来，随着大数据在城市地理研究中的应用，土地混合利用的活力效应也开始受到学者关注。然而，土地混合利用的空间活力效应研究尚处于起步阶段，还有待加强，亟须明晰土地混合利用对空间活力影响的关键因素与作用机制，厘清土地混合利用、空间活力与居民行为需求之间的相互作用关系。

综合来看，既有研究多以城市宏观层面的空间分布特征和演变趋势为主，重视物质环境方面的空间混合与混合程度的探究，并且针对交通、健康和安全方面的空间效应研究成果颇丰；而从街区微观尺度对其形成机理的定量分析考虑不足，特别是从居民行为视角开展空间活力效应的实证研究有待加强[1][2][3]。现有研究测度方法虽然认识到综合维度对土地混合利用的重要性，但由于缺乏对数量、距离、属性各维度的理论逻辑解构，研究侧重于单一指标测度，更多以简单易操作的土地利用功能类型的熵指数测度为主，忽视了距离、属性等维度间的相互关系。随着方法技术的进步，在土地混合利用定量测度及其空间效应等方面的研究也取得了较为丰硕的成果，现有研究集中在对其数学关系方面，其空间关系等尚未厘清。随着大数据技术的更迭，建成环境与城市活力的研究已经取得了丰厚的成果，但仍存在一定的研究空白。随着土地混合利用相关研究的继续深入，有必要从不同维度出发，开展更加综合科学的土地混合利用测度研究，并进一步揭示其影响机理，为深化完善土地混合利用理论与实践研究提供科学依据。由此可见，为了尽可能深入、全面地认识居民行为需求对土地混合利用的作用机理，并以此为依据来全面分析土地混合利用对空间活力的影响效应，需要从满足居民生活需求的角度出发，加强街区微观层面的行为作用机理和活力影响效应方面的研究。因此，以西安为研究对象，通过街区微观空间土地混合利用时空演变特征以及居民行为需求特征的分析，试图建立基于居民行为需求特征的土地混合利用人本化发展模式，进而建构空间活力影响效应的科学分析框架体系，为集约利用土地资源、激发城市空间活力提供可靠的科学理论依据。

① 郑红玉，吴次芳，沈孝强. 土地混合利用研究评述及框架体系构建. 经济地理，2018，38（3）：157-164.

② 王德，殷振轩，俞晓天. 用地混合使用的国际经验：模式、测度方法和效果. 国际城市规划，2019，34（6）：79-85.

③ 钟炜菁，王德. 上海市中心城区夜间活力的空间特征研究. 城市规划，2019，43（6）：97-106，114.

第3章 土地混合利用测度与时空演变特征

直到 20 世纪 60 年代，以《雅典宪章》为代表的城市功能分区思想主导着城市规划工作，尽管这种城市功能隔离的策略有效解决了当时的诸多城市问题，但是随着规划实践的开展，严格的城市功能分区被认为是导致诸多城市问题的罪魁祸首[①]。随着简·雅各布斯城市活力论的提出，土地混合利用作为促进土地高效利用、激发城市空间活力、提升居民生活品质的重要工具[②]，被认为是解决城市活力丧失、促进旧城复兴、建造具有人文环境的新城市主义的理论范式之一[③]。

土地混合利用作为城市功能的一种组织形式，是指两种或两种以上的土地利用或功能活动在一定的空间范围内的相互作用[④]。城市功能的有机混合可以为居民提供更为便捷的服务，空间活动的多样性可以有效缩短出行距离与时间，避免城市无序蔓延[⑤]，使城市空间活力得到明显提升[⑥]。土地混合利用逐渐成为城市规划发展的必然趋势，探究分析土地混合利用的测度框架和空间特征是十分必要的。

测度是定量化研究的基石，是实现理论研究与实践应用相联系的纽带。对土地混合利用进行科学的测度，有利于促进土地混合利用的技术创新与机理解析，推进土地混合利用定量研究的综合发展。随着对土地混合利用研究的不断深入，对土地混合利用测度的角度也逐渐走向多元，由单一的多样性指标测度逐渐向多指标综合测度转变。为了尽可能深入、全面地刻画土地混合利用的程度与空间分布特征，对土地混合利用情况进行科学测度，需要从系统的视角对土地混合利用

① Raman R, Roy U K. Taxonomy of urban mixed land use planning. Land use policy, 2019, 88: 104102.

② Whittemore A H, BenDor T K. Talking about density: an empirical investigation of framing. Land Use Policy, 2018, 72: 181-191.

③ Farjam R, Motlaq S M H. Does urban mixed use development approach explain spatial analysis of inner city decay?. Journal of Urban Management, 2019, 8 (2): 245-260.

④ 黄毅. 城市混合功能建设研究：以上海为例. 上海：同济大学, 2008.

⑤ Hoppenbrouwer E, Louw E. Mixed-use development: theory and practice in Amsterdam's Eastern Docklands. European Planning Studies, 2005, 13 (7): 967-983.

⑥ Kong H, Sui D Z, Tong X, et al. Paths to mixed-use development: a case study of Southern Changping in Beijing, China. Cities, 2015, 44 (4): 94-103.

进行解读。土地混合利用作为城市建设开发的重要方式，对其进行科学合理的测度，有利于剖析城市在发展过程出现的问题，进而促进城市的健康发展，提升城市的治理水平。

因此，以西安市中心城区为研究对象，系统梳理土地混合利用测度的理论逻辑，系统建构测度的逻辑框架体系，并基于 POI 数据、百度热力图数据等地理空间大数据，对土地混合利用水平进行综合测度，进而分析其时空演变特征，以期在释放存量建设用地空间、优化城市内部用地功能、鼓励土地混合利用、促进城市高质量发展等方面起到积极的作用。

3.1 研究方法

3.1.1 核密度估计

核密度估计（kernel density estimation，KDE）是一种非参数估计方法，用于估计数据的概率密度函数，通过对比不同时期核密度分布曲线的位置、形态、延展性，以及极化程度，刻画对象的空间演变趋势和规律。选择高斯函数作为核函数，利用核密度估计得到不同阶段土地混合利用的概率密度函数，绘制相应的概率密度曲线[①]。

核密度估计计算公式为

$$f(x) = \frac{1}{Nh} \times \sum_{i=1}^{N} K\left(\frac{x_i - \bar{x}}{h}\right) \tag{3-1}$$

$$K(x) = \frac{1}{\sqrt{2\pi}} \times \exp\left(-\frac{x^2}{2}\right) \tag{3-2}$$

式中，$f(x)$ 为任意一点 x 的概率密度函数；x_i 为独立同分布的观测值；$\bar{x}$ 为均值；$K(x)$ 为核函数；exp 为指数函数；h 为距离衰减阈值（即带宽）；N 为 h 范围内观测值的数量。

3.1.2 重标极差（R/S）分析

R/S 分析是一种时间序列统计方法。常用于分析时间序列的分型特征与记忆

---

① 张婕，刘玉洁，张二梅，等. 中国县域耕地动态演变及其驱动机制. 地理学报，2023，78（9）：2105-2127.

过程，可以全面反映时间序列的可持续性。其计算的关键是 Hurst（H）指数，H 指数用于衡量时间序列的长期记忆性，取值范围为 $0 \sim 1$。当 $H = 0.5$ 时，表明时间序列随机游走，没有长期记忆，即未来的变化趋势难以确定；当 $H < 0.5$ 时，表明时间序列具有负的长期记忆，未来趋势可能与过去相反，表现为反持续性，H 越接近 0，反持续性越强；当 $H > 0.5$ 时，表明时间序列具有正的长期记忆，未来可能会延续过去的趋势，表现为可持续性，H 越接近于 1，可持续性越强[1]。因此，通过计算时间序列的 Hurst 指数来判断未来的变化趋势，具体计算公式如下：

$$\frac{R}{S} = (cm)H \tag{3-3}$$

$$R(m) = \max X(t, m) - \min X(t, m) \tag{3-4}$$

$$X(t) = \sum_{i=1}^{m} \left(M_i - \frac{1}{m} \sum_{i=1}^{m} M_i \right) \tag{3-5}$$

$$S(m) = \sqrt{\frac{1}{m} \sum_{i=1}^{m} \left(M_i - \frac{1}{m} \sum_{i=1}^{m} M_i \right)^2} \tag{3-6}$$

式中，R 为极差；S 为标准差；c 为常数；将混合度指数的时间序列分为 n 个子序列 M_i，其中 $i = 1, 2, \cdots, n$。m 为任意正整数且 $0 < m < n$；H 为 Hurst 指数；X 为累积离差，$1 < t < m$。

依据计算结果将 Hurst 指数进行分级，分别为强反持续性（<0.35）、弱反持续性（$0.35 \sim 0.50$）、弱持续性（$0.50 \sim 0.65$）和强持续性（>0.65）[2][3]。

3.1.3　重心模型与标准差椭圆

重心模型是在区域几何中心的基础上将子区域的某一空间现象作为权重，计算出该空间现象空间均值的方法[4]。重心往往向空间现象的"高密度"区域偏离，可能显著区别于几何中心，能够指示这一空间现象存在的不均衡分布情况。标准差椭圆可以生成一个能够精确度量地理要素空间方向性和离散性的椭圆，以

---

① 田云，刘俊艳，白爽，等. 近 20 年黄河流域甘肃段植被覆盖度变化与驱动因素分析. 农业机械学报，2024，55（7）：365-372，404.

② 张云霞，汪仕美，李焱，等.2000—2020 年青藏高原生态质量时空变化. 生态学杂志，2023，42（6）：1464-1473.

③ 赵祖伦，赵卫权，苏印，等.1991—2020 年贵阳市生态质量演变及空间分异定量归因. 环境科学，2020，31（13）：1-17.

④ 徐丽丽，束龙仓，李伟，等.2000—2020 年中国地下水开采时空演变特征. 水资源保护，2023，39（4）：79-85，93.

长短轴、中心坐标、转角、面积等主要要素的变化来揭示空间要素的分布特征，椭圆的长短轴可以指示地理要素空间分布的方向和范围。椭圆的扁率越大，地理要素空间分布的方向性越明显；椭圆的扁率越小，地理要素空间分布的离散程度越大，方向性越不明显。

重心模型与标准差椭圆能够反映一定时期内西安市土地混合利用水平的空间演变方向偏差过程[①]。计算公式如下：

$$\overline{X}_w = \frac{\sum\limits_{i=1}^{n} w_i x_i}{\sum\limits_{i=1}^{n} w_i} \tag{3-7}$$

$$\overline{Y}_w = \frac{\sum\limits_{i=1}^{n} w_i y_i}{\sum\limits_{i=1}^{n} w_i} \tag{3-8}$$

$$\sigma_x = \sqrt{\frac{\sum\limits_{i=1}^{n} (w_i \overline{x}_i \cos\theta - w_i \overline{y}_i \sin\theta)^2}{\sum\limits_{i=1}^{n} w_i^2}} \tag{3-9}$$

$$\sigma_y = \sqrt{\frac{\sum\limits_{i=1}^{n} (w_i \overline{x}_i \sin\theta - w_i \overline{y}_i \cos\theta)^2}{\sum\limits_{i=1}^{n} w_i^2}} \tag{3-10}$$

式中，$\overline{X}_w$、$\overline{Y}_w$ 为平均中心的 x、y 轴坐标；σ_x、σ_y 为土地混合利用 x 轴、y 轴的标准差；w_i 为权重；x_i 和 y_i 为土地混合利用各空间分析单元的空间区位；θ 为标准差椭圆的旋转角度。

3.1.4 空间自相关

空间自相关方法作为地理信息分析的重要工具，常被用于评估特定位置数据与其他位置数据之间的相互依赖关系，揭示它们在地理空间中的分布特点。空间自相关可分为全局空间自相关及局部空间自相关两种类型。其中，全局空间自相关运用诸如全局 Moran 指数和全局 G 指数等指标来判断相互依赖程度的强弱，从

① 李琼，董梁，邓平安，等 . 2010—2021 年中国民生发展水平空间演变及驱动因素 . 地理学报，2023，78（12）：3037-3057.

而判断空间数据的关联强度。与之相比，局部空间自相关能更为准确地呈现数据在空间上的高低集聚特性。局部空间自相关涵盖了空间联系的局部指标（LISA）、局部 G 指数和 Moran 散点图等，其中局部 G 指数是一种基于距离权重矩阵的局部空间自相关，更能准确地探测数据的高值或低值集聚情况；而 Moran 散点图用于评估局部空间的稳定性和空间关联形式，并不能直接展示数据的空间集聚性①。相比之下，LISA 方法综合了局部 G 指数和 Moran 散点图的优点，能够更为全面地展示数据的局部空间关联特性。因此，LISA 方法在空间自相关分析中具有独特优势，可以更好地理解和解释地理现象的空间集聚性和关联性。

除了单变量分析，双变量局部空间自相关可进一步深入探讨街区空间分析单元尺度下两组变量之间的相互关系和高低值集聚特性。因此，基于 GeoDa 1.20.0 软件，采用 Moran 散点图与双变量局部空间自相关对变量进行分析更加全面。

空间自相关计算公式如下：

$$L_{ab} = \frac{X_i^a - \overline{X}_a}{\sigma_i} \sum_{i=1}^{n} w_{ij} \frac{X_i^b - \overline{X}_b}{\sigma_j} \tag{3-11}$$

式中，L_{ab} 为双变量 LISA 系数；X_i^a、X_i^b 为空间分析单元 i 的人口热力值 a 和土地混合利用信息熵 b 的值；$\overline{X}_a$、$\overline{X}_b$ 为人口热力值、信息熵的平均值；σ_i、σ_j 为人口热力值与信息熵的方差；w_{ij} 为空间分析单元 i 与空间分析单元 j 之间的空间权重矩阵。

在确定适用的空间分析方法后，首要任务是选择合适的空间权重矩阵。空间权重矩阵在空间分析模型中具有至关重要的作用，它以数值的方式将数据的空间位置信息引入模型中。空间权重矩阵的选择取决于测量空间邻近关系的方法。根据该方法，空间权重矩阵可以分为邻接空间权重矩阵和距离空间权重矩阵两类。其中，邻接空间权重矩阵适用于描述相邻多边形空间分析单元的方位关系，具有计算简单、应用广泛等特点②；距离权重矩阵适用于表征地理空间数据之间的距离和相似性。通过选择适当的空间权重矩阵，可以将空间关系纳入分析框架，从而更好地理解和解释数据的空间分布特征。在此采用基于 Queen 连接的邻接空间权重矩阵，通过共享顶点和共享边的方式建立空间邻近关系。

邻接空间权重矩阵计算公式如下：

① 马晓熠，裴韬. 基于探索性空间数据分析方法的北京市区域经济差异. 地理科学进展，2010，29（12）：1555-1561.

② 骆少华，刘扬，高思岩，等. 基于空间格网的城市功能区定量识别. 测绘通报，2020（S1）：214-217.

$$W = \begin{bmatrix} w_{11} & \cdots & w_{1n} \\ \vdots & & \vdots \\ w_{n1} & \cdots & w_{nn} \end{bmatrix} \tag{3-12}$$

$$w_{ij} = \begin{cases} 1, \text{单元} i \text{与单元} j \text{相邻时} \\ 0, \text{单元} i \text{与单元} j \text{不相邻时} \end{cases} \tag{3-13}$$

式中，W 代表空间权重矩阵；n 为空间分析单元的个数；w_{ij} 表示空间分析单元 i 与空间分析单元 j 之间的空间依赖关系。

3.2 测度框架体系

3.2.1 构建原则

在剖析土地混合利用内涵的基础上，参照既有土地混合利用测度指标①②③④，充分考虑指标的代表性、数据的可获得性及计算的可操作性，构建土地混合利用的测度体系。

1）综合性

综合性是考虑将系统的各个部分、各个方面和各个因素有机联系起来，考察它们的共性与规律。任何整体都可视为由一些要素为特定目的综合而成，土地混合利用具有较强的系统性、综合性。仅仅根据某单一要素进行土地混合利用分析判断，并不能全面地反映混合利用情况，应综合平衡各要素，统筹兼顾，通过多要素分析，从整体的联系出发，注重多要素的综合分析。

2）层次性

层次性是指标体系自身的多重性，体现了测度体系的一般特征，能够反映测度对象的系统性。由于土地混合利用涵盖多层次性的内容，选取的测度指标应有层次上的差异，体现不同维度的差异性。同时，土地混合利用受多种因素的综合

---

① Manaugh K，Kreider T. What is mixed use？Presenting an interaction method for measuring land use mix. Journal of Transport and Land Use，2013，6（1）：63-72.

② Comer D，Greene J S. The development and application of a land use diversity index for Oklahoma City，OK. Applied Geography，2015，60：46-57.

③ Zhuo Y F，Zheng H Y，Wu C F，et al. Compatibility mix degree index：a novel measure to characterize urban land use mix pattern. Computers，Environment and Urban Systems，2019，75（5）：49-60.

④ Zheng H Y，Zhuo Y F，Xu Z G，et al. Measuring and characterizing land use mix patterns of China's megacities：a case study of Shanghai. Growth and Change，2021，52（4）：2509-2539.

影响，如果单从功能多样性某一层面研究其对土地混合使用的影响，就会缺乏整体上的把握。

3）可操作性

指标需具备可量化的特性，即可针对土地混合利用的不同情形以量化统计的方式呈现，在此基础上指标应便于理解和处理，尽量保证所选指标数据采集和获取的便利性与真实性，从而有利于实证案例的调查分析，提高测度体系的可操作性，增强研究结果的可信度。

4）精简性

为避免指标体系过于庞大，测度指标的精简具有重要意义，由于指标之间可能存在一定相关性，导致出现冗余指标，加之较多数量的指标会增加数据获取成本。因此，测度指标不宜繁复而庞大，应尽量选择内涵丰富又不互相重复的指标。

3.2.2 测度维度

城市用地类别往往有与之相对应的建筑使用功能，用地的功能与建筑功能之间存在着显著的关联[①]，同一性质的用地上存在多个独立使用功能，如仅凭借用地性质的划分去判断土地混合利用可能存在偏差。基于此，以街区尺度为测度的基本空间分析单元，将土地混合利用理解为城市用地具备空间混合利用的能力，包含"使用功能"与"用地性质"两个方面（图3-1）。在使用功能层面，表现为两种及以上各自独立的使用功能，这些功能通过对应的POI进行表征；在用地性质层面，表现为具备邻近度与外部兼容性的土地利用类别形成的区域，以衡量用地属性的混合程度。尽管土地混合利用程度过高会带来城市管理的不便，但过低的混合利用程度不利于城市活力提升与集约紧凑发展。与功能无序混杂的状态不同，土地混合利用旨在通过不同功能之间的关联性，实现功能与物质空间的结合，促进一定规模和密度的良性混合状态的形成。

土地混合利用具有整体系统性的特点，可将其视为一个涉及多个相互联系、相互影响的要素构成的整体系统。土地混合利用测度应反映一种土地的利用类型、功能活动数量、邻近程度如何影响另一种土地的效用，同时在有限的空间范围内，不同土地利用类型会通过兼容关系相互影响。由此看来，土地混合利用测度应包含数量、距离、属性三个维度（图3-2）。运用系统论思想来解读土地混

---

① 史北祥，杨俊宴. 城市中心区混用用地概念辨析及空间演替：以南京新街口中心区为例. 城市规划，2019，43（1）：89-99.

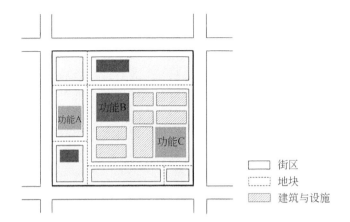

图 3-1　街区空间分析单元示意图

合利用，有助于厘清土地混合利用系统中三个维度之间的逻辑。土地混合利用的综合测度取决于系统的整体程度，即要素、结构和功能的统一，功能的数量、分类和要素间的关系组成了系统的整体性。功能的数量和分类通过多样性表征体现了数量维度的总体特征；距离维度的空间结构关系与属性维度的功能关系共同构成了要素间的关系，表现为邻近度和兼容性。

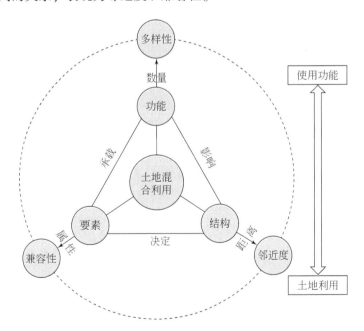

图 3-2　土地混合利用测度框架体系

土地混合利用的功能、结构、要素相互关联，混合要素组成混合结构，混合结构又进一步影响着混合功能；当社会经济环境发生变化进行混合功能调整后，也会对混合结构产生影响，进而影响混合要素的重新组合。多样性、邻近度、兼容性作为土地混合利用系统内相互依存的重要组成部分，共同维持着土地混合利用系统的稳定性，促使在实现可持续城市形态的原则范围内，土地混合利用能够以可持续的形式重新构建。因此，在既有研究方法的基础上，从多样性指数、邻近度指数、兼容性指数分别反映数量、距离、属性维度，形成一个更为全面的衡量指标。

1）数量维度

从数量维度来看，土地混合利用表现为混合功能组成的多样性。相互支持的多样性功能是满足居民多样化需求的直接表现，土地混合利用在功能数量上的多样性，可以解释土地混合利用系统的丰富程度，是识别土地混合利用单元的基础条件。

多样性概念源自生态学，生物多样性表征了生态系统的复杂性。一般来说，复杂的自然群落比简单的自然群落更稳定，一个群落提供的功能范围在很大程度上取决于功能特征的多样性以及表征它们的物种多样性。生态演替和群落演化理论认为通过物种多样性计算群落的结构信息量具有能量当量，因此，在面临扰动时，越复杂的社区，每个人所需维护的能量越小[1]。之后衍生的多样性-稳定性假说认为多样化的社区将较单一的社区更稳定。换言之，复杂度在某种程度上可以被用于维持系统自身的稳定。同样地，多样性是城市空间环境的理想条件，人们多样化的需求以及土地本身的多样差异导致了土地利用的多样性，因而土地混合利用也具有多样性特征。

正因为有了不同类别的功能组成，土地混合利用系统的功能多样特征才得以体现。因此，量化空间分析单元复杂多样的混合功能类型，是开展土地混合利用的基础。多样性表示研究区域内土地利用功能构成的多样性特征，功能多样性的熵有利于解释土地承载的功能组合，可以清晰地表达混合利用的空间多样性[2]和功能混合的均匀程度。熵值越大，空间分析单元的混合利用性就越强。

2）距离维度

从距离维度来看，土地混合利用表现为土地混合利用的空间邻近度。早在1970年，美国地理学家 Tobler 就提出，一切事物都与其他事物相关，但近的事

① Campbell V, Murphy G, Romanuk T N. Experimental design and the outcome and interpretation of diversity-stability relations. Oikos, 2011, 120（3）：399-408.

② He X P. Energy effect of urban diversity: an empirical study from a land-use perspective. Energy Economics，2022，108：105892.

物比远的事物往往更相关，这被称为地理学第一定律①②。这种远近通常可通过空间邻近度进行描述。邻近度反映了不同功能地块在空间结构上是如何相互连接的，确定各空间分析单元之间的空间邻近度是研究土地混合利用空间分布模式的一个重要方面。

城市建设用地资源有限，空间邻近能够促进土地的集约利用，而土地混合利用作为一种成效显著的集约用地方式，使得空间邻近的特点更加凸显。不同功能用地之间空间上相互作用的强度与空间的邻近程度密切相关。根据地块本身的几何特征，对功能用地邻近度进行量化测度，主要衡量一种功能用地与另一种功能用地之间通过邻接边长产生的不同程度的影响。两个空间分析单元之间共同边界的长度和区域单元的形状是决定隔离的重要空间成分，只要两个区域共享一个共同边界，那么这两个区域之间就可以进行交互。在许多情况下，跨越边界的难易程度与公共边界的长度密切相关，地块之间的交互影响一定程度上与相邻边长直接相关，与地块大小也呈现正相关关系③。结合用地功能类型来看，A、B、C 地块代表了同一地块中的不同的用地属性，由于 A 和 C 之间的共享边界比 B 和 C 之间的共享边界要长，因而 A 和 C 之间的相互作用强度应该高于 B 和 C 之间的相互作用强度（图 3-3）。

3）属性维度

属性维度表现为功能用地之间的兼容关系。兼容性一方面包含了同一地块两种或两种以上土地利用功能共存的可能性④⑤，另一方面也包含了同一地块土地使用性质和建筑用途的兼容⑥，但均忽视了功能用地在一定影响范围与其他功能的兼容程度。土地混合利用不是将各种功能简单地叠加混合，而是要考虑周边地区乃至更大范围的整体系统，使居住、商业等各类功能在一定范围内形成相互依赖的整体。因此，兼容性维度应在一定影响范围内，考察该范围内不同功能地块之间是否具有显著的负外部性。

不同于多样性，兼容性重点考虑的是用地性质的空间外部性，即用地之间是否存在排他性。兼容性在促进土地混合利用形成过程中，扮演着基础条件的

① Tobler W R. Smooth pycnophylactic interpolation for geographical regions. Journal of the American Statistical Association, 1979, 74 (367)：519-530.

② Miller H J. Tobler's first law and spatial analysis. Annals of the Association of American Geographers, 2004, 94 (2)：284-289.

③ Tobler W R. Smooth pycnophylactic interpolation for geographical regions. Journal of the American Statistical Association, 1979, 74 (367)：519-530.

④ 司马晓，邹兵. 对建立土地使用相容性管理规范体系的思考. 城市规划汇刊, 2003 (4)：23-29, 95.

⑤ 王卉. 存量规划背景下的城市用地兼容性的概念辨析和再思考. 现代城市研究, 2018, 33 (5)：45-54.

⑥ 张艳明. 城市规划中土地使用兼容性控制的探究. 中国土地科学, 2008, 22 (11)：10-14, 9.

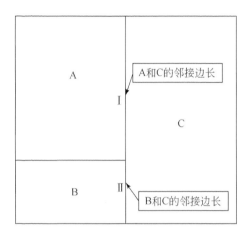

图 3-3　空间分析单元邻近度示意图

角色，大部分用地类型都存在与其兼容共存的其他土地用途，如果彼此排斥的土地用途邻接布置，会带来一定程度的空间环境和生产生活混乱[1]。例如，居住和具有重度污染性质的工业相邻布置，从多样性维度来看，无疑是增加了功能的丰富度，但并不能体现两者之间的排斥性；从兼容性维度来看，这两种类型的土地混合利用却存在相互排斥的特性。就多样性测度而言，土地利用类别的多少与占比受到更多关注；而土地用途的排他性是兼容性维度关注的核心内容。

综上所述，土地混合利用在属性维度的兼容性，有利于将土地混合利用单元视为一个有机系统，反映不同功能用地之间的相互影响关系，解释了空间整合和土地利用协同性（图 3-4）。属性维度下土地混合利用关注的核心是以不同土地用途相互兼容程度以及兼容关系为基础，从而提高城市用地布局的科学合理性，促进城市用地结构优化调整和空间品质提升[2]。因此，兼容性测度指标对混合利用合理与否具有重要借鉴意义，也是调整未来土地混合利用用途的重要参考。

---

① 钟力. 混合使用型住区的规划设计研究. 北京：中国建筑工业出版社，2011.
② 王卉. 存量规划背景下的城市用地兼容性的概念辨析和再思考. 现代城市研究，2018，33(5)：45-54.

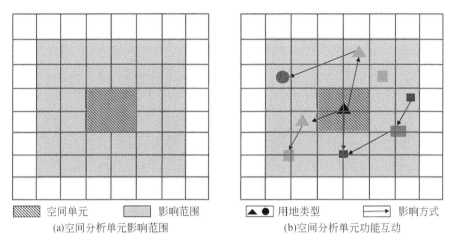

图3-4　空间分析单元影响范围与功能互动

3.2.3　测度方法

1. 指标测度

1）多样性指数

信息熵模型是混合使用评估中最常用的多样性测量方法之一[1][2]。一般来说，系统的信息熵越大，系统的混合度就越强。反之，信息熵越小，系统的混合度就越弱。因此，可通过信息熵来表征功能的混合程度。由于信息熵是根据空间分析单元的大小来进行统计，可能会出现足够大的空间分析单元即使内部具备较少的功能，但是其混合度可能较高的情况。通过对信息熵值进行面积加权的方式来削弱空间分析单元尺度对多样性测度的影响。对空间分析单元不同类型的POI进行统计，并利用空间信息熵评价城市空间的功能混合多样性，便于空间土地混合的精细化测度。

多样性指数计算公式如下：

$$H = -\sum_{j}^{n} P_{ij} \frac{\log P_{ij}}{S} \tag{3-14}$$

① Sarkar P P, Chunchu M. Quantification and analysis of land-use effects on travel behavior in smaller Indian cities: case study of Agartala. Journal of Urban Planning and Development, 2016, 142 (4): 1-11.

② Yue Y, Zhuang Y, Yeh A G O, et al. Measurements of POI-based mixed use and their relationships with neighbourhood vibrancy. International Journal of Geographical Information Science, 2017, 31 (4): 658-675.

式中，H 为多样性指数；n 为总的功能类别数量；P_{ij} 为第 i 个空间分析单元第 j 种功能的占比；S 为空间分析单元面积。

经计算，可得西安市中心城区 2014 年、2017 年、2020 年和 2023 年的土地混合利用多样性指数空间分布图（图 3-5）。在此需要说明的是，借助 ArcGIS 10.8 中的自然断点法对 2023 年多样性指数进行分类可视化，共分为 11 个级。为加强可比性，按照这个分类级别，对 2014 年、2017 年、2020 年的相关指数进行手动分类可视化。邻近度指数和兼容性指数的处理方法类似。

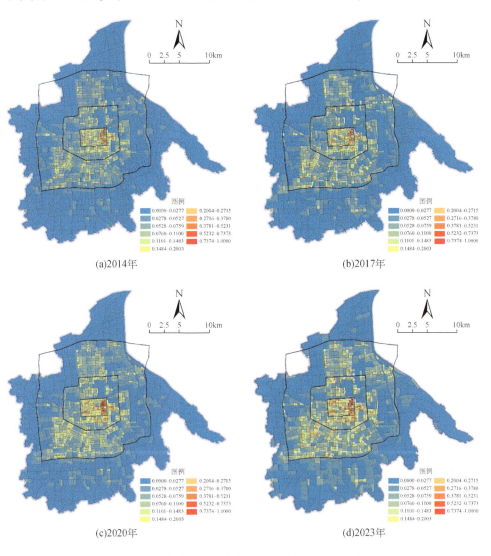

图 3-5　西安市土地混合利用多样性指数空间分布图

2）邻近度指数

邻近度旨在表征各类用地的相邻位置及相互影响程度。结合用地现状矢量数据，通过拓扑不同功能用地间邻近共享边的长短作为定量化计算指标，从距离维度来看，地块之间的交互影响一定程度上与相邻边长直接相关，相邻边长越大，则空间邻近度越高。通过不同功能地块的邻接边长与周长的比值来衡量邻近度指数，并将其归一化到［0，1］。

邻近度指数计算公式如下：

$$D_y = \frac{I_y/C_x}{S} \tag{3-15}$$

式中，D_y 为邻近度指数；I_y 为空间分析单元 y 与 x 的共享边长；C_x 为地块 x 的周长；S 为空间分析单元面积。

经计算，可得西安市中心城区 2014 年、2017 年、2020 年和 2023 年的土地混合利用邻近度指数空间分布图（图3-6）。

3）兼容性指数

兼容性旨在明确各类用地之间的相互作用关系侧重于不同类型用地的空间外部性。根据《城市用地分类与规划建设用地标准》（GB 50137—2011）将土地利用分为居住用地（R）、公共管理与公共服务设施用地（A）、商业服务业设施用地（B）、工业用地（M）、物流仓储用地（W）、道路与交通设施用地（S）、公

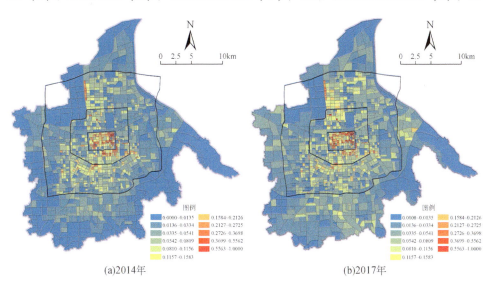

(a)2014年　　　　　　　　　　　　　　(b)2017年

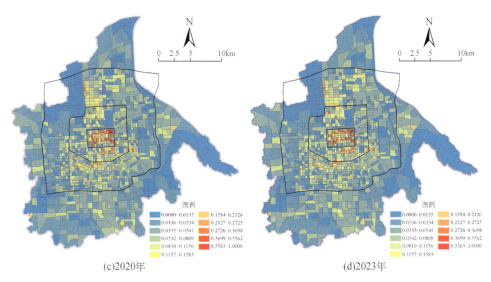

(c)2020年　　　　　　　　　　　　　　　(d)2023年

图3-6　西安市土地混合利用邻近度指数空间分布图

用设施用地（U）和绿地与广场（G）等八大类。之后，参考既有研究①②按照兼容、有条件兼容、不兼容三个类别分别赋值，其中兼容赋值为0，有条件兼容赋值0.5，不兼容赋值1，从而构建判断矩阵（表3-1），测度目标空间分析单元与其所有800 m（15分钟生活圈步行距离）邻域空间分析单元之间的兼容性指数。

表3-1　兼容性判断矩阵

用地类型及代码		居住用地	公共管理与公共服务设施用地	商业服务业设施用地	工业用地	物流仓储用地	道路交通设施用地	公用设施用地	绿地与广场用地
		R	A	B	M	W	S	U	G
居住用地	R	0	0.5	0	0.5	1	0.5	0.5	0
公共管理与公共服务设施用地	A	0.5	0	0	1	1	0	0.5	0
商业服务业设施用地	B	0	0	0	1	0.5	0.5	0.5	0

①　Zhuo Y，Zheng H，Wu C，et al. Compatibility mix degree index：a novel measure to characterize urban land use mix pattern. Computers Environment and Urban Systems，2019，75（5）：49-60.

②　Zheng H Y，Zhuo Y F，Xu Z G，et al. Measuring and characterizing land use mix patterns of China's megacities：a case study of Shanghai. Growth and Change，2021，52（4）：2509-2539.

续表

用地类型及代码		居住用地	公共管理与公共服务设施用地	商业服务业设施用地	工业用地	物流仓储用地	道路交通设施用地	公用设施用地	绿地与广场用地
		R	A	B	M	W	S	U	G
工业用地	M	0.5	1	1	0	0	0	0	0
物流仓储用地	W	1	1	0.5	0	0	0	0	0
道路交通设施用地	S	0.5	0	0.5	0	0	0	0.5	0
公用设施用地	U	0.5	0.5	0.5	0	0	0.5	0	0
绿地与广场用地	G	0	0	0	0	0	0	0	0

兼容性指数计算公式如下：

$$C_{ij} = \left(1 - \frac{\sum_{j}^{n} b_{ij}}{n}\right)/S \qquad (3\text{-}16)$$

式中，C_{ij} 为兼容性指数；b_{ij} 为功能 i 与功能 j 之间的兼容性量化值；n 是在功能 i 影响范围内的用地功能数量；S 为空间分析单元面积。

经计算，可得西安市中心城区 2014 年、2017 年、2020 年和 2023 年的土地混合利用兼容性指数空间分布图（图3-7）。

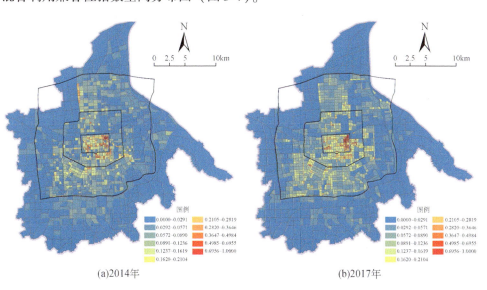

(a)2014年   (b)2017年

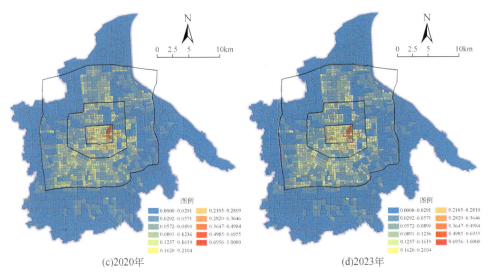

(c)2020年 (d)2023年

图3-7　西安市土地混合利用兼容性指数空间分布图

2. 指标权重

1）指标标准化

为了消除指标量纲的影响，采用最大最小值归一化方法对原始数据进行处理。计算公式如下：

$$Z_i = \frac{x_i - \min(x_i)}{\max(x_i) - \min(x_i)} \tag{3-17}$$

式中，Z_i 取值范围为 $[0,1]$；x_i 为第 i 个空间分析单元的指标值；$\max(x_i)$ 和 $\min(x_i)$ 分别为指标的最大值和最小值。

2）指标权重确定

指标权重确定的方法较多，基本可分为主观赋权、客观赋权、主客观组合赋权三类。其中，主观赋权常见为层次分析法、专家打分法等，客观赋权包括主成分分析、因子分析、熵值法等，具体权重确定方法可根据实际情况进行选择。本研究采用熵值法来确定指标的权重，熵值法是一种常用的赋权方法，能够客观反映出指标信息熵值的效用价值，计算出的指标权重提高了可信度和客观性，能改善专家经验打分的主观性，适合综合评价多元指标[①]。

第一步，计算第 j 项指标下第 i 个空间分析单元占该指标的比重：

---

① 侯靖，林爱文，彭玉玲. 基于熵值法的土地利用效益评价：以咸宁市为例. 地理信息世界，2016，23（2）：27-31.

$$P_{ij} = \frac{X_{ij}}{\sum_{i=1}^{n} X_{ij}} \quad (i = 1,2,\cdots,n; \quad j = 1,2,\cdots,m) \tag{3-18}$$

第二步，计算第 j 项指标的熵值：

$$e_j = -k \sum_{i=1}^{n} p_{ij}\ln(p_{ij}) \tag{3-19}$$

式中，$k>0$，$k=1/\ln(n)$；$e_j \geq 0$。

第三步，计算第 j 项指标的差异系数：

$$g_j = \frac{1 - e_j}{m - E_e}$$

式中，$\qquad E_e = \sum_{j=1}^{m} e_j; 0 \leq g_i \leq 1; \sum_{j=1}^{m} g_j = 1$。 $\tag{3-20}$

第四步，求权值：

$$w_j = \frac{g_j}{\sum_{j=1}^{m} g_j} \quad (j = 1,2,\cdots,m) \tag{3-21}$$

根据确定的指标并结合西安市的数据资料进行测度，将多样性、邻近度、兼容度指数分别归一化处理后，通过熵值法计算得到各个指标的权重，为后续研究提供数据支撑。

经计算，2014 年多样性指数、邻近度指数和兼容性指数的权重分别为0.2866、0.4158、0.2976，表现为邻近度主导的不均衡格局（表3-2）。而2023年多样性指数、邻近度指数和兼容性指数的权重分别演变为 0.2929、0.3944、0.3127，多样性指数对土地混合利用的影响权重逐渐增加。

表3-2 西安市土地混合利用指标权重值

指标层	2014 年	2017 年	2020 年	2023 年
多样性指数	0.2866	0.2839	0.3000	0.2929
邻近度指数	0.4158	0.3984	0.3880	0.3944
兼容性指数	0.2976	0.3177	0.3120	0.3127

3. 综合评价

综合评价值通过加权求和计算求取各空间分析单元的总值[①]。通过熵值法，

---

① 李建伟，李海燕，刘兴昌．层次分析法在迁村并点中的应用：以西安市长安子午镇为例．规划师，2004，20（9）：98-100.

将多样性指数、邻近度指数、兼容度指数三个指数加权求和，综合评价空间分析单元的土地混合利用。计算公式如下：

$$V = \sum_{i=1}^{n} Q_i W_i \qquad (3\text{-}22)$$

式中，V 为混合度指数；Q_i 为某个空间分析单元第 i 个指标的测度值；W_i 为第 i 个指标的熵值权重；i 为评价指数的数量。

经计算，可得西安市中心城区 2014 年、2017 年、2020 年和 2023 年的土地混合利用混合度指数空间分布图（图3-8）。

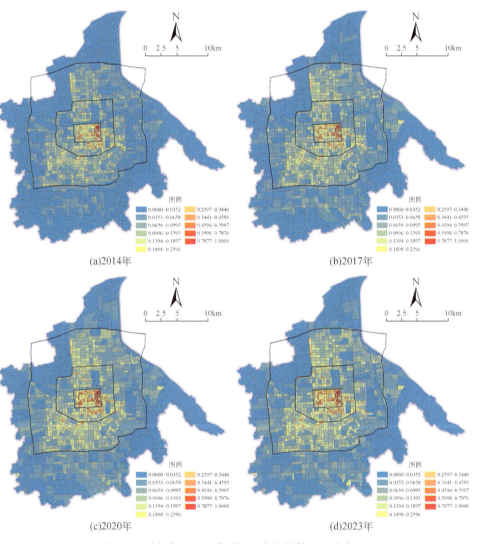

图 3-8　西安市土地混合利用混合度指数空间分布图

引入系统论的思想，融合数量、距离、属性多维混合状态的测度方法，将土地混合利用视为要素多元、结构共存、功能互补的区域内的多种用途，并能够有效激发城市空间活力。既考虑了土地混合利用数量的多样性，也将土地利用类型的空间格局和兼容关系予以考量。当然，简单的多样性测度并不是不容置疑的，仅以单一数量维度的多样性测度其混合水平则存在较大偏差。如2023年西安市A、B、C三个空间分析单元的多样性指数，在综合考虑了距离与属性维度后，与混合度指数之间存在一定的偏差（图3-9）。因此，从数量、距离、属性多维度出发，全面综合地刻画土地混合利用水平，克服传统单一维度测度研究的局限性，实现对城市土地混合利用程度的精准识别。

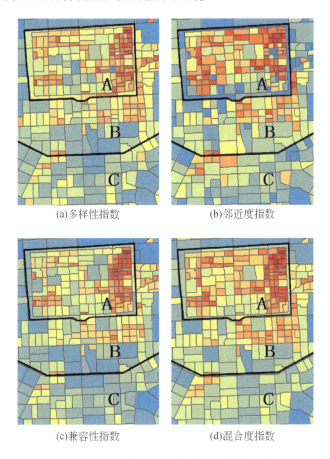

(a)多样性指数   (b)邻近度指数

(c)兼容性指数   (d)混合度指数

图3-9   2023年西安市土地混合利用测度结果对比分析

3.3　时间演变特征

3.3.1　低位运行

西安市中心城区的土地混合利用水平在 2014～2023 年整体仍偏低，处于低位运行状态。利用 Kernel 核密度对西安市土地混合利用水平进行估计，直观地揭示土地混合利用的时间演变特征（图 3-10）。

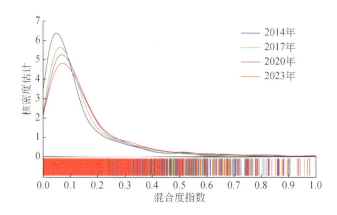

图 3-10　2014～2023 年土地混合利用核密度曲线

从波峰数量来看，四个不同年份的核密度估计曲线均呈现明显的单峰分布特征，且具有"低值集聚"现象。虽然伴随有微弱的波浪状分布，但整体波动并不显著，表明西安市的土地混合利用的混合度指数在极化趋势上并不明显。

从波峰所处的位置看，各个年份的波峰均位于曲线的左侧区域，表明西安市的土地混合利用的水平普遍处于中低区间。拥有低混合度指数的空间分析单元数量显著多于高混合度指数的空间分析单元，这也是核密度曲线未能呈现近似正态分布的一个重要原因。虽然 2023 年的混合度指数较 2014 年有所提升，但总体上仍处于低位运行状态。

从峰度上看，核密度估计曲线的峰度经历了一个由尖锐向平缓的转变，并且峰值随时间推移而逐渐降低。表明西安市的土地混合利用的异质性逐渐增大，空间分布特征变得更加清晰。同时，曲线的峰值随时间向右移动，且所有年份的曲线均带有右拖尾特征，说明 2014～2023 年西安市土地混合利用的程度不断提高。特别值得注意的是，2023 年的曲线在峰值右侧有两段明显高于其他年份的部分，说明土地混合利用高值区的波动较大，即部分空间分析单元的土地混合利用水平相对较高，但大多数仍维持在较低水平。

3.3.2 稳健增长

西安市中心城区土地混合利用在时间维度上呈现稳健的增长态势，并且这一增长过程随着时间的推移呈现出逐渐放缓的特点（图3-11）。2014~2023年土地利用混合度指数的平均值实现了显著的增长，从0.1211攀升至0.1609，总体增长率高达32.87%，年均增长率为3.21%。值得注意的是，这一增长过程并非匀速，而是呈现出阶段性的变化。其中，2014~2017年的年均增长率相对较高，达到了5.00%；2017~2020年增长率略有放缓，为3.78%；2020~2023年增长速度进一步放缓至0.89%。可见2014~2023年西安市的土地混合利用指数呈现稳健增长但增速逐渐放缓的动态变化过程。

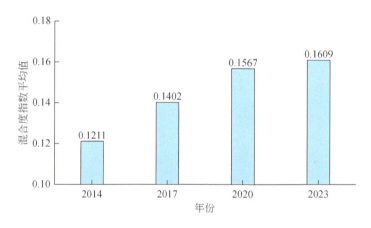

图 3-11　混合度指数平均值及其变化趋势

2014~2017年，西安市高达85.93%的空间分析单元混合度指数增加。其中最显著的增加幅度达到了0.2490，而整体的平均增长值也达到0.0247。同时，14.07%的空间分析单元混合度指数出现了下滑。尽管如此，整体上西安市仍呈现出高水平的增长态势，这一增长趋势在空间分布上尤为显著，且高水平增长的集聚现象尤为明显 ［图3-12（a）］。

2017~2020年，西安市的空间分析单元中有80.66%的混合度指数实现增长，其中最大增加值达到了0.3972，较之前阶段有所提升。然而，平均增加值为0.0231，略低于上一阶段的0.0247，这表明了土地混合利用现象虽然有所扩大，但增速相对减缓。超过30%的空间分析单元保持相对稳定，且整体空间表现与前一阶段相似，但二环外区域出现了明显的增幅减小趋势 ［图3-12（b）］。

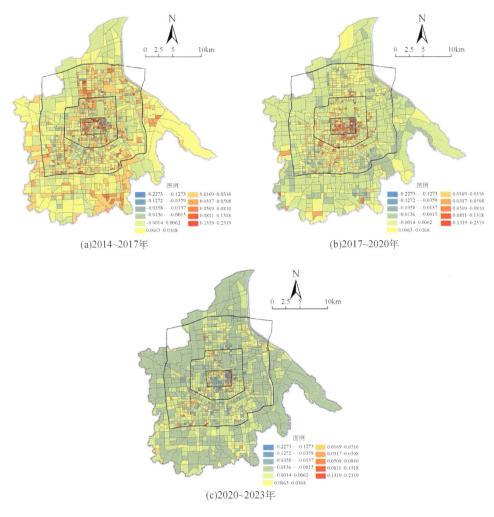

(a)2014~2017年

(b)2017~2020年

(c)2020~2023年

图 3-12　2014～2023 年土地混合利用变化趋势

2020～2023 年，西安市的空间分析单元中仅有 54.43% 的混合度指数有所增长，其中最大增加值为 0.2318，平均增加值为 0.0175。无论是从增长的空间分析单元数量、最大增加值还是平均增加值来看，均低于前两个阶段。仅有近25% 的空间分析单元混合度指数增加幅度超过 0.0100，呈现出土地混合利用的整体稳定现象，并在空间上表现为规模性的低水平变化趋势［图 3-12（c）］。

西安市中心城区的土地混合利用稳健增长，这一演变态势是多样性指数、邻近度指数与兼容性指数共同作用的结果。2014～2023 年，混合度指数平均值从0.1211 稳步提升至 0.1609，年均增长率为 3.21%。同时，多样性指数的平均值也由 0.0842 增长到 0.1255, 年均增长率高达 4.53%。邻近度指数和兼容性指数虽然也有所增长，但增速相对较慢，分别为 0.26% 和 0.29% （图 3-13）。这三个指数的稳健增长，都在不同程度上推动了土地混合利用的提升。值得注意的是，随着混合度指数的上升，邻近度指数的作用逐渐减弱，而多样性指数在其中的作用越发凸显。

图 3-13　土地混合利用指数平均值及其变化趋势

3.3.3　可持续性

2014～2023 年，西安市土地混合利用的 Hurst 指数平均值为 0.53，表明整体上西安市土地混合利用的变化趋势具有可持续性，预示着未来的发展趋势将与过去保持一致，即增速逐渐放缓但仍保持增长。其中，$H>0.5$ 的空间分析单元共有 609 个，占总数的 48.68%；$H=0.5$ 的空间分析单元仅有 1 个，占比仅为 0.08%；$H<0.5$ 空间分析单元则多达 641 个，占比为 51.24%。这种可持续性与反持续性空间分析单元的占比分布相对均衡。从 Hurst 指数的分级占比来看，弱反持续性等级的空间分析单元占比最高，达到了 37.73%，其次是弱可持续性等级，占比为 27.42%，而强可持续性等级的空间分析单元占比小，为 18.54%。弱可持续性与强可持续性的空间分析单元主要分布在西安市的一些特定区域，如二环外靠近三环的地区（如鱼化寨等），三环外的长安大学城、三桥等地区，以及大明宫国家遗址公园、杜陵遗址和浐灞生态区等。这些区域在过去十年的土地混合利用变化相对稳定，长期维持着较低的混合水平或者极不明显的缓慢增长趋势（图 3-14）。

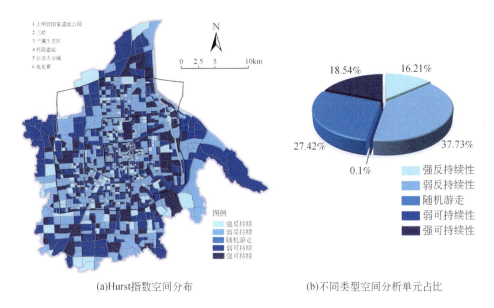

(a)Hurst指数空间分布　　　　　　(b)不同类型空间分析单元占比

图 3-14　*R/S* 分析结果

3.4　空间演变特征

3.4.1　方向分布

土地混合利用水平的重心由东北逐渐转向西南方向移动，空间方向性呈现增强趋势（图 3-15）。2014～2023 年土地混合利用水平的重心移动范围在 108.9439～108.9444°E 和 34.2574～34.2584°N，移动距离在 5.51～61.20m，逐渐远离西安的几何中心（钟楼）并向南偏移。标准差椭圆的长半轴由 6354.89m 增加到 6774.48m，短半轴则由 4352.78m 增加到 4521.16m，长短半轴的差距由 2002.11m 增加到 2253.32m，表明西安市土地混合利用水平的空间方向性增加。标准差椭圆的旋转角呈先减小后增加的变化，旋转角范围为 25.90°～27.29°，旋转角最小和最大的年份分别出现在 2017 年和 2014 年，整体方向没有发生改变，这表明随着时间的推移，东北和西南方向的土地混合利用水平相对高于西北和东南方向。

从土地混合利用混合度指数的空间分布来看，西安市土地混合利用的高值区集中在Ⅰ区（一环内）和Ⅱ区（一环与二环之间）。西南方向随着高新产业技术

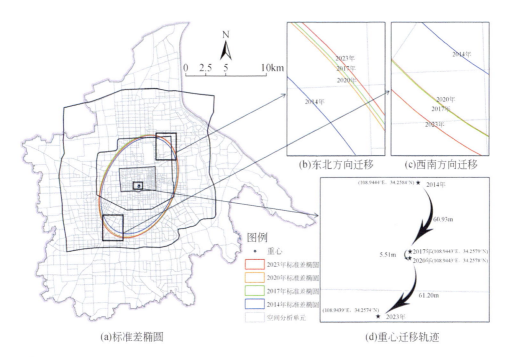

图3-15 2014～2023年西安市土地混合利用的标准差椭圆

开发区与长安大学城的建设混合化程度不断提高。东北方向的混合化水平则凭借地铁线路的修建与城市的建设有所提升，反观西北和东南方向由于汉长安城遗址以及交通条件不便等限制因素，混合化水平提升缓慢且相对低于西南和东北方向。同时需注意的是，尽管西南地区的土地混合利用水平相对自身有了显著提升，但与中部的高值区相比，依然存在不小的差距。

3.4.2 核心集聚

西安市中心城区土地混合利用具有显著的空间集聚特征，表现为高混合单核心集聚特征。2014～2023年，极高值热点区域主要集中在城市的核心地带，大约占据了空间分析单元数量的25%，这些热点区域主要分布在Ⅰ区（一环内）以及Ⅱ区（一环与二环之间）的南侧与东侧，属于土地混合利用水平较高的区域，呈现出显著的高值空间集聚现象（图3-16）。虽然极高值热点区的空间分析单元数量略有下降，但其平均混合度却实现了显著的增长，从2014年的0.2503提升至2023年的0.3219，增幅高达1.29倍（表3-3）。与此同时，极高值冷点区域则集中在城市的外围地带，大约占据空间分析单元数量的24%，这些区域主要位于Ⅳ区（三环外），特别是城南地区，形成了土地混合利用的低值区并伴随低值集聚的现象。其平均混合度也有所提升，由2014年的0.0427提升到2023年的0.0649，增长了1.52倍（2017年和2020年的平均混合度分别为0.0591和0.0635）。值得注意的是，无论是极高值热点区还是极高值冷点区，2020～2023年的混合度指数平均值的增幅都明显低于其他时间段（图3-17），这一趋势与西安市整体混合度指数平均值的变化相吻合，体现了土地混合利用水平的稳定发展趋势。

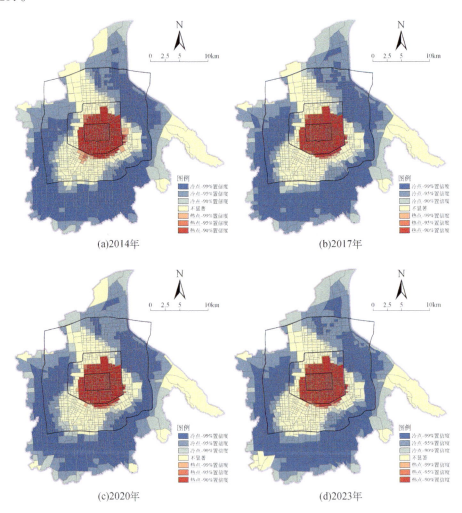

(a)2014年　　　　　　　　　　(b)2017年

(c)2020年　　　　　　　　　　(d)2023年

图3-16　混合度指数冷热点分析

表 3-3　西安市混合度冷热点单元统计

年份	极高值冷/热点区 （99% 置信度）	空间分析单元数量/个	空间分析单元面积/hm²	平均混合度
2014	极高值热点区	326	5 728.37	0.250 3
	极高值冷点区	307	23 178.69	0.042 7
2017 年	极高值热点区	319	5 489.76	0.276 6
	极高值冷点区	294	22 648.60	0.059 1
2020 年	极高值热点区	320	5 229.00	0.316 6
	极高值冷点区	302	21 719.26	0.063 5
2023 年	极高值热点区	320	5 206.55	0.321 9
	极高值冷点区	294	22 081.69	0.064 9

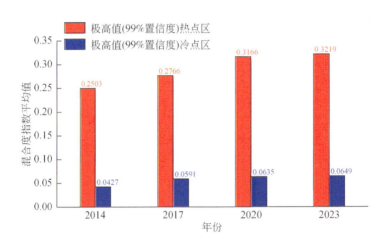

图 3-17　极高值冷/热点区（99% 置信度）空间分析单元平均混合度

　　西安市中心城区的土地混合利用在空间上始终呈现显著的空间自相关性。在莫兰散点图中（图 3-18），散点集中分布在一、三象限，即全局上拥有较高水平土地混合利用的空间分析单元趋于相邻，土地混合利用水平较低的空间分析单元趋于相邻。2014 年、2017 年、2020 年和 2023 年的莫兰指数分别为 0.698、0.681、0.714、0.684。当莫兰指数大于 0 时，空间呈现出显著的正相关关系，莫兰指数越大表明空间相关性越强，表现为强烈的空间集聚现象。一般而言，莫兰指数大于 0.3 表示存在较强的正向相关性。2014～2023 年的混合度莫兰指数均远大于 0.3，说明西安市的土地混合利用在每一阶段都表现出显著的空间集聚现象。这一结论与冷热点分析的结果相互印证，共同揭示了西安市中心城区土地混合利用的空间分布特征。

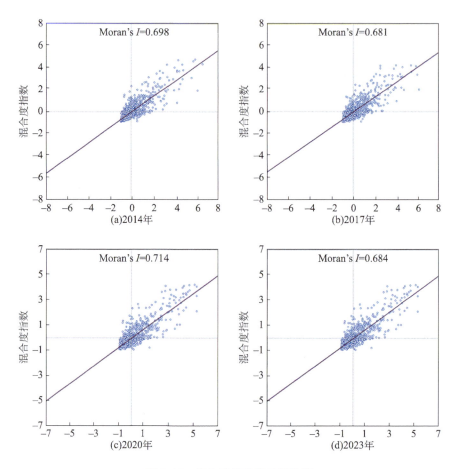

图 3-18 混合度指数莫兰指数值

在空间分布上，西安市呈现出显著的土地混合利用差异。具体而言，Ⅰ区（一环内）作为城市中心，呈现明显的高混合区特征。相较之下，Ⅱ区（一环与二环之间）以及Ⅲ区（二环与三环之间）的西南侧与北侧区域表现为较高混合区，而Ⅲ区（二环与三环之间）的东侧与南侧区域则呈现为较低混合区。Ⅳ区（三环外）则表现为更低甚至极低水平的土地混合利用，形成了低混合区（图3-19）。

高混合区：Ⅰ区（一环内）无疑是西安最具活力与吸引力的城市中心地带。著名的钟楼、洒金桥、解放路、北大街等地标性空间分析单元均位于此区域，具有高度的土地混合利用特性。2014～2023年，该区域的混合度持续上升，其中2017～2020年的增长尤为显著，平均混合度从2017年的0.3894提升至2020年

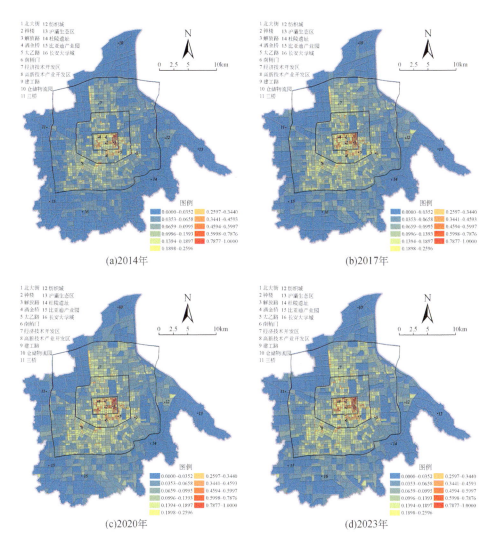

图 3-19 西安市土地混合利用混合度空间分布图

的 0.4480，增长率高达 4.78%。然而，在 2020~2023 年，虽然混合度仍有增长，但增速明显放缓，仅从 0.4480 增长到 0.4535，增长率为 0.41%。这一增长趋势的背后，是 Ⅰ 区（一环内）在空间分析单元上土地利用多样性的高度提升，以及空间分析单元之间较高的邻近度和兼容性。这些因素共同促进了综合服务功能的优化，使得该区域在土地混合利用方面达到了较高的水平。

较高混合区：在 Ⅱ 区（一环与二环之间），太乙路至南稍门一带形成了显著的高混合片区；而在 Ⅲ 区（二环与三环之间），其西南侧与北侧区域则随着西安高新产业技术开发区、西安经济技术开发区等区域的逐步开发建设,逐渐发展成为以开发区为核心的高程度混合片区。2014~2023 年该区域的平均混合度指数由 0.1524 增长到 0.1940,增长速度达到 2.72%。虽然较 I 区(一环内)的 2.98% 增速相比稍显逊色,但这一增长势头依然强劲,表明该区域正逐渐步入土地混合利用的成熟阶段。特别值得注意的是,曲江新区作为该区域的重要组成部分,其用地功能以居住用地、公共管理与公共服务设施用地为主,这一用地结构促进了该区域空间分析单元的土地混合程度相对较高。

较低混合区:在 III 区(二环与三环之间)的北侧与南侧区域,包括航天城、建工路、西安经济技术开发区等地段,其土地混合程度相较于 II 区(一环与二环之间)整体有所降低。然而,值得注意的是,这些区域仍然呈现明显的增长趋势。这一增长主要归因于持续的开发建设活动以及地铁线路的开通带来的交通便利性。这些因素共同推动了区域开发的逐步成熟,进而使得土地混合程度得以显著提升。

低混合区:位于城市三环外的 IV 区,包括东侧的纺织城与浐灞生态区、西侧的三桥地段、南侧的比亚迪产业园区、长安大学城及杜陵遗址公园,以及北侧的城北仓储物流中心等,这些区域多数为生态公园、工业园区或尚未开发的生态农业区。2023 年 IV 区(三环外)的平均混合度相较于 2014 年,增长了约 1.8 倍。纺织城与长安大学城等特定区域正逐渐从低混合区域转变为较低混合度区域,可见随着城市基础设施的不断完善以及土地开发力度的加强,土地混合利用程度正在逐步提升。

从总体视角来看,西安市中心城区的 I 区(一环内)和 II 区(二环内)在整体混合利用方面表现出较高水平。目前,"混合化"城市建设的重点正逐渐从 I 区(一环内)向 II 区(一环与二环之间)甚至二环南侧区域转移。这一现象与土地混合利用的重心迁移趋势相吻合,进一步凸显了人口变化和城市规划政策在城市动态发展中的关键作用。

3.4.3　圈层递减

西安市中心城区土地混合利用总体呈现由中心向外围圈层递减的空间分布态势(图 3-20)。2014~2023 年,西安市 I 区(一环内)的混合度指数持续保持领先地位,显著高于其他区域,形成了明显的极高值热点区域。其混合度平均值从 2014 年的 0.3480 显著增长至 2023 年的 0.4535,涨幅超过 30%,表明该区域土地混合利用水平的大幅提升。这一区域位于历史悠久的明城墙内,经过长期的发展与建设,已经形成了完善的基础设施,并吸引了大量的人口聚集。同时,其商业商务活动的活跃性也为土地混合利用提供了有利条件，使其成为城市建设的核心区域。随着西安市近年来的快速发展，该区域的土地混合利用程度得到了有效提升。Ⅱ区（一环与二环之间）的混合度虽然不及Ⅰ区（一环内）高，但相较于Ⅲ区（二环与三环之间）和Ⅳ区（三环外），其混合程度仍然处于中高水平，仅零星分布有少量的高混合空间分析单元。表现为热点区域与冷热点不显著区域的结合，并逐渐形成了南稍门至太乙路段的较高混合度片区。Ⅲ区（二环与三环之间）的混合度虽然明显高于Ⅳ区（三环外），但与Ⅰ区（一环内）和Ⅱ区（一环与二环之间）相比，其混合度属于中低水平，以冷热点不显著区域和冷点区域为主。随着时间的推移，其整体混合程度有所提高，尤其以南侧的西安高新技术产业开发区和北侧的西安经济技术开发区混合度指数增加最为显著。Ⅳ区（三环外）的混合度指数相对较低，该区域内的低混合空间分析单元占比高达64.03%，显著体现了土地混合利用的空间差异性。其中仅有东侧纺织城和南侧长安大学城的空间分析单元混合程度有轻微提升，其余地区的混合度变化不大。这一区域多为生态公园、工业园区或未开发建设区，其土地混合利用程度相对较低。

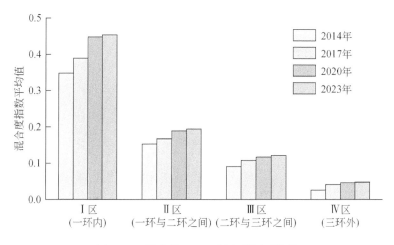

图 3-20　城市分区土地混合利用平均值

土地混合利用的变化在城市环线之间也存在明显差异。基于中心城区的环路统计数据，各分区的土地混合利用水平存在显著的递减趋势，即Ⅰ区（一环内）的利用水平最高，随环线向外递减至Ⅳ区（三环外），这种分布格局与城市同心圆的空间结构紧密相关（图 3-20）。特别值得注意的是，西安市Ⅰ区（一环内）和Ⅱ区（一环与二环之间）的土地混合利用变化速度明显快于Ⅲ区（二环与三环之间）和Ⅳ区（三环外）（图 3-21）。2014~2023 年，混合度指数的平均变化值表现为持续减小的趋势。具体而言，2014～2017 年，混合度指数的平均变化值为 0.0191，其中 I 区（一环内）的变化值为 0.0413，远高于整体水平；而 II 区（一环与二环之间）、III 区（二环与三环之间）、IV 区（三环外）的变化值则相对较低。2017～2020 年，虽然整体变化值略有减小至 0.0164，但 I 区（一环内）和 II 区（一环与二环之间）的变化值仍高于整体，而 III 区（二环与三环之间）和 IV 区（三环外）的变化值则持续低于整体。到 2020～2023 年，混合度指数的平均变化值显著降低至 0.0042，其中 I 区（一环内）、II 区（一环与二环之间）、III 区（二环与三环之间）的变化值略高于整体，而 IV 区的变化值则远低于整体。从变化趋势来看，从 I 区（一环内）至 II 区（一环与二环之间）的混合度平均值降幅显著大于从 III 区（二环与三环之间）至 IV 区（三环外）的降幅，这进一步印证了土地混合利用从城市中心向外围逐渐降低的空间分布特征。此外，2014～2023 年土地混合利用的多样性指数、邻近度指数与兼容性指数在各分区之间的平均值均呈现出逐渐递减的趋势（图 3-20）。尤其是多样性指数的变化趋势与混合度指数高度一致，且这三个指数在城市各分区间的变化均显著，这表明西安市土地混合利用的圈层递减特征是由多样性指数、邻近度指数与兼容性指数共同作用的结果，其中多样性指数的影响尤为显著。

图 3-21　城市分区土地混合利用的变化趋势

　　为深入揭示土地混合利用的圈层递减特征，以西安市的钟楼为中心，以 2km 为间隔，将中心城区细分为 10 个同心圆圈层。通过统计分析各圈层空间分析单元的土地混合利用平均值，2014 年、2017 年、2020 年和 2023 年四个年份的数据均显示，第一圈层（2km）的混合度指数均值最高，随着距离钟楼距离的增加，各圈层的混合度指数均值逐渐降低（图 3-22）。其中，2014 年第一圈层的混合度是第五圈层（10km）的 5.32 倍，而到了 2017 年、2020 年和 2023 年，这一比例分别为 4.42 倍、4.78 倍和 3.96 倍。更为显著的是，第一圈层的混合度在 2014 年是第十圈层（20km）的 45.95 倍，这一比值在随后的年份中虽有所波动，但始终维持在较高水平，2017 年为 21.33 倍，2020 年为 22.81 倍，至 2023 年为 27.97 倍。同时，距离城市中心的第二圈层（4km）成为城市土地混合利用变化的一个空间拐点。在此距离上，混合度的下降趋势明显减缓。此外，各圈层的平均混合度整体上呈现出逐年上升的趋势，特别是距离城市中心第二圈层（4km）和第九圈层（18km）的两大圈层，其混合度的增长幅度远超其他圈层。这进一步验证了土地混合利用在中心城区的分布受到距离衰减效应的影响，呈现出随着离城市中心距离的增加而混合度依次递减的显著圈层递减特征。

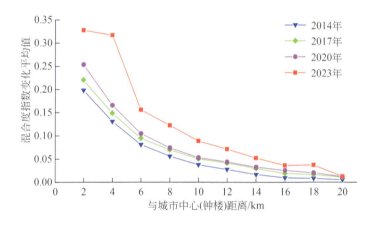

图 3-22　土地混合利用圈层变化趋势

3.5　本 章 小 结

在明晰城市土地混合利用的理论逻辑的基础上，从数量、距离和属性三个维度，选取多样性指数、邻近度指数、兼容性指数三大指标，构建了一个全面且系统的土地混合利用的测度框架，并阐述了土地混合利用测度指标的计算方法。在数量维度上，关注混合功能组成的多样性，通过多样性指数来量化不同功能用地之间的种类和数量分布；在距离维度上，重视土地混合利用的空间邻近度，利用邻近度指数来衡量不同功能用地之间的空间分布和相互关系；而在属性维度上，则着眼于功能用地之间的兼容关系，通过兼容性指数来评估各种功能用地在空间上是否能够和谐共存。多样性、邻近度和兼容性，作为土地混合利用系统内相互依存、相互影响的指标体系，共同反映了土地混合利用系统的稳定性和可持续性。

以西安市中心城区为例，基于 POI 数据、百度热力图数据等地理空间大数据，对西安市中心城区的土地混合利用进行了综合测度。通过核密度估计、重标极差（R/S）分析的方法，总结出西安市土地混合利用随时间推移呈现出低位运行、稳健增长与可持续性三大态势。核密度估计曲线显示出西安市绝大部分空间分析单元的土地混合利用水平在 0.2 以下，表现出"低值集聚"的特征，整体表现为低位运行的状态；2014~2023 年土地利用混合度指数的平均值从 0.1211 攀升至 0.1609，总体增长率高达 32.87%，实现了显著增长，其中，2014~2017 年的年均增长率为 5.00%，2017~2020 年增长率为 3.78%，2020~2023 年增长速度放缓至 0.89%，呈现稳健增长但增速逐渐放缓的动态变化过程；R/S 分析表明西安市土地混合利用的 Hurst 指数平均值为 0.53，整体上西安市土地混合利用的变化趋势具有可持续性，预示未来的发展趋势将整体与过去保持一致。表明西安市的土地混合利用水平在稳步提高，土地利用结构正在不断优化。

借助标准差椭圆、莫兰指数的分析方法，深入剖析了西安市土地混合利用的空间演变特征，其在空间演变方面具有明显的方向分布、核心集聚和圈层递减三大特征。西安市土地混合利用具有明显的东北—西南的空间方向性，重心随时间推移由东北逐渐转向西南方向移动，空间方向性逐渐增强；全局莫兰指数始终大于 0.6，表明西安市的土地混合利用在空间上始终呈现显著的空间自相关，表现为高混合单集聚的核心集聚特征，土地混合利用的高值区主要集聚在 I 区（一环内），占到空间分析单元的 25% 左右，而低值区则广泛分布于 IV 区（三环外）；从 I 区（一环内）到 IV 区（三环外），混合度指数呈现出明显的递减趋势，并随着与城市中心距离的增加，混合度依次递减，2014~2023 年第一圈层混合度始终保持在第十圈层的 20 倍以上，表现出显著的圈层递减特征。

第 4 章 | 土地混合利用的建成环境效应

　　土地混合利用是城市更新和土地功能优化的重要手段，也是打造宜居、可持续发展和有吸引力的城市的基本条件。它与城市功能组织密不可分，而适当的城市空间条件是有效保障其效果的关键因素①②。随着土地混合利用研究的深入，从建成环境视角探讨其影响效应逐渐成为学者们关注的焦点③④。土地混合利用受公共政策、建成环境等多因素的影响，是不同功能布局、多元土地利用方式、多样业态以及空间形态共同形成的结果⑤。然而，既有研究对建成环境影响因素的作用差异以及机理分析仍有待加强。因此，探讨建成环境要素对土地混合利用的影响效应，增强城市规划管理工作的科学性，为促进城市协调、高质量发展提供科学基础。

　　建成环境是城市物质空间的外在表现，反映了城市内部的空间结构和形态。由于城市建成环境的差异性以及与土地混合利用的密切相关，使其成为影响土地混合利用的重要因素之一。开展土地混合利用与城市建成环境之间的关联研究，厘清土地混合利用的建成环境影响效应与作用机制，对于提高土地资源利用效率、促进城市空间多样性和多功能发展、增强城市空间活力以及推动城市可持续发展等方面具有至关重要的意义。需要特别说明的是，土地混合利用是建成环境的重要组成部分，因而这里所说的建成环境并不包括土地混合利用本身。从"5D"建成环境要素的众多指标中进行土地混合利用影响因素的选取和量化；通过构建"5D"建成环境要素的影响因子体系，对西安市中心城区土地混合利用的建成环境影响因子进行深入剖析；借助多元线性回归模型解析土地混合利用的建成环境影响机理，明晰不同影响因子的作用程度与作用方式，进而提出土地混

---

　　① Rowley A. Mixed-use development: ambiguous concept, simplistic analysis and wishful thinking?. Planning Practice & Research, 1996, 11 (1): 85-98.

　　② 王德, 殷振轩, 俞晓天. 用地混合使用的国际经验: 模式、测度方法和效果. 国际城市规划, 2019, 34 (6): 79-85.

　　③ 卢晨, 王要武, 崔雪竹. 可持续视角下的城市人口密度与土地利用研究: 以广东省为例. 土木工程学报, 2012, 45 (S2): 231-235.

　　④ Shi B, Yang J. Scale, distribution, and pattern of mixed land use in central districts: a case study of Nanjing, China. Habitat International, 2015, 46: 166-177.

　　⑤ 黄莉. 城市功能复合: 模式与策略. 热带地理, 2012, 32 (4): 402-408.

合利用优化调控模式，这对于优化城市土地利用和强化用地管理具有一定的参考价值，有助于推动城市实现高质量、可持续发展的目标。

4.1 研究方法

回归分析包括一元回归分析和多元回归分析。当结果变量同时受到两个或两个以上的自变量影响时，通常会选择多元回归分析模型。在多元回归分析中，根据自变量和因变量之间的关系类型，又可以分为多元线性回归分析和多元非线性回归分析。多元线性回归分析是统计学中的一种经典方法，主要用于研究结果变量与多个自变量之间的线性依存关系。在现实中，很多问题通常受到多种因素的影响，即因变量往往受到多个自变量的综合影响，为了对问题简化，常选择构建多元线性回归分析模型进行研究。

多元线性回归分析模型在研究中应用广泛，可以用于预测因变量、分析因果关系、选择变量、优化模型等。一般根据多个自变量的值预测因变量的值，分析因变量与多个自变量之间的因果关系，确定对因变量影响最大的自变量，进而通过对自变量的选取和变换来确定模型的最佳形式等。

通过对土地混合利用建成影响因素的分析，可以看出影响土地混合利用的建成环境因素较多。因此，选择多元线性回归分析方法来进行探究，以便于研判各建成环境影响因素对土地混合利用影响的作用方向、强度及机理。其回归模型的一般形式为

$$\ln(Y)=\beta_0+\beta_1X_1+\beta_2X_2+\cdots+\beta_nX_n+\varepsilon \tag{4-1}$$

式中，Y 为土地利用混合度指数；β_0 为回归常数，又称截距；β_1，β_2，$\cdots$，β_n 为偏回归系数或回归系数；X_1，X_2，$\cdots$，X_n 为解释变量；n 为样本容量；ε 为除去 n 个自变量对 Y 影响后的随机误差项，也称残差。

4.2 建成环境指标体系

城市建成环境是指城市中为人类生产、生活活动所提供的人为建设和改造的各种建筑物、场所[①]，是城市规划、城市地理、建筑和景观设计等方面学者关注的焦点。早期学者将其定义为留在地球表面的人类行为痕迹，包括土地、定居

---

① 鲁斐栋，谭少华．建成环境对体力活动的影响研究：进展与思考．国际城市规划，2015，30（2）：62-70.

点、交通线和地面建筑等元素①。在城乡规划学名词审定委员会公布的《城乡规划学名词》中，所谓建成环境是人类生产、生活活动而形成的人居环境状态，范围上从聚落整体到具体建筑物，同时也包括各种支持性基础设施。

建成环境概念内涵的拓展进一步丰富了城市建成环境要素的概念②，认为城市建成环境是由土地利用、交通基础设施和城市设计等多重要素共同作用所构成的城市空间环境③。美国建筑师协会和美国规划协会出版的《可持续发展场地指南》将建成环境要素划分为可更新资源、生物多样性、交通系统、建筑与城市设计、公共设施与基础设施以及自然环境等多个方面，这些要素与土地混合利用和城市功能组织密不可分。因此，在既有研究的基础上，通过对建成环境要素的分析和研究，从多个维度对城市建成环境与土地混合利用的影响进行深入探讨，以构建土地混合利用的建成环境影响指标体系。

4.2.1 建成环境要素

建成环境是一个复杂且多元的系统，包含许多要素。其中，塞维罗（Cervero）和科克曼（Kockelman）总结的"3D"环境要素最具代表性，即密度（density）、多样性（diversity）、设计（design）④⑤，这些要素在城市规划和建筑设计领域中具有广泛的应用。后来，在"3D"要素的基础上增加了与公共交通的距离（distance to transit）和目的地可达性（destination accessibility）两个要素，形成更为全面的"5D"环境要素⑥。这个要素体系从多个角度考虑了建成环境对人们出行方式和行为的影响，为后续的相关研究提供了更为细致和深入的框架。除了以上提到的"3D"和"5D"环境要素，也有学者从土地利用、交通系统和

---

① 姜玉培，甄峰，王文文，等. 城市建成环境对居民身体活动的影响研究进展与启示. 地理科学进展，2019，38（3）：357-369.

② Sun B D, Yin C. Relationship between multi-scale urban built environments and body mass index: a study of China. Applied geography, 2018, 94: 230-240.

③ 全照民，安睿，刘耀林. 建成环境对居民通勤方式选择的影响：以武汉市城中村为例. 地理科学进展，2021，40（12）：2048-2060.

④ Cervero R, Kockelman K. Travel demand and the 3Ds: density, diversity, and design. Transportation Research Part D: Transport and Environment, 1997, 2 (3): 199-219.

⑤ Lee G, Jeong Y, Kim S. Impact of individual and urban traits and urban form on vehicle hours traveled. Journal of Asian Architecture and Building Engineering, 2015, 14 (3): 601-608.

⑥ Wu X Y, Tao T, Cao J, et al. Examining threshold effects of built environment elements on travel-related carbon-dioxide emissions. Transportation Research Part D: Transport and Environment, 2019, 75 (10): 1-12.

城市设计等方面来划分城市建成环境①，或是从功能、安全、美观等方面来讨论城市建成环境的构成②③。这些研究为理解城市建成环境的多元性提供了不同的视角。虽然不同学者对城市建成环境的要素划分有所差异，但从总体上看，既有研究使用的建成环境指标大多还是围绕"5D"环境要素展开的，这对于理解和改善城市建成环境具有重要意义。

密度（density）是城市建成环境中最基本的要素之一，无论是在塞维罗和科克曼提出的"3D"环境要素，还是在其后扩展的"5D"环境要素中，都得到了体现。密度代表了在城市一定区域面积内建筑物、人群等的数量情况，反映了土地开发强度以及土地利用的密集程度。量化密度这一环境要素的指标有许多，通常包括建筑密度、人口密度、工作岗位密度、居住密度等④。建筑密度和居住密度关注城市中住宅和建筑的建设密度，人口密度可以直观地表现出一个地区的人口分布情况工作，岗位密度可以反映一个地区的经济活动强度和人口密度。

多样性（diversity）是一个用于描述在特定空间范围内不同类型用地的空间组合情况的指标。这个概念最初起源于生物学领域，被用来描述物种的多样性，后被引入城市规划领域，被用来衡量土地利用的多样性，体现土地利用的混合程度。一定范围内的用地类型越多，土地多样性越高，土地混合利用度就越高；反之用地类型越单一，土地多样性越低，土地混合利用度就越低。土地混合利用度是衡量土地多样性的主要度量指标，通过对一定区域内不同土地利用类型的研究来确定。此外，还有一些其他指标可以用来表征业态和服务设施的多样性，例如建筑物纵向业态混合率和设施点类型等。

设计（design）通常用于表征一定区域内较为微观的物质形态特征，主要包括容积率、设施、建筑、场所、道路网络等设计要素⑤。这些设计要素与街区单元密切关联，主要关注的是街区及其道路网络的构建和环境特征。容积率是反映土地利用强度的综合指标。在城市环境中，道路的密集程度和形态各异，通过这一要素可以表征居民生活空间中一点到另一点的可达性能力，可以反映社区居民

① Handy S L，Boarnet M G，Ewing R，et al. How the built environment affects physical activity：views from urban planning. American Journal of Preventive Medicine，2002，23（2）：64-73.

② Pikora T，Giles-Corti B，Bull F，et al. Developing a framework for assessment of the environmental determinants of walking and cycling. Social Science & Medicine，2003，56（8）：1693-1703.

③ 于一凡，胡玉婷. 社区建成环境健康影响的国际研究进展：基于体力活动研究视角的文献综述和思考. 建筑学报，2017（2）：33-38.

④ 曹钟茗，甄峰，李智轩，等. 基于手机信令数据的城市时间活力模式及影响因素研究：以南京市中心城区为例. 人文地理，2022，37（6）：109-117.

⑤ 张文佳，鲁大铭. 影响时空行为的建成环境测度与实证研究综述. 城市发展研究，2019，26（12）：9-16，26.

出行便利、舒适程度。道路网络的设计既是一定区域内路网分布的直观表现，也是该地区路网连通性的重要体现。为了量化这一设计元素，通常包括路网密度、街区面积、交叉口数量等①；根据研究重点的不同，也有学者选用街区形状指数、天空和绿化比例等变量来表征②③④。

　　与公共交通的距离（distance to transit）用来衡量某一区域内公共交通服务的水平，指区域内的居民前往最近的地铁站、公交站等公共交通站点的距离，表征居民出行的基本条件与便利程度。公共交通是居民日常出行的基本需求，地铁因速度快、载客量大、准时性高等特点，尤其受到居民的青睐。离公共交通站点较近的区域，居民可就近采用公共交通出行，有助于提高居民福祉和缓解城市交通压力⑤；而离公共交通站点较远的区域，通勤成本提升，则会抑制居民日常出行⑥。学者们常采用距公交站点、地铁站点的距离⑦⑧⑨⑩⑪⑫⑬，公交站点、地铁

---

　　① 傅志妍，彭涛，陈坚，等．建成环境视角下出行者停车选择意愿模型．昆明理工大学学报（自然科学版），2023，48（1）：142-150.

　　② 陈明，杨超，戴菲．城市公园绿地及周围建成环境对 $PM_{2.5}$ 的影响：以武汉市 10 个公园绿地为例．中国园林，2023，39（10）：104-110.

　　③ 杨林川，朱庆．建成环境对老年人出行行为影响的空间异质性．西南交通大学学报，2023，58（3）：696-703.

　　④ 王薪宇，李方正．高密度街区建成环境对居民积极情绪的影响研究：以北京为例．城市发展研究，2023，30（6）：89-96，140.

　　⑤ 王建军，王赛，宋明洋，等．大数据背景下城市建成环境对出行行为影响研究综述．长安大学学报（自然科学版），2022，42（1）：61-78.

　　⑥ 林杰，孙斌栋．建成环境对城市居民主观幸福感的影响：来自中国劳动力动态调查的证据．城市发展研究，2017，24（12）：69-75.

　　⑦ 齐兰兰，周素红．邻里建成环境对居民外出型休闲活动时空差异的影响：以广州市为例．地理科学，2018，38（1）：31-40.

　　⑧ 刘吉祥，周江评，肖龙珠，等．建成环境对步行通勤通学的影响：以中国香港为例．地理科学进展，2019，38（6）：807-817.

　　⑨ 塔娜，曾屿恬，朱秋宇，等．基于大数据的上海中心城区建成环境与城市活力关系分析．地理科学，2020，40（1）：60-68.

　　⑩ 朱菁，张怡文，樊帆，等．基于智能手机数据的城市建成环境对居民通勤方式选择的影响：以西安市为例．陕西师范大学学报（自然科学版），2021，49（2）：55-66.

　　⑪ 程淑贤，韩会然，杨成凤．社区分异视角下建成环境对老年人日常休闲行为的影响：以合肥市为例．热带地理，2022，42（12）：2063-2075.

　　⑫ 刘望保，李彤彤．基于手机信令数据的广州市社区建成环境对居民通勤距离的影响研究．世界地理研究，2023，32（5）：79-90.

　　⑬ 王梓蒙，刘艳芳，罗璇，等．基于多源数据的城市活力与建成环境非线性关系研究：以双休日武汉市主城区为例．地理科学进展，2023，42（4）：716-729.

站点的密度[1][2][3][4][5]，以及公交站点数量[6][7]等指标来表征公共交通服务的水平和质量。

目的地可达性（destination accessibility）主要用来衡量居民到达出行目的地的便利程度，通常指一定出行时间内，使用某种交通设施到达某一类出行目的地的能力，反映到达目的地的难易程度。可达性高的区域往往位于市中心或其他人流量较为集中的城市活动中心，而居住在靠近这些中心的居民，有更多的机会和更方便的交通去体验或使用城市各类公共服务（如学校、公园等），从而获得更高的居民生活福祉[8]。第一种指标是计算到达某一类中心点的直线距离。常用指标包括与城市中心的距离[9]、与城市 CBD 的距离[5]、与各级行政中心的距离[3]等。这类指标主要考虑了通达成本，但并未充分考虑可达范围所提供的各种机会差异。第二种指标则是在一定通达范围内的就业机会或设施供给总数。常用的指标包括与就业中心的距离（如上海的外滩中心）[2]、与最近商业中心的距离[6]等。然而，确定就业中心和商业中心在实际操作中存在一定难度。第三种指标认为城市内的就业市场和服务设施对居民均有影响，并且这种影响会随着距离的增加而衰减。该方法主要基于道路网络和设施分布情况进行测度，常采用重力模式、两步移动搜索[10]等方法。

尽管对于"5D"环境要素在具体指标的选取上尚未达成共识，但从既有研

① 刘吉祥，周江评，肖龙珠，等．建成环境对步行通勤通学的影响：以中国香港为例．地理科学进展，2019，38（6）：807-817.
② 塔娜，曾屿恬，朱秋宇，等．基于大数据的上海中心城区建成环境与城市活力关系分析．地理科学，2020，40（1）：60-68.
③ 王娜，吴健生，李胜，等．基于多源数据的城市活力空间特征及建成环境对其影响机制研究：以深圳市为例．热带地理，2021，41（6）：1280-1291.
④ 王梓蒙，刘艳芳，罗璇，等．基于多源数据的城市活力与建成环境非线性关系研究：以双休日武汉市主城区为例．地理科学进展，2023，42（4）：716-729.
⑤ 刘望保，李彤彤．基于手机信令数据的广州市社区建成环境对居民通勤距离的影响研究．世界地理研究，2023，32（5）：79-90.
⑥ 齐兰兰，周素红．邻里建成环境对居民外出型休闲活动时空差异的影响：以广州市为例．地理科学，2018，38（1）：31-40.
⑦ 程淑贤，韩会然，杨成凤．社区分异视角下建成环境对老年人日常休闲行为的影响：以合肥市为例．热带地理，2022，42（12）：2063-2075.
⑧ 黄洁，王姣娥，靳海涛，等．北京市地铁客流的时空分布格局及特征：基于智能交通卡数据．地理科学进展，2018，37（3）：397-406.
⑨ 朱菁，张怡文，樊帆，等．基于智能手机数据的城市建成环境对居民通勤方式选择的影响：以西安市为例．陕西师范大学学报（自然科学版），2021，49（2）：55-66.
⑩ 张文佳，鲁大铭．影响时空行为的建成环境测度与实证研究综述．城市发展研究，2019，26（12）：9-16，26.

究上看，这些指标主要集中在建筑物、交通网络和土地利用等方面①②。在具体指标选取上，通常采用包括容积率、建筑密度、人口密度、公共交通站点数量、土地混合利用度、交叉口数量、建筑密度、路网密度、天空和绿化比例等参数来表征"5D"环境要素的特征③。"5D"环境要素作为各研究中选择建成环境指标和构建指标体系时的重要参考，这些环境要素之间相互影响、相互关联（图 4-1），如路网密度既可以作为密度维度的指标，也可作为设计、与公共交通的距离和目的地可达性的指标。因此，在选择构建科学合理的指标体系时，应考虑到这些因素之间的重叠和交互影响以及与研究目标的相关性，以便进行科学合理地选取和配置。

4.2.2　指标体系建立

对于土地混合利用的影响因素，学者们开展了广泛研究④⑤⑥⑦⑧⑨⑩，包括建成环境对土地混合利用的影响，以及其他因素如经济发展、人口分布等对土地混合利用的作用，认为建成环境是影响土地混合利用的主要因素之一⑪⑫。考虑到街区层面对建成环境进行规划管控更具有针对性和实操性，易于实施，因此结合

①　王伟强，马晓娇.基于多源数据的滨水公共空间活力评价研究：以黄浦江滨水区为例.城市规划学刊，2020（1）：48-56.

②　阿龙多琪，马航，杨彪.2000年以来我国公共空间活力研究进展.现代城市研究，2020，35（10）：123-130.

③　Wu X Y, Tao T, Cao J, et al. Examining threshold effects of built environment elements on travel-related carbon-dioxide emissions. Transportation Research Part D: Transport and Environment, 2019, 75: 1-12.

④　党云晓，董冠鹏，余建辉，等.北京土地利用混合度对居民职住分离的影响.地理学报，2015，70（6）：919-930.

⑤　郑红玉，吴次芳，沈孝强.土地混合利用研究评述及框架体系构建.经济地理，2018，38（3）：157-164.

⑥　王娜，吴健生，李胜，等.基于多源数据的城市活力空间特征及建成环境对其影响机制研究——以深圳市为例.热带地理，2021，41（6）：1280-1291.

⑦　周德，钟文钰，周婷，等.基于POI数据的城市土地混合利用评价及影响因素分析——以杭州市主城区为例.中国土地科学，2021，35（8）：96-106.

⑧　赵广英，宋聚生.城市用地功能混合测度的方法改进.城市规划学刊，2022（1）：51-58.

⑨　李建春，起晓星，袁文华.基于POI数据的建设用地多功能混合利用空间分异研究.地理科学进展，2022，41（2）：239-250.

⑩　唐爽，张京祥，何鹤鸣，等.土地混合利用及其规建管一体制度创新.城市规划，2023，47（1）：4-14.

⑪　卢晨，王要武，崔雪竹.可持续视角下的城市人口密度与土地利用研究：以广东省为例.土木工程学报，2012，45（S2）：231-235.

⑫　Shi B X, Yang J Y. Scale, distribution, and pattern of mixed land use in central districts: a case study of Nanjing, China. Habitat International, 2015, 46: 166-177.

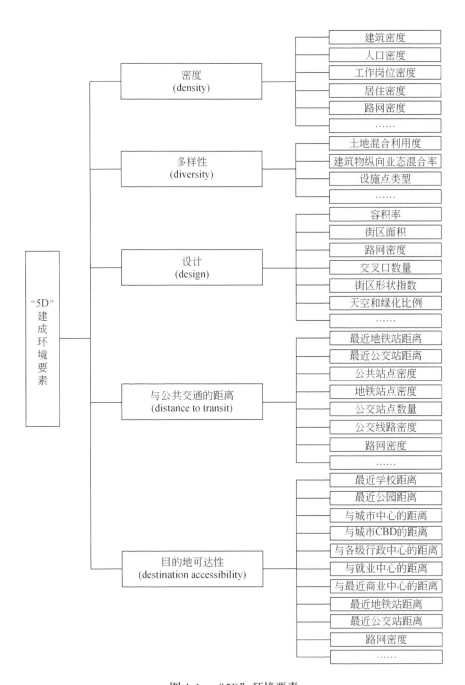

图 4-1　"5D"环境要素

易量化的数据，重点对街区层面土地混合利用的建成环境效应进行探讨。

首先，较高的密度会激发更高的功能混合开发潜力，而且密度往往与区域的开发强度密切相关①。一定密度的人口能产生多样化的功能需求，有益于提高城市土地利用的多样性，提高街区活力②。高人口密度往往与高活动水平相关，能够满足商业等设施的基本人口条件，对各类功能设施有较大吸引力；相反，低密度人口地区则难以满足各类功能混合利用的条件，难以创造多样化的功能需求。因此，在"密度"维度下，选取建筑密度和人口密度分别表征街区的建设情况和人口空间分布情况③，并分析其对土地混合利用的影响机理。

其次，土地混合利用作为研究的因变量，结合第三章的研究分析结果，采用土地混合利用度作为被解释变量。

再次，开发强度是反映城市土地开发程度的主要指标，也是影响土地混合利用的重要因素，提高土地开发强度可以有效激发城市活力④。其中，容积率是表征街区内部开发强度的基本指标，故选取容积率作为"设计"维度的重要指标。街区作为被道路围合的空间场所，是城市功能具体化的重要载体，是城市肌理的外在表现形式。街区规模与不同功能之间产生的联系密切相关，较小的尺度能够强化功能联系，有利于土地混合利用。因此，街区尺度往往被认为是影响土地混合利用的因素之一，一般由街区面积来界定④。同时，路网密度是城市空间肌理的重要反映，路网密度高说明街区具备便利的交通条件，有利于促进功能联系，土地混合利用也随着街道可达性的削弱而降低，从而能够吸引更多的人流，往往为功能交互作用提供条件，产生多功能的混合利用⑤。故在"设计"维度，选取容积率、街区面积和路网密度来表征。

然后，与公共交通的距离（distance to transit）能较好地反映空间分析单元的交通出行便利程度。在公共交通可达性的指标选取时，考虑到地铁系统通常比公交系统能提供更稳定和快速的交通服务，且相比之下地铁承载容量更大，高峰时

---

① Mashhoodi B, Pont M Y B. Studying land-use distribution and mixed-use patterns in relation to density, accessibility and urban form. 18th International Seminar on Urban Form：Urban Morphology and the Post-Carbon City, Canada：2011（8）：26-29.

② 浩飞龙, 施响, 白雪, 等. 多样性视角下的城市复合功能特征及成因探测：以长春市为例. 地理研究, 2019, 38（2）：247-258.

③ 邵柳. 街区尺度下城市医疗卫生设施空间绩效评价及优化研究：以西安市中心城区为例. 西安：西北大学, 2022.

④ 杨俊宴, 吴浩, 金探花. 中国新区规划的空间形态与尺度肌理研究. 国际城市规划, 2017, 32（2）：34-42.

⑤ Shi B X, Yang J Y. Scale, distribution, and pattern of mixed land use in central districts：a case study of Nanjing, China. Habitat International, 2015, 46：166-177.

段承载力更强。并且地铁网络通常连接了城市的主要商业区、居住区和交通枢纽，地铁站点更能代表城市的核心节点和发展趋势。另外，地铁系统自动售票和检票系统可以提供详细的乘客流量数据，与分散的公交系统相比乘客数据更容易获取。因此，在既有研究基础上，认为距最近地铁站点的距离相较于距最近公交站点的距离能够较好地体现"距离"的内涵，故采用距最近地铁站点的距离来表征与公共交通的距离。

最后，可达性影响不同土地使用类型的形成，从而影响土地的混合利用。为居民提供获得便利且配套完善的学校、公园等公共服务设施是土地混合使用的主要方向[①]，而代表居民获得公共服务设施的可达性可作为土地混合利用的一个影响因素。因而选距离最近学校与距离最近公园来表征目的地的可达性。

土地利用混合度作为衡量多样性这一环境要素维度的主要指标，旨在探讨土地混合利用与其他建成环境要素之间的关系，即探讨"5D"环境要素内部其余四个要素维度对多样性这一环境要素维度中土地混合利用的影响机理。因此，从"5D"环境要素中的密度、设计、与公共交通的距离和目的地可达性四个环境要素维度的指标中选取建筑密度、人口密度、容积率、街区面积、路网密度、最近地铁站距离、最近学校距离和最近公园距离等八个指标，构建土地混合利用建成环境影响因素体系（表4-1）。

表4-1　建成环境指标测度方法

变量维度	变量名称	单位	变量含义	量化方法
密度	建筑密度	%	街区建设密集程度	$D = \dfrac{\sum\limits_{i=1}^{n} A_i}{S}$ 式中，D 为某一空间分析单元的建筑密度；n 为该空间分析单元内建筑总数量；A_i 为第 i 个建筑的基底面积；S 为该空间分析单元用地的总面积
	人口密度	—	街区人口聚集程度特征[②]	$Q_i = \dfrac{\sum\limits_{i=1}^{m} a_{ij} \times b_{ij} \times c}{S_i}$ $N_i = \dfrac{\sum\limits_{i=1}^{l} Q_i}{l}$ $\mathrm{PDI}_i = \dfrac{N_i}{\sum\limits_{i=1}^{m} \bar{Q}_i}$

① Grant J. Mixed use in theory and practice: Canadian experience with implementing a planning principle. Journal of the American Planning Association, 2002, 68 (1): 71-84.

② Li J G, Li J W, Yuan Y Z, et al. Spatiotemporal distribution characteristics and mechanism analysis of urban population density: a case of Xi'an, Shaanxi, China. Cities, 2019, 86 (3): 62-70.

续表

变量维度	变量名称	单位	变量含义	量化方法
密度	人口密度	—	街区人口聚集程度特征	式中，Q_i 表示某一时刻空间分析单元 i 的人口密度值，a_{ij} 表示空间分析单元 i 第 j 种颜色的人口密度值，b_{ij} 表示空间分析单元 i 第 j 颜色的像元数量，c 为单个像元的面积，S_i 表示空间分析单元 i 的面积，m 是颜色的种类，N_i 为空间分析单元 i 的平均人口密度，l 是某时段节点时刻数，PDI_i 表示空间分析单元 i 的人口密度指数
多样性	土地混合利用度	—	街区土地混合利用指数	$$V = \sum_{i=1}^{n} Q_i W_i$$ 式中，V 为土地混合利用度指数；Q_i 为某个空间分析单元第 i 个指标测度的结果值；W_i 为第 i 个指标的熵值权重；i 为评价指标的数目，评价指标包括多样性指数、邻近度指数和兼容性指数
设计	容积率	—	用地开发程度	$$F = \frac{\sum_{i=1}^{n}(A_i \times h_i)}{S}$$ 式中，F 为某一空间分析单元的容积率；n 为该空间分析单元内的建筑总数；A_i 为第 i 个建筑的基底面积；h_i 为第 i 个建筑的层数；S 为该空间分析单元用地的总面积
设计	街区面积	hm²	街区尺度特征	空间分析单元围合的几何面积，借助 ArcGIS 10.8 软件中的计算几何工具自动计算
设计	路网密度	km/km²	街区路网状况	$$R = \frac{\sum_{i=1}^{n} l_i}{S}$$ 式中，R 为道路密度；n 表示空间分析单元内的道路总数；l_i 为空间分析单元内第 i 条道路的长度；S 为该空间分析单元的面积
与公共交通的距离	最近地铁站距离	m	地铁站点可达性	采用 ArcGIS 10.8 邻近分析工具，计算空间分析单元质心距离最近地铁站点距离
目的地可达性	最近学校距离	m	教育设施可达性	采用 ArcGIS 10.8 邻近分析工具，计算空间分析单元质心距离最近中小学距离
目的地可达性	最近公园距离	m	街区环境品质	采用 ArcGIS 10.8 邻近分析工具，计算空间分析单元质心距离最近公园距离

4.3　回归模型建构

利用多元线性回归分析方法对土地混合利用与其多重影响因素的关系进行分析。以土地混合利用的混合度指数为因变量，以城市建成环境中的建筑密度、容积率、街区面积、路网密度、人口密度、最近地铁站距离、最近学校距离、最近公园距离八个指标为自变量。首先，将因变量 Y 与自变量 X_1，X_2，X_3，…，X_n（$n \geq 2$）代入多元线性回归分析模型式（4-1）中进行计算；然后，通过相关性分析及多重共线性检验对模型进行诊断，相关性分析可以评估模型中自变量与因变量之间的线性关系程度，而多重共线性检验则可以检测自变量之间的多重共线性问题。在模型通过相关性分析及多重共线性检验后，可以进一步评估模型的拟合程度及变量的显著性。模型的拟合程度可以使用判定系数来衡量，而变量的显著性则可以通过 t 检验或 F 检验来进行评估。最后，对模型结果进行解释说明，分析各建成环境影响因素对土地混合利用的影响程度。

4.3.1　相关性分析

借助 SPSS 15.0 软件中的相关性分析工具，对"5D"建成环境要素的八个影响因子与土地利用混合度指数进行皮尔逊相关性分析，量化探究不同影响因子与混合度指数之间的关联程度以及影响因子之间的相互关系。在皮尔逊相关性分析中，采用相关系数来衡量不同因子之间的关联程度。相关系数的取值介于 $[-1, 1]$。当相关系数值大于 0 时，表示因子之间存在正相关关系；当相关系数值小于 0 时，表示因子之间存在负相关关系；如果相关系数值为 0，则表示两个因子之间线性无关。同时，相关系数的绝对值越大，表示因子之间的关联程度越高。

首先，利用统计学方法对影响因子进行显著性检验，结果表明八个影响因子在 99% 置信水平下通过了显著性检验，显示出非常强的显著性。这表明这些影响因子对土地利用混合度指数具有显著的影响作用。再者，皮尔逊相关性分析进一步揭示了 $\ln Y$ 土地利用混合度指数与八个影响因子之间的关系。分析结果表明，与 X_1 建筑密度、X_2 人口密度、X_3 容积率、X_5 路网密度呈正相关关系，与 X_4 街区面积、X_6 最近地铁站距离、X_7 最近学校距离和 X_8 最近公园距离呈现负相关关系。在所有的影响因子中，X_6 最近地铁站距离、X_1 建筑密度、X_3 容积率、X_2 人口密度、X_4 街区面积与 $\ln Y$ 土地利用混合度指数的相关性较强（表 4-2），相关性系数的绝对值分别为 0.481、0.471、0.461、0.454、0.449，均呈现出 $P < 0.01$ 水平的显著性，说明这些影响因子与 $\ln Y$ 土地利用混合度指数之间具有显著的相关

性。其中，X_6 最近地铁站距离相关性最大，说明最近地铁站距离与土地混合利用存在显著的线性相关关系，即在这八项影响因素中土地混合利用程度受最近地铁站距离的影响最大；而与 X_8 最近公园距离相关性系数为 -0.319，这是所有影响因子相关系数绝对值中的最低值，表明与 X_6 最近地铁站距离相比 X_8 最近公园距离与土地混合利用的线性相关关系不显著，即与最近公园距离对土地混合利用的影响程度相对较小。

表 4-2　影响因素相关性矩阵

变量	$\ln Y$ 土地利用混合度指数	X_1 建筑密度	X_2 人口密度	X_3 容积率	X_4 街区面积	X_5 路网密度	X_6 最近地铁站距离	X_7 最近学校距离	X_8 最近公园距离
$\ln Y$ 土地利用混合度指数	1								
X_1 建筑密度	0.471**	1							
X_2 人口密度	0.454**	0.502**	1						
X_3 容积率	0.461**	0.681**	0.538**	1					
X_4 街区面积	-0.449**	-0.328**	-0.318**	-0.313**	1				
X_5 路网密度	0.363**	0.238**	0.234**	0.214**	-0.264**	1			
X_6 最近地铁站距离	-0.481**	-0.328**	-0.311**	-0.317**	0.325**	-0.254**	1		
X_7 最近学校距离	-0.328**	-0.435**	-0.401**	-0.395**	0.283**	-0.193**	0.256**	1	
X_8 最近公园距离	-0.319**	-0.288**	-0.303**	-0.286**	0.338**	-0.284**	0.254**	0.263**	1

注：** $P<0.01$。

4.3.2　多重共线性检验

在进行多元线性回归分析之前，为了消除量纲对分析结果的影响，需要对自变量原始数据进行标准化处理。采用 SPSS 15.0 软件，将上述影响因子的原始数据进行标准化处理，使得每个因子的数据都在同一尺度上。同时，为了避免自变量之间相互干扰，需要进行多重共线性诊断。采用容差和方差膨胀因子 VIF 来衡量自变量之间的共线性情况，如果容差小于 0.1，并且方差膨胀因子 VIF 值大于10，那么就表明变量之间存在高多重共线性。若出现多重共线性现象，则会影响模型结果的准确性以及解释难度。

多重共线性检验的输出结果显示，各个自变量的容差均大于 0.1 且方差膨胀因子 VIF 值均小于 10（表 4-3），由此可见所选自变量之间不存在多重共线性，可见用该八个指标构建的多元线性回归方程模型较为稳健，且这八个自变量可以用于独立解释其对于因变量的影响作用。

表 4-3 自变量共线性检验

变量名称	VIF 值	容差
X_1建筑密度	2.093	0.478
X_2人口密度	1.603	0.624
X_3容积率	2.101	0.476
X_4街区面积	1.308	0.764
X_5路网密度	1.171	0.854
X_6最近地铁站距离	1.254	0.797
X_7最近学校距离	1.350	0.741
X_8最近公园距离	1.259	0.794

4.3.3 模型结果

将西安市中心城区 1251 个空间分析单元的土地利用混合度与所选建成环境要素的八个指标进行多元线性回归模型计算，得到模型输出结果（表 4-4）。

表 4-4 多元线性回归结果统计

影响因素	未标准化回归系数		标准化回归系数 Beta	t 值	P 值
	Beta	标准误差			
常量	−2.960	0.084		−35.180	0.000**
X_1建筑密度	0.511	0.132	0.103	3.867	0.000**
X_2人口密度	0.628	0.109	0.133	5.743	0.000**
X_3容积率	0.931	0.180	0.137	5.159	0.000**
X_4街区面积	−7.920	0.462	−0.355	−17.129	0.000**

影响因素	未标准化回归系数		标准化回归系数 Beta	t 值	P 值
	Beta	标准误差			
X_5 路网密度	1.623	0.145	0.222	11.225	0.000**
X_6 最近地铁站距离	-0.853	0.171	-0.108	-4.989	0.000**
X_7 最近学校距离	-0.451	0.145	-0.063	-3.114	0.002*
X_8 最近公园距离	-0.274	0.150	-0.037	-1.822	0.069
R^2	0.584	调整后 R^2	0.581		
F 检验值	217.615	Sig.	0.000		

注: * $P<0.05$; ** $P<0.01$。

根据模型的输出结果,可得出以下关键信息:

(1) X_1 建筑密度、X_2 人口密度、X_3 容积率、X_4 街区面积、X_5 路网密度、X_6 最近地铁站距离、X_7 最近学校距离这七个变量的 P 值均小于 0.05。这表明这些变量在 95% 的置信水平下通过了显著性检验,具有统计学意义。X_8 最近公园距离的 P 值大于 0.05,不具有统计学上显著性意义。因此,后续的解释说明只对 X_1 建筑密度、X_2 人口密度、X_3 容积率、X_4 街区面积、X_5 路网密度、X_6 最近地铁站距离、X_7 最近学校距离这七个影响指标进行解释说明。

(2) 回归模型的 R^2 值为 0.584,调整后 R^2 值为 0.581,表明所选自变量对于土地混合利用的解释能力较好,F 检验统计量为 217.615,显著性水平(Sig.)为 0.000,模型具有较好的拟合优度。

(3) 通过观察各变量标准化系数的正负,其中 X_1 建筑密度、X_2 人口密度、X_3 容积率、X_5 路网密度这四个变量对土地混合利用指数具有正向影响;而 X_4 街区面积、X_6 最近地铁站距离、X_7 最近学校距离这三个变量对土地混合利用指数具有负向影响。

(4) 在这些变量中,标准化系数最大的变量是 X_4 街区面积,说明其对土地混合利用的影响程度相对最高;而最小的是 X_7 最近学校距离,说明其对土地混合利用的影响程度相对较低。

4.4 建成环境影响效应

4.4.1 作用方向

在多元线性回归模型中,自变量系数可以表示其对因变量的作用方向。根据自变量系数值的正负号，可以将其分为正向影响和负向影响两类。

在八个指标中，对土地混合利用度呈现显著正向影响的因子包括：X_1建筑密度、X_2人口密度、X_3容积率、X_5路网密度等四项指标。其中，①X_1建筑密度和X_3容积率，这两个指标对土地混合利用度起到了正向推动作用，表明适当地提升当前用地的开发强度，将有利于土地混合利用及城市紧凑发展，从而提高城市土地资源的利用效率，实现城市的可持续发展[1]。②X_2人口密度也对土地混合利用度产生了正向影响。这可能是由于人口密度高的空间分析单元往往面临着更为突出的人地矛盾，因此在土地资源有限的情况下，更需要通过集约有效地利用城市土地资源来满足不断增长的人口的需求。③X_5路网密度作为可达性的表征，也对土地混合利用度产生了正向影响。路网密度高的空间分析单元，其交通可达性较好，交通拥堵得到改善，给行人和车辆的通行带来了便利。这种便利性有利于人群、经济活动等的流动以及各类公共服务设施的集聚，为不同类型土地的混合利用创造了条件，进而促成了高混合功能的街区形成。

负向影响的因素包括X_4街区面积、X_6最近地铁站距离、X_7最近学校距离等三项指标。其中，①X_4街区面积作为街区形态的表征之一，对土地混合利用度产生显著的负向影响。这表明街区面积的增加在一定程度上抑制了土地混合利用。街区面积的增加可能导致交通路径增多和街区紧凑度降低，从而有利于单一用地的开发，抑制了土地混合利用，而小尺度街区则有利于土地集约利用和混合利用的实现。②X_6最近地铁站距离作为公共交通可达性的表征，也对土地混合利用产生了负效应。这可能是因为距离地铁站点较远的空间分析单元因其较低的可达性和功能流动性受阻，对混合利用的抑制作用增强，而地铁站点附近的区域由于便捷的交通，更容易促进功能融合和土地利用多样性。③X_7最近学校距离对土地混合利用也具有负向影响。学校教育设施附近的区域由于其对居住和相关服务设施的吸引，促进了土地用途的多元化发展。而远离教育设施的地方则因居住需求减弱，土地开发利用的多样性受到市场需求的制约。

4.4.2　作用强度

为了直观地了解各影响因素对城市土地混合利用度的影响程度，对七项影响因素的标准化回归系数绝对值进行排序（图4-2），结果显示各影响因素对土地混合利用度的作用强度大小呈现阶梯状结构。影响因素作用强度的绝对值由高到

---

① 郑红玉，吴次芳，郑盛，等. 空间一致性视角下的城市紧凑发展与土地混合利用研究：以上海市为例. 中国土地科学，2016，30（4）：35-42.

| 108 |

低为: X_4街区面积（0.355）$>X_5$路网密度（0.222）$>X_3$容积率（0.137）$>X_2$人口密度（0.133）$>X_6$最近地铁站距离（0.108）$>X_1$建筑密度（0.103）$>X_7$最近学校距离（0.063）。根据系统聚类分析，七项影响因素可分成四组，根据各影响因素作用强度的大小，将其划分为高影响、较高影响、中影响和低影响四类（图4-3）。其中，高影响的指标仅有一个，为X_4街区面积；较高影响的指标也为一个，为X_5路网密度；中影响的指标有四个，分别为X_3容积率、X_2人口密度、X_6最近地铁站距离、X_1建筑密度；低影响的指标仅有一个，为X_7最近学校距离。可见，在城市土地混合利用中，X_4街区面积、X_5路网密度是具有重要影响作用的指标，X_3容积率、X_2人口密度、X_6最近地铁站距离、X_1建筑密度的影响作用相对较小，而X_7最近学校距离的影响作用最小。

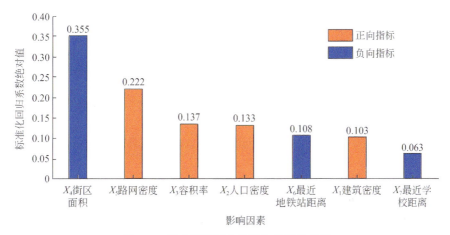

图4-2 影响因素标准化回归系数柱状图

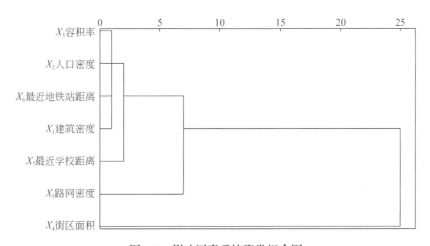

图4-3 影响因素系统聚类组合图

4.4.3 作用机理

根据上述对各影响因素的作用方向与作用强度的分析，可以得出城市土地混合利用是由"5D"建成环境要素中的多重要素协同作用下的综合效果，且 X_4 街区面积和 X_5 路网密度为主导因素，说明小街区密路网与土地混合利用密切相关（图4-4）。

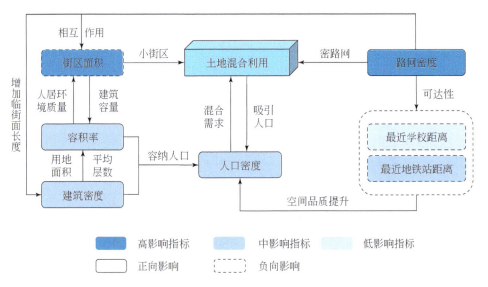

图4-4　土地混合利用的影响机理

1）X_4 街区面积

X_4 街区面积作为主要影响指标，表明空间分析单元的规模对土地混合利用度具有较强的影响力。这种作用力表现为，街区面积越大，土地混合利用程度就越低。尽管较大的街区能够提供足够的空间来容纳多种不同的用地类型[①]，但较大的街区通常被较高等级的路网分隔，会导致内部与外部功能的分割与隔离，街区内部往往形成较大面积的单一用地，造成土地资源浪费，增加了居民出行时间、出行距离和成本，从而阻碍功能聚集，不利于土地的混合利用。相反，如果街区

---

① Huang S W，Tsai W J. The analysis of measurements and influence factors of mixed land use. International Journal of Bioscience Biochemistry and Bioinformatics，2013，3（3）：206-210.

被更为细致地划分成更小的地块，这可以在城市环境中容纳更广泛和更多样化的活动①。小街区一般以商住混合的方式进行功能布局，能够提供对外开放的公共空间和多元商业业态空间，促进步行出行和人气与活力的集聚，从而有利于土地的混合利用②。

通过西安市中心城区街区面积和土地利用混合度指数空间分布现状的实证分析，可以发现以Ⅰ区（一环内）为主的小街区呈现高混合状态，而经济技术开发区所在的空间分析单元划分较为均质，街区面积处于较小等级，其土地混合利用程度也呈现较高等级。然而，Ⅲ区（二环与三环之间）的西北部与东部以及Ⅳ区（三环外）空间分析单元的面积等级逐渐增大，土地混合利用程度呈现逐渐减弱的趋势。这说明街区面积的大小对土地混合利用的程度有着重要的影响，街区面积越大，土地混合利用程度就越低。因此，在规划设计中，应充分考虑街区规模对土地混合利用程度的影响，合理规划小街区和开放公共空间，以促进土地的混合利用和城市的可持续发展。

2）X_5 路网密度

X_5 路网密度作为第二个主要影响指标，对土地混合利用度有着显著的正向影响。密集的路网通常伴随着繁华的城市中心或商业区域，这些地方往往是各类功能区域集中的地方。密路网有助于减少交通拥堵和提高交通效率，给行人和车辆的通行带来了便利。这种便利性有利于人群、经济活动等的流动以及各类公共服务设施的集聚，为不同类型土地的混合利用创造了条件，进而促成了高混合功能的街区形成，可以更方便地接触到人、场所和活动③。

一方面，密路网提高了交通便捷性。更多的道路相互连接提高了不同土地利用类型之间的交通便捷程度，从而促进了不同功能区域之间的互动和交流，有利于各类土地利用类型的混合。另一方面，密路网提高了土地的可达性。人们通过特定的交通方式到达某个地区以进行不同类型的活动，不同活动的可达性直接影响到土地混合利用的程度。各类土地用途更容易被人们接触利用，可以增强城市消费活力④，有利于促进土地的多样化利用，增加土地的混合程度。完整路网的存在进一步促进小街区的形成，这一观点可以从老城区呈现的"小街区、密路

---

① Marcus L, Colding J. Toward an integrated theory of spatial morphology and resilient urban Systems. Ecology and society, 2014, 19 (4): 55.

② 王峤，臧鑫宇. 城市街区制的起源、特征与规划适应性策略研究. 城市规划，2018，42 (9): 131-138.

③ Bahadure S. Social sustainability and mixed landuse, case study of neighborhoods in Nagpur, India. Bonfring International Journal of Industrial Engineering and Management Science, 2012, 2 (4): 76-83.

④ Peng C, Jin P Z. Consumer streets: microscopic evidence of road density and consumption vitality. China economic Quarterly International, 2023, 3 (1): 60-75.

网、高混合"的空间特征中得到佐证。这与简·雅各布斯关于城市街区需要用途的流动性和道路的互通性才能共享城市工作、住宅等用途的观点是一致的。

3）X_3 容积率

X_3 容积率对土地混合利用度也起到了正向推动作用，这表明适当地提升当前用地的开发强度能够在有限的土地资源上容纳更多的建筑量，提高土地的利用效率，带来更大的经济效益，使开发商有更大的动力将土地用于混合用途以追求更高的土地使用价值，从而实现土地资源的优化配置。因此，适当提高容积率有利于促进土地混合利用及城市紧凑发展。

X_3 容积率主要影响建筑的高度和密度，高容积率可能导致单一用途的高密度开发，而不一定能够直接促进土地混合利用。X_3 容积率与土地混合利用空间分布基本保持一致的趋势，说明 X_3 容积率对土地混合利用程度有一定的影响，但容积率并不是最为主要的影响因素，其影响程度相对较弱，适当地增加容积率可以使土地容纳更多的功能与用途，对土地混合利用有一定的促进作用，但一味地增加容积率并不会提高土地混合利用度，相反会造成城市过度拥挤，环境品质下降等问题。

4）X_2 人口密度

X_2 人口密度对土地混合利用度有着正向影响，这一观点与 Ghosh 和 Raval 的研究结果一致[1]。高人口密度意味着更多的人口集聚在有限的土地上，人口密度高的空间分析单元伴随着更多的文化、商业等社会活动，更容易形成多元化的社会群体和文化氛围，催生出多样性的功能需求，促进了不同土地利用类型之间的互动和混合。土地混合利用又能够增强人口黏性，提高人口吸引力，从而对人口密度产生反作用[2][3]。同时，高人口密度往往面临着更为突出的人地矛盾，因此在土地资源有限的情况下，更需要集约有效地规划、利用城市土地资源，通过土地混合利用在相对有限的土地面积上满足多样化的需求。

X_2 人口密度虽然与土地混合利用有一定关联，但它更多地反映了居住需求，而不直接决定土地如何混合利用。

5）X_6 最近地铁站距离

X_6 最近地铁站距离也对土地混合利用产生了负效应。作为公共交通可达性的表征，距离地铁站点较远的空间分析单元公共交通可达性较低，人群和商业活动

① Ghosh P A，Raval P M. Modelling urban mixed land-use prediction using influence parameters. GeoScape，2021，15（1）：66-78.

② Shi B X，Yang J Y. Scale，distribution，and pattern of mixed land use in central districts：a case study of Nanjing，China. Habitat International，2015，46（4）：166-177.

③ Ghosh P A，Raval P M. Reasoning the social benefits of mixed land-use and population density in an Indian city. Journal of Engineering Research，2022，10（SI）. https://doi. org//0. 36909/jerACMM. 16301.

的流动能力下降，导致不同功能用地之间的交流互动受到阻碍，从而抑制了土地混合利用的发展。而距离地铁站点较近的空间分析单元，其周边功能混合程度明显高于距离地铁站点较远的空间分析单元。从城市规划的角度来看，地铁站点在城市公共交通中承担着换乘与衔接公共设施的重要角色，需要频繁的人员流动和高效的服务连接。依托地铁站点可以吸引更多的人口和商业活动，形成"热点"效应，进而有效形成多元混合的用地布局，其功能包括住宅、商业、办公等。距离最近地铁站点越远的空间分析单元可达性越低，活动量和功能多样性受限，对土地混合利用的抑制力也越强。X_6 最近地铁站距离是次要因素，不像 X_4 街区面积和 X_5 路网密度那样影响整个城市的土地利用模式。

6) X_1 建筑密度

X_1 建筑密度对土地混合利用具有显著的积极促进作用，这一观点与 Mashhoodi 和 Pont 的研究结果一致[①]。高开发强度可以促进土地利用集约化，进而推动城市紧凑发展[②]。建筑密度的提高意味着开发建设程度较高，而低密度用地往往为空地或未建设用地，只有当密度达到一定程度时才可以生发城市功能多样性[③]。而建筑密度一定程度上也受到路网密度的影响，较高路网密度的街区交通可达性好，同时也增加了可开发临街面长度，为商业、住宅等不同用途的开发提供了更大的可能性，从而促使建筑布局更加紧密[④]。这种紧密布局可以在步行范围内容纳多种功能，进而提高土地混合利用的程度。反之，多样化临街面的混合用途开发项目又可以改善步行环境，增强社会互动。

同时，建筑密度与容积率相互影响，增强了城市人口的承载能力，得以容纳更多人口，缓解用地紧张的问题，促进混合需求的产生，也为实现垂直方向上功能混合多样化提供了可能性[⑤]，这正好验证了高密度促进土地混合利用的观点[⑥]。

---

① Mashhoodi B, Pont M Y B. Studying land-use distribution and mixed-use patterns in relation to density, accessibility and urban form//Canada: 18th International Seminar on Urban Form: Urban Morphology and the Post-Carbon City, 2011.

② Whittemore A H, BenDor T K. Talking about density: an empirical investigation of framing. Land Use Policy, 2018, 72 (3): 181-191.

③ Ye Y, Li D, Liu X J. How block density and typology affect urban vitality: an exploratory analysis in Shenzhen, China. Urban Geography, 2018, 39 (4): 631-652.

④ 蔡军, 程茂春, 朱峰杰. 路网规划关键指标对开发强度的影响作用分析: 以国内外 24 个 CBD 为例. 城市规划学刊, 2017 (1): 79-88.

⑤ 周轶男, 华晨. 城市混合功能新区容积率控制研究: 以杭州下沙沿江大道为例. 规划师, 2010, 26 (11): 83-88.

⑥ Mashhoodi B, Pont M Y B. Studying land-use distribution and mixed-use patterns in relation to density, accessibility and urban form//Canada: 18th International Seminar on Urban Form: Urban Morphology and the Post-Carbon City, 2011.

但 X_1 建筑密度是次要因素，对土地混合利用的影响作用有限。

7） X_7 最近学校距离

X_7 最近学校距离作为教育设施可达性的表征，对土地混合利用具有负向影响。教育设施所在空间分析单元通常会聚集住宅及相应的服务设施，增加土地用途的多样性。相反，距离教育设施较远的空间分析单元居住吸引力较低，市场需求对于土地多样化的开发利用产生一定的限制。

X_7 最近学校距离对土地混合利用程度的影响作用最小，可见公共设施的可达性与直接影响城市结构和功能布局的因素相比，影响较弱。拥有良好资源条件的高品质街区具备较强吸引力，因此随着距离学校等公共服务配套设施的距离增大，空间品质受限，人口吸引力不足[①]，土地混合利用的需求减弱，进而抑制了土地混合利用的实现。

综上所述，这七项指标主要反映了街区空间品质对土地混合利用的影响程度。其中 X_4 街区面积和 X_5 路网密度相较于其他五个影响因素影响强度更高，这是因为这两个影响因素直接关系到城市空间的组织结构和功能布局，是城乡规划的基础性因素。小街区和密路网可以提高不同功能区域之间的可达性和连通性，增加城市的灵活性和多样性，同时也有利于步行，促进混合利用。它们决定了城市空间的基本结构和功能布局，其影响范围更广、更深远。与此相比，X_3 容积率、X_2 人口密度、X_6 最近地铁站距离、X_1 建筑密度和 X_7 最近学校距离则更多是在"小街区、密路网"这个基本结构上进行调整和优化。

4.5 调控模式

作为城市建设的重要手段和土地资源高效利用的重要途径，土地混合利用已成为实现土地高质量发展不可或缺的保障。推动土地混合利用，对于提高土地利用效率、保障城市可持续发展具有至关重要的作用。因此，明确促进土地混合利用顺利实施的关键要素，有利于将土地混合利用的规划理念转化为实际操作。

借助 ArcGIS 10.8 软件对 2023 年的数据进行计算与可视化处理，并采用自然断点法将每个解释变量对应的空间分析单元数值分为 11 级。对各建成环境要素的空间分布特征进行可视化，分析解释变量与土地混合利用之间的关系，为进一步理解土地混合利用的建成环境效应提供依据。为此，在明确城市土地混合利用

---

① Wu W J, Chen W Y, Yun Y W, et al. Urban greenness, mixed land-use, and life satisfaction: evidence from residential locations and workplace settings in Beijing. Landscape and Urban Planning, 2022, 224: 104428.

优化基本原则的基础上，结合西安市中心城区的实际情况，从街区规模、开发强度和人流集聚三个方面提出城市土地混合利用优化的具体策略和建议，以期为城市土地混合利用提供思路。

4.5.1 优化原则

1）整体系统性

城市土地混合利用需从城市整体系统角度出发，充分考虑建成环境要素的承载范围。其目标在于集约利用土地，改善城市内分隔、粗放的空间环境，推动城市的全面协调发展。高混合利用度的街区为各类人群提供更多样的选择，有助于减少阶级隔离分化，形成包容性强的社会环境，增强社会凝聚力，推动社会公平公正、和谐发展，实现社会环境的可持续发展。

土地混合利用优化不仅包括各种功能的简单叠加，而且还需考虑周边乃至更大的城市系统，以完善城市整体功能组织。通过安排居住、商业、生产等多功能混合，提高土地利用效率，减少通勤成本，增加绿地面积。在部分街区适当提高开发强度，实现高效土地集约利用，形成更加紧凑的城市功能布局，缩短日常活动距离。同时也能促进慢行交通发展，减少机动车交通利用，保障交通设施的高效利用，控制城市无序蔓延，避免土地资源浪费，促进城市建成环境的可持续性发展。

2）保障公益性

优化土地混合利用必须确保规划的公益性，体现城市的公共政策属性。在城市规划中，首先需要切实保障涉及社会公共利益的用地，例如医疗卫生用地、安全设施用地和教育用地等，以满足广大群众的基本需求，维护社会稳定与和谐。其次还需要合理规划城市交通、绿地等公共空间，提高城市居民的生活品质和幸福感。

此外，土地混合利用应充分考虑群众的基本需求，维护绝大多数群众的根本利益。在城市活动中，居民是重要的参与者和检验者，他们的感受和需求对土地混合利用的成效具有重要影响。因此，应充分体现"以人民为中心"的理念，满足居民的需求，为居民生活提供便利舒适的环境条件，提高居民的生活质量，促进社会的和谐共享。

3）弹性灵活性

在市场经济的作用下，土地混合利用的内部与外部环境会不可避免地存在不确定性。由于受到规划主体一定程度的主观性和客观环境的动态变化性的影响，土地混合利用的优化应遵循弹性灵活的原则。各项混合利用设施建设并不是一蹴而就的，需要根据实际情况来制定多种目标，采用多种方式，从而增强规划设计的应变能力，使土地资源的用途配置效率尽可能达到最优状态，并适应城市的发展和变化，且要确保规划设计留有余地。因此，应充分考虑各项设施建设的目标、方式、适应性等因素，结合实际情况进行综合分析和灵活调整。

土地混合利用旨在通过在用地范围内有机地布局多种功能，使街区成为城市生长的基本单元，具备适应动态变化环境的能力。通过空间上的连接和有序布局，将不同功能的用地组织在一起，实现各功能之间的互动和交互。这种互动能够提高居住、服务等日常活动的便利性，同时提高各类功能设施的使用效率。街区功能应该充分体现多样性，使居民可以从事居住、工作、休闲娱乐等多种日常活动。通过控制街区建设规模，实现各项设施的高度共享，提高停车等设施的使用效率。居住与办公等功能的有机互动，有助于减少居民的出行时间，减轻交通压力，同时减少环境污染。

4.5.2　控制街区规模

通过加密街区支路网，形成小街区空间尺度，从而通过街区规模对混合功能布局产生影响。研究表明，街区面积对土地混合利用存在负向作用力。较小的街区规模不仅能够增强不同功能之间的渗透强度，还有效避免过度的城市空间分异现象，从而形成紧凑、便利且功能丰富的街区环境。因此，合理控制街区规模，发展小尺度街区对于促进土地的混合利用具有重要作用。

在控制街区规模的同时，应加强小街区的网络连通性。加密街区支路网可以提高土地利用邻近度指数，形成更为便捷的街道连接与出行路线，为交通和土地利用活动提供便利的交通网络基础，从而增强空间功能混合使用的多种可能性。通过优化建成环境要素中的街区面积，以"小街区、密路网"的形式优化土地利用，易于增强邻里关系和社会互动，提高居民的出行效率，形成紧凑、规整的城市建成环境和街区形态，从而激发城市活力，进一步激发城市功能的生成。

西安市中心城区 X_4 街区面积均值为 51.2422hm^2（假设街区形状为正方形，则边长约为 715.8m，大致上相当于 10 分钟生活圈的空间尺度），中值为 25.1961hm^2，标准差为 98.4167hm^2，变异系数为 192.21%，表明空间分析单元面积的分布较为不均，离散程度较大，街区面积的波动变化较大。借助 ArcGIS 10.8 软件可知，在街区面积的 11 个区间中，位于最低级 1.9750～17.6829hm^2 的空间分析单元数量最多，共 447 个，占总数的 35.73%；而位于最高级 1029.4396～2225.4498hm^2 的街区数量最少，仅有 1 个，占总数的 0.08%。可见，随着面积区间的递增，空间分析单元数量呈现出明显的递减趋势，说明西安市中心城区街区面积整体较小。

街区面积具有从中心向外围逐渐增大的趋势，表明不同的空间发展区域具有不同的街区尺度特征（图4-5）。假设将9hm²（边长300m）作为划分街区面积大小的尺度来分析，则满足该尺度要求的空间分析单元数量为157个，仅占全部单元的12.55%，而满足这一尺度要求的单元主要分布在Ⅰ区（一环内）。在城市中心区域，空间分析单元的尺度特征相对较小，街区面积较小，这可能与城市中心区域的土地紧张和用地高效有关，由于土地资源有限，单元规模通常较小，以便于在有限的土地上实现最大限度的利用效率。相比之下，在Ⅳ区（三环外）的街区尺度特征相对较大，街区面积较大，这与外围区域的土地资源相对充裕、用地规划政策相对宽松有关。因此，空间分析单元可以拥有更大的空间尺度。

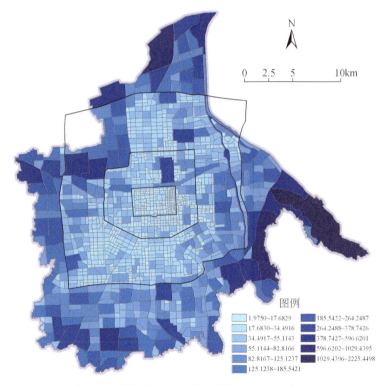

图例

1.9750~17.6829	185.5422~264.2487
17.6830~34.4916	264.2488~378.7426
34.4917~55.1143	378.7427~596.6201
55.1144~82.8166	596.6202~1029.4395
82.8167~125.1237	1029.4396~2225.4498
125.1238~185.5421	

图4-5 西安市中心城区街区面积空间分布图

西安市Ⅰ区（一环内）以商业居住功能为主，街区边长介于150～300m，呈现出城市历史发展沉淀的小街区肌理；Ⅲ区（二环与三环之间）的产业开发区以及以居住功能为主的城市发展区，街区尺度普遍较为均匀，边长介于300～500m；Ⅳ区（三环外）的工业、物流园区，大部分地块边长大于600m，街区规模各异。虽然小街区在保证功能多元混合方面具有明显优势，但并不意味着街区规模越小越好。欧洲传统的基于步行街道的街区规模一般在1.00~2.25hm²的范围内，这是满足可步行、紧凑且能够容纳现代城市功能的适宜尺度[1][2]。新城市主义提倡的街区尺度为街区中心距离边缘不超过400m[3]。基于我国城市高密度的人口空间分布格局，借鉴国内外城市街区建设经验，城市街区面积应控制在0.8~4.0hm²[4]，为西安市中心城区街区适宜尺度量化提供参考。

街区单元的划分应当结合街区的现实条件来进行适当的调整。结合道路交通系统，针对混合条件相对成熟的街区，在一些沿街段或者开放程度较高的地段，强化混合功能；同时，布置居住、商业、公共服务等功能，以提高街区活力及土地利用效率，形成理想状态下的弹性街区开发单元（图4-6）。在实际建设过程中，对于西安市中心城区的街区尺度控制，主要从商业商务街区和居住街区两类着手。对于商业商务街区，街区规模建议控制在0.8~1.5hm²，且不宜超过2.0hm²；而对于居住型街区，街区规划建议控制在2.0~3.0hm²范围内，且不宜超过4.0hm²。

 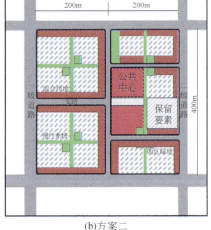

(a)方案一   (b)方案二

图4-6 弹性街区开发单元示意图

---

① 徐轩轩，胡斌. 混合：城市街区的多元化营造. 武汉理工大学学报，2010，32（24）：75-78.
② 刘晓波，李珂. 城市住区规模研究. 北京规划建设，2011（6）：98-106.
③ 王崎，臧鑫宇. 城市街区制的起源、特征与规划适应性策略研究. 城市规划，2018，42（9）：131-138.
④ 方彬，葛幼松. 街区制发展历程中的街区形态演变与街区适宜尺度探讨. 城市发展研究，2019，26（11）：34-40.

对于居住型街区而言，将大型社区与城市道路相连接是控制街区规模的重要途径之一。由于历史原因，在中心城区内保留了许多大型社区和企事业单位。这些企业单位大院的规模介于 0.1 ~ 19.0hm² 不等。在进行道路规划时，为避免产权变更等纠纷，通常会避开个别大体量用地。因此，建议通过积极协商的方式来进行产权变更，或者通过区域性的交通设计来引导交通避开大体量用地，从而平衡由大体量用地所带来的交通不便、土地混合利用低下、空间活力不足等问题。对于中心城区内低效混合的超大封闭住区，应加密道路网络，将大型封闭住区内的部分主要道路对外开放，并结合绿色交通方式，形成街区内公共通道，以划分合理的街区尺度（图4-7）。如果需要改扩建内部道路，可以考虑将改扩建或者新建道路纳入年度建设计划，以确保相关项目得以实施。

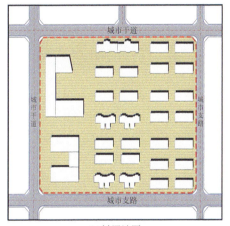

|(a)封闭社区|(b)开放社区|

图4-7 大型社区开放改造示意图

除此之外，密路网在保证道路通行能力、营造宜人的慢行空间的同时，强调步行优先和高渗透性。将街区控制在合理尺度范围内，有利于以街区为单元进行功能混合，既可以采用混合利用型街区模式，也可以在相邻地块上布局同类型功能。城市外围新区发展时间较短，多以大型居住、工业片区为主，尤其在绕城以外的区域多为新建区域，以主干道路为主，而次干道与支路缺乏，路网体系亟待改善。在进行道路等级配置时，应进一步厘清中心城区的生活性道路与交通性道路，在缺乏支路的超大街区增加支路网密度，完善街区路网系统，形成"窄路密网"的街区路网格局（图4-8）。商业商务功能为主的街区，路网密度应不低于10km/km²；居住功能主导的街区，路网密度应高于8km/km²。同时，控制支路宽度，节约集约利用土地，为出行者提供良好的慢行交通和公共空间。处理好支路与周边道路网络系统的衔接，控制不同道路等级的间距，有效联系沿线城市用地。具备小街段、密路网形态特征的街区，能形成良好的慢行空间尺度，街区的渗透性得到提高，进而促进功能混合。由于密路网的空间格局和多样化的土地混合利用街区，商业和休闲设施才能倚仗规模效应在激烈的市场竞争中得以生存。

图 4-8　街区路网改造示意图

图片来源：根据潘海啸和刘冰（2019）①改绘

西安市中心城区 X_5 路网密度的平均值为 10.8180km/km²，高于《城市综合交通体系规划标准》GB/T 51328—2018 中"中心城区内道路系统的密度不宜小于 8km/km²"的规定，表明路网密度较高；中值为 9.5708km/km²，与平均值数值相近，说明街区路网密度数值分布相对对称；标准差为 5.7772km/km²，表明路网密度离散程度适中；变异系数为 53.40%，揭示了路网密度的相对离散程度较高，数值波动程度较高，变化较大。借助 ArcGIS 10.8 软件可知，在路网密度的 11 个区间中，位于 8.5252 ~ 10.5145km/km² 的空间分析单元数量最多，共241 个，占总数的 19.26%；而位于最高级 27.5636 ~ 43.7610km/km² 的空间分析单元数量最少，为 18 个，占总数的 1.44%。从统计数据可以看出，大多数空间分析单元的道路密度较高，具有较好的通行能力。这意味着在这些空间分析单元中，居民和车辆能够享受更为便利的交通条件。路网密度较高的街区能够提供更

① 潘海啸，刘冰. 关于"小街区"规划设计的几点探讨. 城市规划学刊，2019（S1）：220-226.

多的道路选择，减少出行时间和交通拥堵的可能性，为公共交通系统的发展提供了更好的基础，方便居民使用公共交通工具。然而，也存在少数部分具有较低路网密度的空间分析单元，意味着这些单元的交通条件相对较差，居民出行的便捷度受到一定的限制。

西安市的路网布局以棋盘式道路为基础，形成不断向外扩张的圈层式城市空间结构，整体上呈现圈层分布的特征，表现为"中心集聚，沿环分布"的特点（图4-9）。在"中心集聚"方面，路网密度的高值主要集聚在Ⅰ区（一环内），达到16km/km²以上，这是由于Ⅰ区（一环内）延续了老城区的街巷格局，路网密度较大；而Ⅱ区、Ⅲ区和Ⅳ区（一环外）的区域大多为改革开放后建设，道路间距普遍较大，因此路网密度相对较低。在"沿环分布"方面，路网密度高值的框架分析单元与城市环路之间有着密切的联系。在城市环路沿线周边密集分布高值的空间分析单元，尤其在Ⅲ区（二环与三环之间）最为明显，这与城市环路作为连接城市主要功能区的干线道路，服务城市长距离机动交通需求有关；而Ⅳ区（三环外）多为近年来的新建城区，路网体系尚不完善，因此路网密度相对较低。

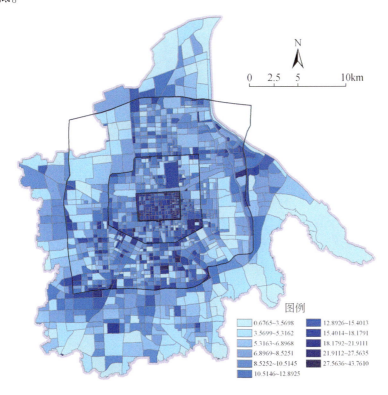

图例

▢ 0.6765~3.5698	▢ 12.8926~15.4013
▢ 3.5699~5.3162	▢ 15.4014~18.1791
▢ 5.3163~6.8968	▢ 18.1792~21.9111
▢ 6.8969~8.5251	▢ 21.9112~27.5635
▢ 8.5252~10.5145	▢ 27.5636~43.7610
▢ 10.5146~12.8925	

图4-9　西安市中心城区路网密度空间分布图

　　路网密度通过影响街区面积来决定土地混合利用的程度，路网密度较高的区域，街区面积划分相对较小，而较小的街区面积有助于土地混合利用的实现。西安城市外围地区存在路网体系不够完善的情况，街区尺度划分较大，用地性质单一。因此，对局部区域进行路网加密对于城市活力提升具有重要作用。以昆明路片区为例，该片区地处Ⅲ区（二环与三环之间），土地混合利用程度较低，且存在较为明显的路网稀疏问题，昆明路是西安三纵三横快速路的重要组成部分。通过加密该片区支路网和慢行通道，增加路网密度，完善片区路网系统，形成密路网的格局，对激活片区之间的功能互动、资本和产业的联动，促进土地混合利用有着重要意义。在现状原有道路等级的基础上规划新增慢行通道，包括在原有道路等级基础上新增红线宽度小于20m的慢行通道，为居民出行提供便利，尤其是提供慢行交通的通行条件①，实现可持续性发展的优化目标，片区加密后的路网密度为8.05km/km²（图4-10）。

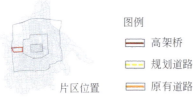

图例

====　高架桥

----　规划道路

====　原有道路

片区位置

图4-10　西安昆明路片区道路网改造示意图

---

　　① 石崝，郑晓华，陈阳，等．"窄马路、密路网"理念在南京江北新区中心区的规划实践探索．规划师，2018，34（10）：129-134.

4.5.3　管控开发强度

容积率和建筑密度作为表征开发强度的指标，是促进城市活力和多样性的重要因素。较高的容积率通常对应着较高的土地利用效果和建筑密度，可以满足不同功能的混合使用。例如，混合用途的开发项目（如住宅、商业、办公和文化设施等）可以提供多样化的服务，满足居民的多元化需求，提高城市用地功能多样性。高容积率地区通常能容纳不同规模的商业和文化设施，促进居民流动和交流，增强消费活动，形成多元化发展的社区。同时，高密度的开发可以创造更多的公共空间，如步行街、广场等，促进社区的社交活动。因此，适当提升空间分析单元的容积率可以提升城市的社会活力和经济活力。

西安市中心城区 X_3 容积率的均值、中值、标准差和变异系数分别为 1.3350、1.2442、0.9341 和 69.97%。这些统计指标分别揭示了中心城区平均容积率较高、容积率整体分布相对均衡，但分散度较大的特征，存在着一定程度的变化以及相对离散的情况，说明不同空间分析单元之间的差异较为明显。借助 ArcGIS 10.8 软件可知，在容积率的 11 个区间中，位于最低级 0.0000~0.2160 的空间分析单元最多，共有 159 个，占总数的 12.71%，出现频率最高；而位于最高级 4.0504~6.4670 的单元数量最少，仅有 8 个，占总数的 0.64%，出现频率最低，进一步印证了西安市中心城区容积率的分布情况。

西安市中心城区容积率总体呈现"中心高、外围低"的空间分布特征，反映了城市建设的布局和规划策略（图 4-11）。容积率高值主要集中在 I 区（一环内）的东部、Ⅲ区（二环与三环之间）的东部等区域，以及城市南北中轴线上的地段；而容积率低值主要位于Ⅳ区（三环外）的空间分析单元。究其原因，主要受到两方面因素的影响。一方面，旧城内建筑层数受限，建筑密度较高，导致这些区域的容积率较高。另一方面，I 区（一环内）外的建设发展因文物保护建设控制地带对建筑高度的限制相对较少，因此这些区域的建筑高度受到的限制较少，使得容积率在Ⅳ区（三环外）仍有高值分布。此外，不同区域之间存在着明显的容积率差异，这既受到文化保护限制的影响，也与城市发展格局具有一定的关系。

建筑密度是影响土地混合利用的重要因素之一，由于城市街区建设的时序不同，城市形成了不同建筑密度的街区肌理。因此针对不同地段的街区，根据实际情况合理选择不同密度的功能混合方式，以提高城市的多样性。

西安市中心城区空间分析单元的 X_1 建筑密度均值、中值、标准差和变异系数分别为 22.91%、23.71%、13.48% 和 58.84%。这些统计指标反映了建筑密

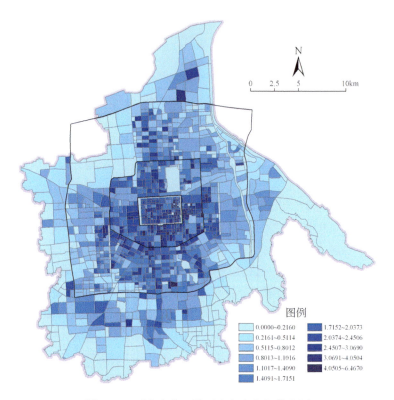

图4-11 西安市中心城区容积率空间分布图

度的平均水平、分布的中心趋势以及数据的离散程度。从整体上看，西安市中心城区的建筑密度并不高，但分布相对均衡，各空间分析单元建筑密度值的波动相对平稳。借助 ArcGIS 10.8 软件可知，在空间分析单元建筑密度的 11 个区间中出现频率最高级区间是 23.19% ~ 27.34%，共有 171 个单元，占总数的 13.67%；而出现频率最低级区间是 51.96% ~ 68.62%，共有 22 个单元，占总数的1.76%。这表明西安市中心城区的建筑密度基本集中在中等水平，整体上以中低密度开发为主。

建筑密度高值区主要集中于Ⅰ区（一环内）、Ⅱ区（一环与二环之间）和Ⅲ区（三环内），特别是以Ⅰ区（一环内）的庙后街和书院门附近最为密集（图4-12）。这些区域是人口密集、商业繁荣的地方，建筑大多建于二十世纪七八十年代，分布紧凑，公共空间相对较少，形成了较为紧凑的城市肌理。同时，建筑密度低值区主要集中在Ⅳ区（三环外），特别是集中了大量的历史遗址保护区、绿地公园等。在这些区域，为了保护历史遗址和满足绿地公共空间的建设诉求，建筑分布较为稀疏，公共空间较为充足，形成了较为松散的城市肌理。

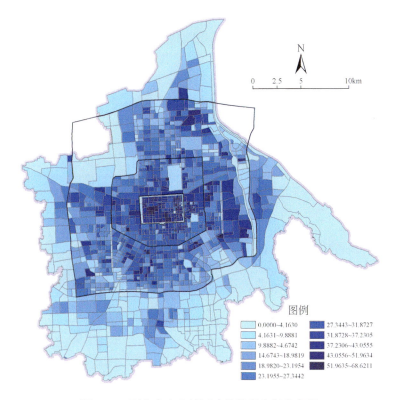

图例

	0.0000~4.1630		27.3443~31.8727
	4.1631~9.8881		31.8728~37.2305
	9.8882~4.6742		37.2306~43.0555
	14.6743~18.9819		43.0556~51.9634
	18.9820~23.1954		51.9635~68.6211
	23.1955~27.3442		

图4-12 西安市中心城区建筑密度空间分布图

位于郊区或新城的中密度街区可以选择街坊式混合形态，如位于Ⅳ区（三环外）的产业园区应促进单一的居住功能向兼容居住、商业、就业等一体的混合功能转变，采取成街坊式的整体开发，为周边居民提供服务。同时，通过开放式的步行商业街区，实现城市内外空间的有机联系，形成功能混合中心［图4-13（a）和（b）］。相反，在城市中心地段，受限于土地资源，建筑趋向"巨型化"，大型综合体成为功能复合、土地集约化利用的良好方式。高密度的立体开发能够将不同城市功能容纳进同一空间，通过步行廊道衔接街区其他功能，实现功能间的渗透联系，促成高度混合的巨构形态［图4-13（c）和（d）］。通过混合式布局可在一定程度上弥补了城市土地供给有限带来的不足，凭此拓展不同功能用地的空间延伸。

对于尚未开发建设或有低效闲置用地的街区，可借鉴"白地""棕地"等土地管理手段，将"混合用地"纳入规划中。这样可以提供多样化的用地选择和发展机会，促进土地混合利用，并留出部分空地以增加土地利用的灵活性，推动街区从单一功能区向综合性功能区转型。在建设城市新区时，应将基础设施和公

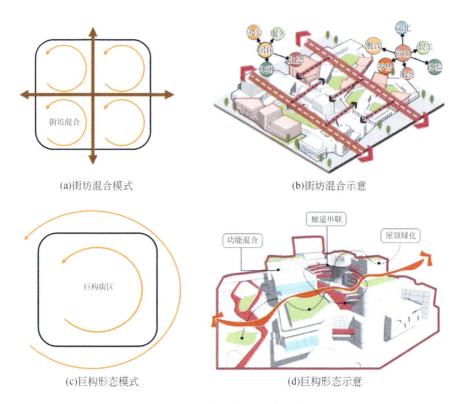

(a)街坊混合模式

(b)街坊混合示意

(c)巨构形态模式

(d)巨构形态示意

图 4-13　混合式布局形式示意图

共服务设施放在首位，为新功能的培育创造基础条件。

　　"棕地"多为传统工业区衰退的结果，换言之，土地混合利用可在存量土地资源的再开发上实现集约利用，通过改善经营、增加投入等途径，改善旧城基础设施条件，增加旧城街区用地的承载力，适当提高土地使用强度，实现一地多用，从而提高存量土地的利用效率，减少开发新用地的需要，节约土地资源。在对存量用地进行土地混合利用时应充分考虑不同功能用途之间的协调性与共存的可能性，确保功能的交互适配与土地混合利用的可行性。在城市更新中，尤其是城市老旧工业区遗留下来的用地，可通过增补公园、广场、零售商业、展览等功能提高多样性指数以激发空间活力[1][2]。结合容积率奖励政策，将混合利用原则

---

　　① 权亚玲. 欧洲城市棕地重建的最新实践经验：以 BERI 项目为例. 国际城市规划，2010，25（4）：56-61.

　　② 王军，许龙. 规划视角下的老工业地段保护更新路径探讨：以广西柳州空压机厂为例. 城市发展研究，2019，26（5）：47-55.

具体落实到用地开发项目当中，促进公益项目开发与规划调控相衔接①，发挥容积率激励杠杆作用。在商业等营利性质的用地开发建设中，如交通节点、城市中心的商业开发区等，通过将容积率指标与公共服务资源相关联，促进功能混合。若开发项目能够兼容部分非营利社区、公共服务设施及公共活动空间等用途，可获得适当的建筑面积奖励。如新加坡市区实施的社区与体育设施计划便可获得上限 10% 或 2000m² 以下的总建筑面积奖励。西安市现存的尚未改造的老旧工业区，可通过土地混合利用提高土地利用效率，引入商业、办公、文化、娱乐等更多的功能，将原本单一化的功能用地转变为多样化功能用地，激发空间活力，提高土地利用效率。以西安仪表厂地块为例，作为尚未更新改造的工业遗产，在充分挖掘其历史和文化价值的基础上，保留工业遗产的历史文化元素，可通过功能置换、新建建筑等方式提高土地混合利用水平，将原有主体工业建筑内部功能置换为体现电工文化的展览馆，在有限的用地空间内通过低密度高层开发，新建写字楼并与周边建筑形成商业综合体集群，从而实现功能混合开发，提升经济活力。同时，注重基础设施与交通配套的跟进，保障开发改造后的老工业区能够达到预期的实施效果。

对于那些没有明显发展意向、但地理位置较好的地区，可考虑将其作为"白地"，暂不做出明确的用途规划。通过延迟规划制定或放松规划制度与审批流程，留出足够的弹性余地来应对可能出现的市场变化。此外，结合新增混合用地，根据不同开发街区的现状条件进行个案设置。对于混合用地，应赋予更大的弹性②。一方面，在用地规划中综合考虑城市整体发展目标、市场需求等因素，明确一般适建的混合用途，如商业仓储混合、商住混合等。但不应对混合用地的适建范围进行刚性控制，以免限制混合用地的灵活性，影响未来土地混合利用的调整和适应。另一方面，根据街区的现实差异，综合考量混合用地的建设项目和用地地类的规模比例。按照相关程序，制定个性化的混合用地控制指引，通过弹性的规划设计和灵活的政策机制，实现土地混合利用的有效引导。

4.5.4　吸引人流集聚

人是城市空间的活力源，高人口密度为城市空间带来活力，有助于促进土地

---

① 孟祥懿，唐燕. 基于多元尺度的城市用途混合管理政策工具构建：以新加坡为例. 城市设计，2021（1）：38-47.

② 唐爽，张京祥，何鹤鸣，等. 土地混合利用及其规建管一体制度创新. 城市规划，2023，47（1）：4-14.

利用的多样化[1]。人口密度是衡量公共服务质量的重要指标之一,公共资源的低可达性和较差的环境品质一定程度上会降低人口吸引力,从而抑制土地混合利用需求的产生。合理布局公共服务设施,完善交通网络与交通配套设施,增强公共服务的可达性,才能够有效集聚人气,以促进土地混合利用。基本服务和城市设施的空间可获得性可以作为土地利用社会效益的衡量标准[2],随着人口数量的增加,街区内的商业、服务和文化等各种设施更有可能得到充分发展和利用,不仅为经济增长提供了更多机会,而且为居民提供了更多的便利和选择。与此同时,交通网络的完善和站点周边土地的混合利用,增强了公共服务的可达性,提升了空间吸引力,成为了人与人之间交流的空间纽带,提升了人们进行不同功能活动的意愿,促进土地混合利用。

西安市中心城区 X_2 人口密度指数统计计算结果显示,平均值为 0.0031,揭示了空间分析单元人口密度相对较大;中值为 0.0026,与平均值相近,说明人口密度指数数据分布较为对称均衡;标准差为 0.0024,变异系数为 77.42%,表明人口密度指数离散程度较大,数据较为分散。借助 ArcGIS 10.8 软件可知,在人口密度指数的 11 个区间中,位于最低级 0.0000 ~ 0.0004 空间分析单元的数量最多,共 168 个,占总数的 13.43%;位于最高级 0.0075 ~ 0.0094 空间分析单元的数量最少,共 87 个,占总数的 6.95%;值得注意的是,高于中值的空间分析单元的数量共 594 个,占总数的 47.48%,说明西安市中心城区的人口密度普遍较高,人口分布较为集中。

人口密度呈现显著的中心集聚的空间分布特征,即中心区的人口密度明显高于城市的外围区域(图4-14)。随着从城市中心向外扩散,各个圈层的人口密度逐渐减小,表明城市的外围地区人口聚集度逐渐降低。整体而言,城市的人口主要集中在Ⅰ区(一环内)和Ⅱ区(一环与二环之间)。在Ⅲ区(二环与三环之间)和Ⅳ区(三环外),分别形成北部以西安经济技术开发区为主和西南方向以西安高新技术产业开发区为主的高人口密度区域。此外,人口密度呈现沿交通干线线性分布的特征,特别是南北方向地铁 2 号线沿线的人口密度分布相对较为集中,地铁 2 号线作为城市的快速交通线路,吸引了大量人口集中居住和工作在其周边地区。

中心城区的建成环境往往集中且建设的密度较大,这种密集的建设结构具有将人口和资源聚集在一起的优势,为城市的发展带来了良好的基础。然而,在这

---

① 邵柳. 街区尺度下城市医疗卫生设施空间绩效评价及优化研究:以西安市中心城区为例. 西安:西北大学,2022.

② Rahman M M, Szabó G. Multi-objective urban land use optimization using spatial data: a systematic review. Sustainable Cities and Society, 2021, 74:103214.

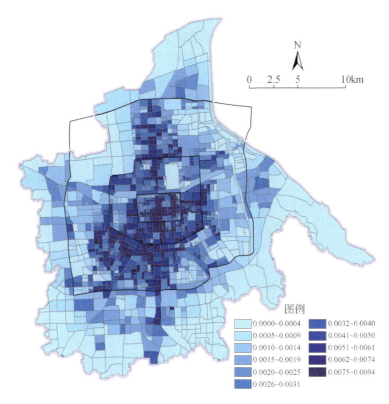

图4-14 西安市中心城区人口密度指数空间分布图

种密集的环境下，如果不能合理布局和利用城市地铁站点进行疏解，可能会导致人口分布不均和公共资源利用不充分。因此，需要依托地铁站点形成"热点"效应，优化到地铁站点的距离，以吸引人口集聚，并促进站点周边的土地混合利用。

西安市中心城区 X_6 最近地铁站距离的平均值为 1077.0951m，可以看出空间分析单元距最近地铁站点的平均距离为 1km 左右；中值为 215.3035m，说明最近地铁站距离数据分布较为不均，受极端值影响较大；标准差为 980.4897m，说明最近地铁站距离在整个西安市中心城区空间分析单元内有一定的离散程度，即距离的变化比较大；变异系数为 91.03%，表示最近地铁站距离的变异程度较高，距离之间存在较大的差异。借助 ArcGIS 10.8 软件可知，在最近地铁站距离的 11 个区间中，位于最低级 80.3656～328.1028m 的空间分析单元的数量共 63 个，占总数的 5.04%；位于最高级 5084.6079～7954.4627m 的空间分析单元的数量仅有 12 个，占总数的 0.96%；距离最近地铁站点的距离小于 500m 的空间分析单元数量为 376 个，占比 30.06%，距离最近地铁站点的距离小于 1000m 的空间分析单元数量为791个，占比63.23%，距离最近地铁站点的距离小于2000m的空间分析单元数量为1084个，占比86.65%，说明大部分单元的居民享有便利的公共交通出行条件，可以方便地使用公共交通系统。因此，西安市中心城区的居民在公共交通出行上相对较为便利。

空间分析单元距离最近地铁站点的距离整体上呈现线形分布（图4-15）。在中心城区，地铁站点的覆盖较为全面，基本实现了500m服务半径的全覆盖。但在部分特定区域，如汉长安城遗址区和Ⅳ区（三环外）的村庄，地铁站点的覆盖情况较差，居民出行相对不便。在Ⅰ区（一环内）的空间分析单元离地铁站点的距离最近，属于低值聚集区，说明在明城墙老城区内，地铁站点的布局较为密集，居民可以更方便地使用公共交通系统。而在西北角的汉长安城遗址区，空间分析单元离地铁站点的距离相对较远，属于高值密集区，这是由于该区域的历史文化保护造成土地开发利用程度较低，居住人口稀少，导致地铁站点没有充分覆盖该区域。此外，部分Ⅳ区（三环外）的空间分析单元离地铁站距离值仍较大，这意味着这些居民在使用公共交通时需要更多的出行时间成本，相对不便利。

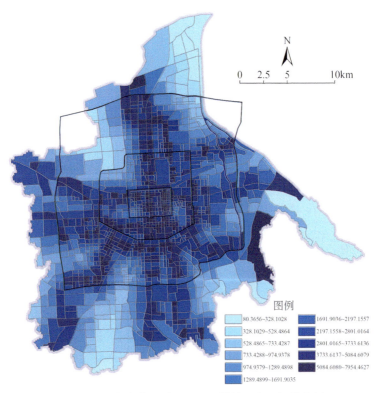

图例

80.3656~328.1028	1691.9036~2197.1557
328.1029~528.4864	2197.1558~2801.0164
528.4865~733.4287	2801.0165~3733.6136
733.4288~974.9378	3733.6137~5084.6079
974.9379~1289.4898	5084.6080~7954.4627
1289.4899~1691.9035	

图4-15　西安市中心城区最近地铁站距离空间分布图

在西安市土地混合利用优化过程中，街区层面应结合所在区域的具体现状和发展需求，对功能进行适当的调整和协调。根据街区的实际情况，安排合适的土地混合利用功能构成，并合理布局公共资源空间在地铁站点周边。这样不仅能提高公共资源的可达性和公共性，也能有效促进城市公共资源的共享共建，切实保障居民生活的便利性，实现城市用地功能的多元化混合。同时，强调就业与居住空间的兼容性，以促进职住平衡发展，缩短通勤距离，提高居民的工作效率和生活品质，增加居民幸福感，从而吸引并留住人口。以长庆兴隆园居住区为例，这个位于城区的大型居住区主要是为油田职工家属提供服务。对其未来的功能调整，应在满足社区居民生活需求的基础上，以居住功能为主导，同时沿主要道路适当增加商业商务、文化创意等产业用地或功能，提高街区的兼容性指数，尽可能多地提供就业创业空间，发展社区综合功能，促进职住平衡。

X_6 距离地铁站距离对土地混合利用具有负效应。距离最近地铁站点越远，可达性较低，土地使用的活动量和功能多样性也被抑制。地铁站点承担着换乘与衔接公共设施的重要角色，需要高效的服务连接，服务更频繁的人员流动。因此，需要对中心城区的低效混合街区进行全面梳理，从人本体验的角度出发，优化服务空间配置。首先，结合街区的实际情况，充分了解居民需求和行为特点，优先在地铁站点周边布局各类公共服务配套设施。鼓励站点周边社区的公共服务设施用途混合，形成综合、便捷的社区服务中心，提高社区服务设施的利用率。通过适度集中组合建设的方式，将社区管理服务、文体娱乐、商业服务设施组合起来，借助空间混合实现设施多元兼容。在用地局限的情况下，采取逐步完善补建设施等方式，满足居民日常生活需求，促进邻里交往，方便居民使用。同时，混合利用可以降低居民通勤成本，减少人们的通勤时间，使得居民工作时间相对缩短，从而增加休闲时间。居民有更多的时间进行购物、娱乐等消费活动，提升了居民的生活品质，提高了区域的经济活力。因此，要提高公共资源的可达性，注重对街区用地进行有效地混合利用，将居住、商业和办公等功能组合在步行范围之内[①]。街区内文化体育、公园、学校等各种公益性设施以及商业、商务等营利性设施应面向城市居民开放，促成公共设施外向型布局，形成对周边社区共享的格局[②]（图 4-16），丰富街区土地利用活动，增强街区的多样性和活力。

---

① 顾大治，蔚丹. 城市更新视角下的社区规划建设：国外街区制的实践与启示. 现代城市研究，2017：32（8）：121-129.

② 潘海啸，刘冰. 关于"小街区"规划设计的几点探讨. 城市规划学刊，2019（S1）：220-226.

(a)封闭式　　　　　　　　　(b)开放式

图4-16　社区公共设施布局示意图

图片来源：作者根据潘海啸和刘冰（2019）①改绘

　　以公园绿地为例，周边土地功能的增加与公园内人群活动多样性存在相关性②，形成多点结合的街区公园绿地空间，从而对购物、休闲娱乐等功能混合具有积极作用。在具备用地空间的街区，按照大型综合公园、沿街绿带、口袋公园相结合的方式进行布局，将绿色空间分散到街区中，为居民提供休憩空间。在具体的实施过程中，与已建小区居民进行积极协商，拆除部分围墙，优化路网布局，增强社区公园的可达性，实现社区服务设施对外开放。结合潘家庄村的城市更新案例，实现片区空间补绿与配套设施的同步完善。潘家庄村片区位于Ⅲ区（二环与三环之间），周边分布着较多的以小高层住宅为主的居住小区，曾是典型的城中村与居住小区混杂区域。该片区紧邻丈八东路与朱雀大街南段，地理位置优越，周边学校较多，包括西安雁南中学、西安石油大学（明德校区）、西安工程技师学院等［图4-17（a）］。由于该片区是城区内土地混合利用程度较低的街区，街区距离学校可达性较好，但片区的公园绿地的可达性较低。结合现状情况，重点通过植入运动公园、口袋公园、沿街绿带等公园绿地的规划手段进行优化［图4-17（b）和（c）］，以改善片区绿地的可达性。同时，完善片区的公共服务设施，配备养老服务中心以及商业设施，以完善街区功能，促进社区综合功能的培育。在此基础上，将潘家庄片区的更新改造与周边街区的肌理相融合，以

---

　　① 潘海啸，刘冰. 关于"小街区"规划设计的几点探讨. 城市规划学刊，2019（S1）：220-226.

　　② 郑权一，赵晓龙，金梦潇，等. 基于POI混合度的城市公园体力活动类型多样性研究：以深圳市福田区为例. 规划师，2020，36（13）：78-86.

提高片区土地混合利用的整体水平。

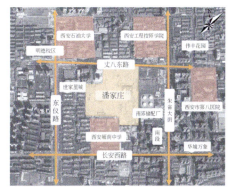

(a)潘家庄片区现状

(b)潘家庄片区功能布局

(c)潘家庄片区改造总平面

图4-17　西安潘家庄片区更新改造方案

4.6　本 章 小 结

本章从建成环境角度出发，利用多元线性回归分析方法，围绕"5D"建成环境要素构建了土地混合利用的影响因素指标体系。在对指标量化的基础上，对西安市中心城区的建成环境进行科学评估，揭示其独特的建成环境特征。为了更深入地理解土地混合利用特征，结合皮尔逊相关性分析和多重共线性检验，构建了多元线性回归模型，发现土地混合利用主要受到 X_4 街区面积和 X_5 路网密度的影响，并提出针对性的调控模式。

首先，构建了土地混合利用的影响因素指标体系。基于现有研究，从"5D"建成环境要素的众多指标中选取与土地混合利用关系密切的影响因子，包括 X_1 建筑密度、X_2 人口密度、X_3 容积率、X_4 街区面积、X_5 路网密度、X_6 最近地铁站距离、X_7 最近学校距离、X_8 最近公园距离共八个影响因子。

其次，在皮尔逊相关性分析与共线性检验的基础上，通过构建多元线性回归模型，对西安市街区层面土地混合利用的影响因素进行回归分析。模型回归结果调整后的 R^2 值为 0.581，F 检验统计量为 217.615，显著性水平（Sig.）为 0.000，结果表明该回归模型的拟合优度较好，除 X_8 最近公园距离以外，X_1 建筑密度、X_2 人口密度、X_3 容积率、X_4 街区面积、X_5 路网密度、X_6 最近地铁站距离、X_7 最近学校距离等七个自变量对于城市土地混合利用具有较强的解释能力，模型较为稳定。

再次，探究土地混合利用的影响效应。研究发现，X_4 街区面积和 X_5 路网密度是土地混合利用的主导影响因素，这与"小街区、密路网"的观点是一致的。各影响因素对土地混合利用存在正负两种效应，正向影响的指标有 X_5 路网密度、X_3 容积率、X_2 人口密度、X_1 建筑密度，负向影响的指标有 X_4 街区面积、X_6 最近地铁站距离、X_7 最近学校距离。根据聚类分析，可根据影响因素作用的强弱将其分为高、较高、中、低四类。其中，高影响的指标为 X_4 街区面积，较高影响的指标为 X_5 路网密度；中影响的指标为 X_3 容积率、X_2 人口密度、X_6 最近地铁站距离、X_1 建筑密度；低影响的指标为 X_7 最近学校距离。街区面积对土地混合利用的抑制作用显著，小街区因其紧凑开发的特性，可以促进多样化的功能混合，为空间注入活力，从而对土地混合利用产生积极的影响；小街区对应着密路网，因此路网密度对土地混合利用的促进作用显著；适度的开发强度如容积率、建筑面积能构成紧凑型的建筑布局，也有助于在步行范围内容纳多种功能，进而促进了土地混合利用的实现；高人口密度区域带来了对空间的多样化需求，这种需求对土地混合利用产生了积极的促进作用；地铁作为最为重要的公共交通之一，距离地铁站点越近，其可达性越高，人群流动和商业活动强度越强，可促进不同功能用地之间的交流互动，从而促进土地混合利用的发展。因此，对这些建成环境影响因素进行合理的规划调整更新，可以有效提升土地混合利用。

最后，提出土地混合利用提升优化的三大调控模式。土地混合利用的优化应遵循整体系统性、保障公益性以及弹性灵活性三大原则，旨在促进城市功能有机互动、环境可持续发展以及活力有效提升。在此基础上，提出控制街区规模、管控开发强度和吸引人流集聚三大调控模式。其中，在控制街区规模方面，根据不同类型街区进行差异化控制，加密支路网，使街区尺度规模更加宜人，形成弹性的街区开发单元，为土地混合利用提供便利可达的街区环境；在管控开发强度方面，合理选择不同密度的混合形态，提高用地项目开发过程中土地混合利用弹性；在吸引人流集聚方面，通过优化公共资源的布局，多功能混合布置，提高公共服务设施的可达性，促进人口多样活动的产生。

第5章 土地混合利用的活力影响效应

土地混合利用是提升城市活力的关键因素之一，其适宜程度对于城市的发展具有重要意义[1]。空间作为承载人类经济社会活动的主要场所，与城市活力有着更为直接的关系。受限于传统数据空间尺度与精度制约[2]，以往关于土地混合利用和城市活力关系的研究大多采用城市区县或者全局尺度，运用功能密度、功能多样性等土地混合利用指标进行分析[3]，采用定性和非空间统计的方法来探究其对城市活力的影响[4]，而对土地混合利用和城市活力之间的空间关系和影响效应的关注较少[5]。为了丰富城市土地混合利用和城市活力的空间关系理论研究，本研究以西安市中心城区为例，对土地混合利用与城市活力进行空间耦合分析，进而通过空间计量模型深入剖析土地混合利用的活力影响效应。

土地混合利用是混合功能布局、土地利用方式、多样业态以及空间形态共同形成的结果，包含"使用功能（mixed-use）"和"土地利用（land use）"两个层面[6][7]。城市活力是城市内部活动的外在体现，数据的单一形式及较高的获取难度使其较难被量化分析。随着研究方法和数据获取等不断改进，定量研究逐渐增多。越来越多的学者使用百度热力图数据、夜间灯光数据、手机信令、POI等城

① Mouratidis K, Poortinga W. Built environment, urban vitality and social cohesion: do vibrant neighborhoods foster strong communities?. Landscape and Urban Planning, 2020, 204: 103951.

② 塔娜，曾屹恬，朱秋宇，等. 基于大数据的上海中心城区建成环境与城市活力关系分析. 地理科学，2020, 40 (1): 60-68.

③ 单樑，周亚琦，荆万里，等. 住有所居居乐其境: 新时期深圳宜居城市规划的探索与实践. 城市规划，2020, 44 (7): 110-118.

④ 陈阳. 土地混合利用路径良性演变机制. 城市规划，2021, 45 (1): 62-71.

⑤ 程新洲，朱常波，晁昆. 掘金大数据: 电信数据金矿详解、挖掘及应用. 北京: 机械工业出版社，2018.

⑥ 王丹，王士君. 美国"新城市主义"与"精明增长"发展观解读. 国际城市规划，2007, 22 (2): 61-66.

⑦ Mehri F. Utilizing mixed use theory in order to obtain a sustainable urban development. Life Science Journal, 2012, 9 (3): 1879-1885.

市大数据对活力进行定量评价研究①②③④⑤⑥，在尺度选择上有了更强的灵活性，在评价精度上也有了长足的进步。

因此，首先从社会、经济和文化三个方面构建了城市活力评价指标体系，并利用百度热力图数据、夜间灯光数据、POI 数据等多源大数据，通过城市社会活力指数、经济活力指数和文化活力指数，系统评价 2014 年、2017 年、2020 年和 2023 年西安市中心城区的城市活力，分析城市活力的时空演变特征。

其次，对土地混合利用指数和城市综合活力指数进行空间耦合分析。借助 GeoDa 1.20.0、ArcGIS 10.8 和 MGWR 2.2 等软件平台，利用双变量局部 Moran's I 空间自相关（LISA）分析其空间关系，同时对空间分析单元类型进行划分并对土地混合利用低效空间进行识别、评价。

最后，通过多尺度地理加权回归（multiscale geographically weighted regression，MGWR）模型定量研究土地混合利用及多种建成环境要素与城市活力之间的影响机理，旨在全面认知和深入理解土地混合利用与城市活力的空间相互关系，明晰土地混合利用对城市活力在空间上的影响机制，优化城市土地混合利用，提升城市空间活力，促进城市可持续发展。城市活力空间分布具有明显的空间依赖性，若是建成环境发生改变，则其城市活力也会随之改变⑦。而既有研究多采用耦合模型、回归分析等模型，虽能够分析其内在的定量关系，但难以体现空间尺度效应⑧。为了弥补这一缺憾，在此采用 MGWR 模型进行深入分析。该模型能够直观显示空间上的影响机理和尺度效应，为探究建成环境对城市活力的影响效应提供了重要的工具，有效弥补了城市活力研究方面的不足⑨。

① 王娜，吴健生，李胜，等. 基于多源数据的城市活力空间特征及建成环境对其影响机制研究：以深圳市为例. 热带地理，2021，41（6）：1280-1291.

② 吴莞姝，党煜婷，赵凯. 基于多维感知的城市活力空间特征研究. 地球信息科学学报，2022，24（10）：1867-1882.

③ 王波，雷雅钦，汪成刚，等. 建成环境对城市活力影响的时空异质性研究：基于大数据的分析. 地理科学，2022，42（2）：274-283.

④ 申婷，李飞雪，陈振杰. 基于多源数据的城市活力评价与空间关联性分析：以常州市主城区为例. 长江流域资源与环境，2022，31（5）：1006-1015.

⑤ 雷依凡，路春燕，苏颖，等. 基于多源夜间灯光数据的城市活力与城市扩张耦合关系研究：以海峡西岸城市群为例. 人文地理，2022，37（2）：119-131.

⑥ 王梓蒙，刘艳芳，罗璇，等. 基于多源数据的城市活力与建成环境非线性关系研究——以双休日武汉市主城区为例. 地理科学进展，2023，42（4）：716-729.

⑦ Xia C，Yeh A G O，Zhang A Q. Analyzing spatial relationships between urban land use intensity and urban vitality at street block level：a case study of five Chinese megacities. Landscape and Urban Planning，2020，193（1）：103669.

⑧ 李霖，杨蕾. 公众参与的兴趣点数据有效性效验方法. 测绘科学，2015，40（7）：98-103.

⑨ 刘剑刚. 城市活力之源：香港街道初探. 规划师，2010，26（7）：124-127.

5.1 研 究 方 法

5.1.1 城市活力评价方法

1. 评价指标体系

城市活力在空间表现上是一个综合、系统的概念[①]。现有城市活力的研究将城市活力划分为社会、经济以及文化活力三个方面（图5-1），从不同维度展现了城市活力水平。其中，社会活力是城市活力的核心内容，是衡量城市活力的一个关键维度，表征城市中人群参与各类活动的活跃程度以及城市的动态性与内在生命力，具体表现在人群活动的行为特征、行为模式等方面，从深层次讲，体现着城市建成环境与人为活动的"双重属性"，即人与城市建成环境之间的空间互动关系[②]。经济活力[③]是城市活力中的基础环节，代表城市中经济发展的水平，表征城市创新能力和发展潜力，具体表现在经济活动是否高效、物质基础是否丰富以及经济行为是否活跃，同时也反映城市现代化的水平，是评估城市吸引力与竞争力的重要指标[④]，提升经济活力是吸引创新人才、发展经济多元化、推进城市可持续性发展的核心力量。文化活力是城市活力的内涵品质，表征着城市的精神风貌和文化底蕴，是建立在社会活力和经济活力之上的更高层次需求，引领城市发展，具体表现在城市发展中的文化、艺术、价值体系、教育等方面，是衡量城市是否人性化发展、是否具有人文关怀的重要内容，体现城市中的人群对精神层面、生活质量的深层次追求[⑤]，通过不断增强城市活力中的文化活力，可以促进人的全面协调发展，提高社会的文明程度以及和谐程度，并为城市的长远发展奠定坚实的文化基石。

---

① 刘黎，徐逸伦，江善虎，等. 基于模糊物元模型的城市活力评价. 地理与地理信息科学，2010，26（1）：73-77.

② 蒋涤非，李璟兮. 当代城市活力营造的若干思考. 新建筑，2016（1）：21-25.

③ 本研究所提及的经济活力特指社交性经济活动，并未涉及生产性经济活动。

④ 塔娜，曾屿恬，朱秋宇，等. 基于大数据的上海中心城区建成环境与城市活力关系分析. 地理科学，2020，40（1）：60-68.

⑤ 朱婷婷，涂伟，乐阳，等. 利用地理标签数据感知城市活力. 测绘学报，2020，49（3）：365-374.

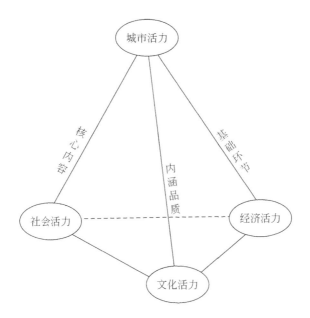

图 5-1　城市活力构成要素

城市活力来源于居民活动，居民在城市中参与的社会、经济及文化活动越频繁、越多样，城市活力也就越高。尽管目前对城市活力评价的研究已经较为普遍，但现有的城市活力的测度主要聚焦社会、经济以及文化活力中的某一个方面，缺少从三个方面综合测度城市活力的框架体系①。城市活力并非由单一因素决定的，其测度应反映出城市背后社会活动、实体经济以及空间要素相互间的作用②。单一维度的活力评价会影响城市活力评价的准确性与全面性，可能导致对真实的城市活力水平的认知出现较大的偏差。因此，在现有的研究的基础上，借助多源大数据，从社会、经济及文化活力三方面出发，选取社会活力指数、经济活力指数和文化活力指数三个指标融合构建城市活力评价指标体系（表 5-1），共同表征城市活力。

社会活力指数反映人在城市空间中参与各种社会活动表现出的活跃度和流动性，体现着城市中人的活动和城市系统的适应力、创造力和自我更新能力③。百

①　吴茉姝，党煜婷，赵凯．基于多维感知的城市活力空间特征研究．地球信息科学学报，2022，24（10）：1867-1882.

②　蹇凯，陆灯盛，王胜男．城市开发强度、整合度和城市活力的联动效应：以福建省石狮市中心城区为例．地域研究与开发，2023，42（1）：94-101.

③　黄河．政府规模对社会活力的影响研究．兰州：兰州大学，2020.

度热力图数据能够很好的表达人群在空间中的流动，并且可以通过一定的数量关系计算出空间内部的人口密度，已经广被学者用来表征社会活力[①]，因此采用西安市中心城区百度热力图数据，引入人口密度指数来衡量社会活力指数[②]。鉴于人口的空间变化以一周为单元的周期相似性，为避免工作日和休息日的人群流动差异对城市活力真实性造成干扰，以一整周作为一个工作循环，通过均值计算一周的人口热力指数来表征城市社会活力指数[②③]。

表 5-1　城市活力评价指标体系

活力类型	计算指标	计算方式	数据类型
社会活力	社会活力指数	根据式 (1-1) 和式 (1-2) 进行计算	百度热力图数据
经济活力	经济活力指数	计算每一个空间分析单元的夜间灯光均值	夜间灯光数据
文化活力	文化活力指数	计算每一个空间分析单元的文化设施 POI 密度	文化设施 POI 数据

经济活力指数是城市活力的驱动力，代表当代城市应有的高效性、物质的丰富性以及经济空间的活跃性，反映城市经济的自我积累、自我改造和自我创造财富的能力，映射出城市的繁荣程度以及创新与发展的潜力。由于传统经济统计数据多以市或区为单位统计，无法精确反映街道、社区等更小尺度上的空间分布，而城市灯光数据尤其是夜间灯光数据具有反映城市物质流动、经济集聚发展、商业活动程度的能力，无论是在省级、区县级等宏观尺度，或是在社区、街区等微观尺度，都与经济活动呈现出显著的正相关关系，已经被广泛用来表征街区尺度下的经济活力[④]。因此，以城市夜间灯光数据为基础，构建经济活力表征模型，以评估和分析西安市中心城区各空间分析单元的经济活力水平。

文化活力指数是衡量城市文化浓厚程度的重要指标，反映一个城市的品质格调以及文化活动的多样性与丰富度。往往在文化设施越多的地方，文化氛围就越强，开展的文化活动也越丰富和活跃，因而这些区域相应地的文化活力指数也越高。文化设施 POI 密度是指一定区域范围内文化类兴趣点数量的集聚程度。在对

① 闵忠荣，丁帆. 基于百度热力图的街道活力时空分布特征分析：以江西省南昌市历史城区为例. 城市发展研究，2020，27（2）：31-36.

② Li J G, Li J W, Yuan Y Z, et al. Spatiotemporal distribution characteristics and mechanism analysis of urban population density: a case of Xi'an, Shaanxi, China. Cities, 2019, 86（3）: 62-70.

③ 吴志强，叶锺楠. 基于百度地图热力图的城市空间结构研究：以上海中心城区为例. 城市规划，2016，40（4）：33-40.

④ 陈世莉，陈浩辉，李郇. 夜间灯光数据在不同尺度对社会经济活动的预测. 地理科学，2020，40（9）：1476-1483.

文化活力测度时文化设施 POI 密度能够有效反映城市文化设施数量与密集度，与城市文化活力息息相关，能反映出城市居民在日常生活中接触文化活动的机会和频率，是一个极佳的量化指标①。因此，采用文化设施 POI 密度来表征城市文化活力指数，计算时将文化设施分为观演、博览、生产以及教育四大功能类型（表5-2）②。

表5-2　文化功能 POI 设施点分类

文化功能	内涵	POI 设施点
观演功能	观赏和演出的场所	剧场、影院、音乐厅、文化宫等
博览功能	博览和阅读的场所	博物馆、艺术馆、科技馆、天文馆、展览馆、会展中心、世界遗产、寺庙道观、教堂、历史景观等
生产功能	生产和制作的场所	传媒机构、报社、出版机构等
教育功能	教育和科研的场所	幼儿园、小学、初中、高中、高校、科研机构等

2. 指标权重

借助熵值法，分别计算 2014 年、2017 年、2020 年、2023 年各年份城市活力各指标的权重值（表5-3）。可以看出，社会活力与文化活力所占到的权重相对较大，而经济活力所占权重相对较小。

表5-3　城市活力指标体系权重

指标	2014 年	2017 年	2020 年	2023 年
社会活力指数	0.3290	0.3506	0.3638	0.4062
经济活力指数	0.0893	0.0895	0.0758	0.0852
文化活力指数	0.5817	0.5599	0.5604	0.5086

权重计算采用熵值法，熵值法作为一种客观赋权方法，不仅可以克服主观赋权时随机性、臆断性等缺陷，还能有效解决评价指标体系中多项指标间信息重叠的问题。

---

① Montalto V，Moura C J T，Langedijk S，et al. Culture counts：an empirical approach to measure the cultural and creative vitality of European cities. Cities，2019，89：167-185.

② Sun C，Kou J. A study on the cultural functional integration of contemporary urban complex. Architectural Journal，2014，61（1）：78-81.

3. 综合评价

采用加权求和计算每一个空间分析单元的活力值。

$$E_i = \sum_{i=1}^{n} Q_i P_i \qquad (5-1)$$

式中，E_i 为第 i 个空间分析单元活力的城市活力分值；Q_i 为某个空间分析单元第 i 个指标综合评价的结果值；P_i 为第 i 个指标的权重；n 为空间分析单元的数目。

5.1.2 MGWR 模型

土地混合利用作为城市建成环境的关键要素之一，在塑造城市街区的多样化功能空间方面起着重要作用。通过科学合理的建成环境配置，街区能够创造出多样的功能，从而促进街区的高度活力。不同街区的建成环境差异性吸引了来自不同社会条件和偏好的居民，进而在城市中形成活力的空间异质性格局。为了更深入地探究土地利用与城市活力之间的关系，采用空间分析模型对二者的耦合关系进行可视化研究具有重要意义。

地理加权回归（geographically weighted regression，GWR）模型是目前学术界广泛使用的衡量空间影响的分析方法，已在城市活力、人口空间分异等领域得到了应用[1]。然而，由于经典的 GWR 模型采用统一的带宽来分析自变量与因变量之间的关系，难以精确反映变量在空间上的差异性。因此，引入 MGWR 就显得尤为必要[2]。

将 MGWR 模型运用于城市活力相关研究，并将其与经典 GWR 模型进行对比分析，证实了 MGWR 模型的优越性[3]。相较于经典 GWR 模型，MGWR 模型具有以下优势：通过对变量进行空间平滑处理，能够有效降低模型误差；不同的变量可以拥有各自独特的带宽，以显示每个指标在不同空间尺度上的作用；最重要的是，多带宽的方式能够生成更真实准确的模型结果。综上所述，通过采用 MGWR 模型，可以更精准地刻画土地利用与城市活力之间的复杂关系，提供更为科学的依据。

因此，基于 MGWR 2.2 分析工具，通过构建 MGWR 模型探究土地混合利用

---

① 孙浩伦. 北京市疫情前后夜间活力分布特征及建成环境影响因素研究. 天津：天津大学, 2021.

② 黄颢昊, 杨新苗, 岳锦涛. 基于多尺度地理加权回归模型的城市道路骑行流量分析. 清华大学学报（自然科学版）, 2022, 62（7）：1132-1141.

③ 凡来, 张大玉. 北京街区活力影响机制及空间分异特征研究：基于多尺度地理加权回归. 城市规划, 2022, 46（5）：27-37.

对城市活力的影响效应，其公式如下：

$$y_i = \sum_{j=1}^{k} \beta_{bwj}(u_i, v_i)\, x_{ij} + \varepsilon_i \qquad (5\text{-}2)$$

式中，y_i 为空间分析单元 i 的城市活力值；(u_i, v_i) 为空间分析单元 i 的质心坐标；β_{bwj} 为第 j 变量的回归系数的带宽；$\beta_{bwj}(u_i, v_i)$ 为空间分析单元 i 的第 j 变量的回归系数值；ε_i 为模型在空间分析单元 i 的截距和误差项；k 为空间分析单元的数量；x_{ij} 为空间分析单元 i 中第 j 个变量的测度值。

通过 MGWR 模型，能够更全面地分析土地混合利用与城市活力之间的复杂关系，并在不同空间尺度下捕捉变量的影响，有助于更好地理解土地利用如何影响城市活力的空间分布。

5.2 城市活力时空演变特征

5.2.1 时间演变特征

西安市中心城区城市活力在时间维度上表现出整体提高的趋势（图 5-2）。2014 年、2017 年、2020 年及 2023 年空间分析单元活力值均值分别为 0.1635、0.1692、0.1971、0.2365，逐年递增。从增速来看，2014~2017 年城市活力均值增长 0.0057，增长率为 3.49%，增速较缓；而 2017~2020 年与 2020~2023 年城市活力均值分别增长 0.0279 与 0.0394，增长率分别为 16.49% 与 19.99%，增速较大（图 5-3）。从数量来看，2014~2017 年有 87.05% 的空间分析单元活力值增加；2017~2020 年有 61.15% 的空间分析单元活力值增加；2020~2023 年有 66.83% 的空间分析单元活力值增加。整体而言，2014~2023 年有 813 个空间分析单元活力值有所增长，占空间分析单元总数的 64.99%，空间分析单元活力呈现整体提升的趋势。究其原因，城市活力值随时间演变整体提升，源于城市的持续发展建设。随着城市的扩张与城市辐射范围增大，带动基础设施的建设与公共服务设施的逐步优化，如交通网络的完善、教育医疗资源的丰富以及休闲娱乐场所的增加，吸引人群集聚，促进社会活力、经济活力和文化活力不断提高，从而提高了城市活力。

为进一步探讨西安市中心城区城市活力的时间演变特征，利用核密度估计对 2014 年、2017 年、2020 年与 2023 年西安市中心城区各空间分析单元的城市活力值进行分析（图 5-4）。从波峰数量看，2014 年与 2017 年核密度估计曲线呈现单峰分布，表现出明显的"低值集聚"的现象，而 2020 年与 2023 年的核密度曲线出现"多峰"特征，表明至 2023 年城市活力数据点集中区域增多，

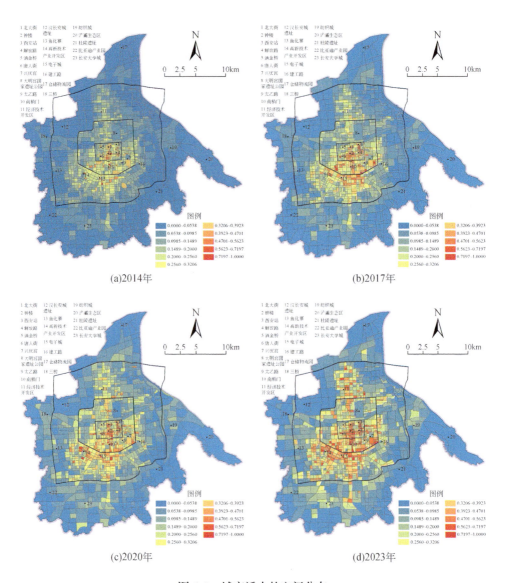

(a)2014年

(b)2017年

(c)2020年

(d)2023年

图5-2 城市活力的空间分布

逐渐向城市活力高值点聚集。从波峰位置看，四个年份的波峰呈现逐渐向右移动的趋势，也就是向更高的活力值移动，说明城市活力随时间的增加而增加。从波峰峰值看，2014~2023年核密度曲线的峰度逐渐减小，分布逐渐平坦化，说明城市活力随时间演变高活力空间分析单元不断增加，城市活力整体随时间相应地提升。

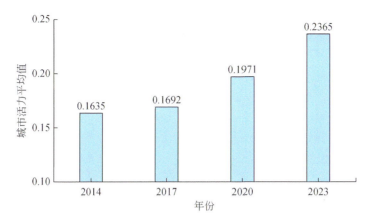

图 5-3　城市活力值时间演变趋势图

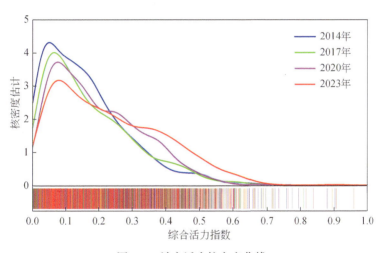

图 5-4　城市活力核密度曲线

5.2.2　空间演变特征

1. 核心外围

西安市中心城区城市活力的空间分布总体来说具有明显的"核心外围"的空间分布特征，城市活力核心区的城市活力值大幅度高于外围区的城市活力值（表 5-4）。从横向来看，核心外围的空间差异明显，但具有减缓的趋势。2014 年 I 区（一环内）的活力值为 0.2182，而 IV 区（三环外）的活力值仅为 0.0347，差距达到 6.29 倍；这一差距在 2023 年有所减缓，为 4.31 倍，且 2023 年 I 区（一环内）、II 区（一环与二环之间）、III 区（二环与三环之间）的活力均值均大于 0.2000，超过 IV 区（三环外）的 2 倍，表明西安中心城区居民参与各类活动主要集中在三环内，而三环外的城市活力大幅度降低。从纵向来看，各分区活力值均呈上升趋势，其中，III 区（二环与三环之间）和 IV 区（三环外）的活力值得到明显提升。2014 年 I 区（一环内）、II 区（一环与二环之间）、III 区（二环与三环之间）和 IV 区（三环外）的城市活力值分别为 0.2182、0.1476、0.0956 和 0.0347，到 2023 年分别提升至 0.3389、0.2769、0.1950 和 0.0819，2023 年较 2014 年提高了 0.1207、0.1293、0.0994 和 0.0472，整体增长率分别为 55.32%、87.60%、103.97% 和 136.02%，同时，各个城市分区活力值的年均增速为 5.01%、7.24%、8.24% 和 10.01%，III 区（二环与三环之间）和 IV 区（三环外）的城市活力平均值增长了一倍以上，且增速较高于 I 区（一环内）和 II 区（一环与二环之间），因此，其城市活力平均值在 2014~2023 年提升明显。但 I 区（一环内）与 II 区（一环与二环之间）的活力值仍远高于 III 区（二环与三环之间）和 IV 区（三环外），说明 I 区（一环内）与 II 区（一环与二环之间）一直以来都是城市活力的核心区，IV 区（三环外）一直以来都是城市活力的外围区，而 III 区（二环与三环之间）逐步由城市活力的外围区向核心区演变，意味着这些区域在经济发展、人口增长或其他相关指标上有所提升。

表 5-4 城市各环线城市活力均值

年份	I 区	II 区	III 区	IV 区
2014	0.2182	0.1476	0.0956	0.0347
2017	0.2562	0.1935	0.1272	0.0486
2020	0.3119	0.2450	0.1768	0.0763
2023	0.3708	0.3014	0.2177	0.0860

城市活力高值区逐步向外扩张。采用 ArcGIS 10.8 软件中的热点分析（Getis-Ord Gi*）工具对 2014 年、2017 年、2020 年和 2023 年城市活力进行分析，可以看出城市活力高值集中于三环内，在城市中心表现为热点区域，而城市外围区域则表现为冷点区（图 5-5）。2014 年城市活力 99% 置信度极高值热点区主要集中在二环内以及二环与三环之间的西南片区。2017 年城市活力高值区域在 2014 年的基础上进一步发展，II 区（一环与二环之间）南部及西南区域的城市活力继续提高，III 区（二环与三环之间）东部、南部及西南区域的城市活力提高的趋

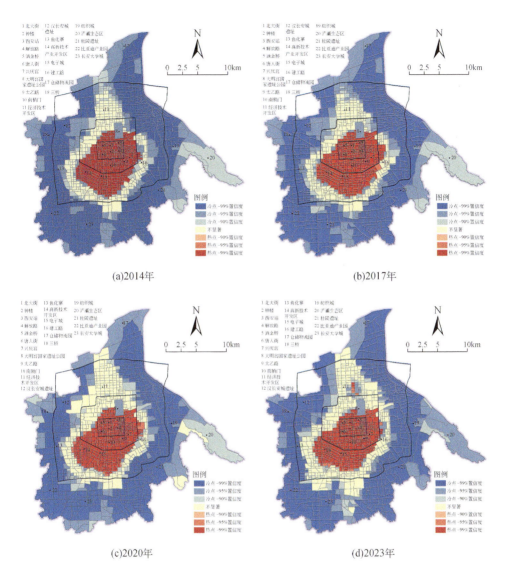

图 5-5　城市活力冷热点分析

势也开始显现，出现一些高活力值的空间分析单元，如延兴门、青龙寺，以及曲江池西周边的空间分析单元；99%置信度极高值热点区主要集中于二环内以及Ⅲ区（二环与三环之间）的西南片区。2020 年城市活力的热点区在 2017 年的基础上向西南方向扩张的趋势明显，并在 2023 年城市活力高值区域达到一个巅峰。随着城市向外围扩张，城市活力向周边递减，故出现次一级热点区围绕着热点区分布，而冷点则聚集在城市外围的情况。究其原因，西安市是一个典型的"单中心"结构的城市。Ⅰ区（一环内）属于西安市发展建设的先行区域，历史积淀深厚，各项基础设施及公共服务设施相对健全，形成西安市的经济文化中心。一环与三环之间的区域各类基础服务设施也相对完善，拥有丰富的教育资源和完善的医疗设备，能够满足居民的日常活动需要和生活娱乐的要求，故居民主要的社会、经济及文化活动在城市三环范围内开展，人口密度高的同时，城市活力也相对较高；而Ⅳ区（三环外）由于地处城乡接合部，城市化进程还在继续，用地属性单一，各类基础设施建设不完善，医疗、教育、娱乐等各项服务设施匮乏，地区吸引力不足，人口密度较低，城市居民在此聚集开展各类社会、经济和文化活动较少，城市活力较低。

2. 圈层递减

西安市中心城区城市活力从中心区到外围区活力数值逐渐减小，表现出明显的圈层递减的空间分布格局。以钟楼为城市中心，2km为间隔，将中心城区划分为10个同心圆圈层，对各圈层的空间分析单元城市活力均值进行统计分析。2014年、2017年、2020年和2023年四个年份的数据均显示，第一圈层（2km）的城市活力均值最高，随着距离钟楼距离的增加，除2014年第十圈层（20km）高于第九圈层（18km）外，各圈层的城市活力均值逐渐降低（图5-6），其中2014年第一圈层（2km）的城市活力均值是第十圈层（20km）的15.60倍，到了2017年、2020年和2023年这一比例分别为42.22倍、8.62倍和30.27倍。同时，距离城市中心的第七圈层（14km）成为城市活力均值变化的一个空间拐点。在此距离上，城市活力均值的下降趋势明显减缓；并且随着时间推移，这种变化幅度越来越温和。此外，各圈层的城市活力均值除第十圈层（20km）

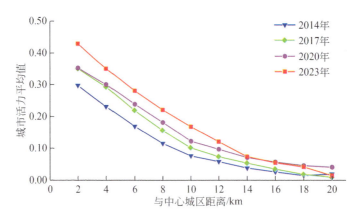

图 5-6　城市活力圈层变化趋势图

外整体上呈现出逐年上升的趋势。这进一步验证了西安市中心城区城市活力的分布受到距离衰减效应的影响,呈现出随着离城市中心距离的增加而递减的空间演变特征。

3. 路径依赖

西安市中心城区城市活力具有沿交通干线两侧集聚的空间分布特征,在城市地铁线和城市环线上均有体现,且在Ⅰ区(一环内)和Ⅱ区(一环与二环之间)集聚效应比城市外围的Ⅲ区(二环与三环之间)和Ⅳ区(三环外)强,并在地铁换乘站和地铁与环路的交叉处集聚效果得到增强。在地铁沿线,尤其是地铁线路的交会区域,往往形成城市的商业中心或中央商务区(CBD),出现高活力片区,这说明商业中心或CBD的形成与地铁的交会有着紧密的联系。

在地铁线路方面,西安地铁第一条线路为2号线,于2011年开通运营。至2014年共有1号线与2号线两条线路;至2017年共有1号线、2号线和3号线三条线路;至2020年有四条地铁线路处于运营状态,分别是1号线、2号线、3号线和4号线;截止到2023年,西安中心城区共有1号线、2号线、3号线、4号线、5号线和6号线六条地铁线路(图5-7)。自2014年开始,城市活力高值依赖地铁线路集聚的现象逐渐显现。其中城市二环内沿线的集聚效应强于二环以外。地铁2号线沿线经过北大街、钟楼、小寨、电视塔等西安核心区域,一直连通到航天城(邻近长安区大学城),串联西安钟楼、小寨等人流聚集性地标,沿线集聚效果明显,并在与6号线的换乘站钟楼站集聚效应最高;地铁1号线,途经北大街、五路口等区域活动中心,并在地铁1号线与地铁2号线换乘站北大街站周边集聚效果增强,形成商业中心;地铁3号线由西至东途经延平门、科技路、吉祥村等高活力集聚区,并在地铁2号线与地铁3号线的换乘站小寨站的周边,产生大片高活力空间分析单元,高活力空间分析单元出现集聚,形成商业中心;地铁4号线为南北线路,在五路口站、大差市站等站点高活力街区形成集聚,并在与1号线的换乘站五路口站周边集聚效果最高,形成了商业中心和CBD;地铁5号线在东西向与6号线换乘站西北工业大学站、4号线换乘站建筑科技大学·李家村站、2号线换乘站南稍门站周边产生高活力集聚区;地铁6号线由东北至西南途经大差市、钟楼、西北工业大学、科技路等区域活动中心,周边集聚效果明显。地铁线路促进了区域之间的流通与互动,加速了人员的流通和经济的交流,地铁站点的人员聚集性又促使这些区域的商业更加繁荣,提高了这些区域的城市活力值。

在城市环线方面,环线干道也存在明显的沿线集聚特征,城市二环沿线高活力空间分析单元集聚效果强于三环。其中二环路沿线经过高活力值的区域较多,

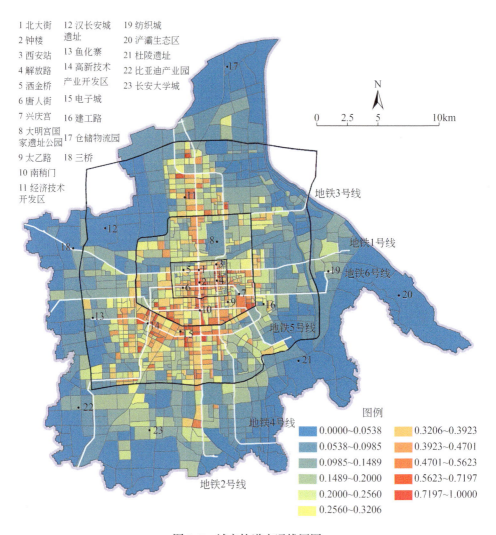

图 5-7　城市轨道交通线网图

主要聚集在延平门、太白立交等区域，在地铁 3 号线、5 号线、6 号线与城市二环路的交会处周边活力得到增强，形成大片高活力街区集聚区；三环周边整体城市活力值较低，虽不明显，但也存在一定的沿线集聚效果，如南三环与地铁 2 号线交会的电视塔和北三环附近，便集聚形成大片拥有较高活力值的空间分析单元。

　　城市活力沿交通干线分布的空间分布特征与西安市的城市发展有着密切的关联。城市交通在城市发展中充当着城市的血脉，运输着城市中的信息流和物质流，是不同空间交流的承接体。西安市如今已经进行了四次城市总体规划，Ⅰ区

（一环内）为明城区，因其建设时间最长、内部功能复杂、历史文物丰富等原因一直是规划者关注的重点，为了保护老城的历史文化，同时又要追求城市经济的发展，西安开始向外围扩张。因此，在城市不同的方向布置不同的功能板块，引导城市合理发展。城市的交通干线能够连接彼此，促进不同功能板块间的交流，显得尤为重要。借助 TOD 城市发展模式，在城市干线的沿线附近或是交会处尤其是交通更加便利的城市中心，形成活力区，就近为居民提供生活、娱乐以及工作的场所，吸引大量人流，形成城市活力沿交通干线分布且城市中心干线分布强于边缘的空间分布特征。

5.3　空间耦合分析

5.3.1　正向相关

利用 LISA 分析技术方法将 2023 年西安市中心城区土地混合利用与城市活力的空间关系分为五类，即高土地混合利用与高城市活力（H-H）、高土地混合利用与低城市活力（H-L）、低土地混合利用与高城市活力（L-H）、低土地混合利用与低城市活力（L-L）以及不显著区域（Non）。在这五类区域中，高土地混合利用与高城市活力（H-H）和低土地混合利用与低城市活力（L-L）被视为高耦合区域，区域内物质空间与社会经济活动之间的匹配性较高，耦合关系较好，城市建设与社会经济发展之间的协调性较强。然而，一方面，低土地混合利用与高城市活力（L-H）的区域意味着城市功能配置可能无法完全满足居民需求，尽管社会经济活动更为丰富，但 L-H 的状况带来的是居民生活品质的降低，这可能是因为该区域内的城市功能配置未能满足居民的需求，从而影响了居民的生活品质。另一方面，低土地混合利用与低城市活力（L-L）的区域社会经济活动较城市物质空间发展存在明显滞后性，这表明这些地区的社会经济活动与设施配置、物质空间建设水平之间存在明显的差异。究其原因，是由于该区域内的城市发展不平衡，一些设施配置和物质空间建设可能未能跟上社会经济活动的发展步伐，从而导致了低城市活力的出现。

全局空间自相关 P-value 为 0.001，远小于 0.050，表明 Moran's I 指数显著有效；Z-score 为 70.58，远大于 2.58，表明 Moran's I 指数强烈拒绝原假设，强烈拒绝随机分布，表明城市活力与土地混合利用之间存在显著的空间自相关关系。土地混合利用与城市活力之间的全局 Moran's I 指数为 0.399（图 5-8），表明土地混合利用与城市活力之间存在一定的正向相关性，即城市活力与土地混合利用之间相互影响的可能性，为深入研究提供了重要的基点。

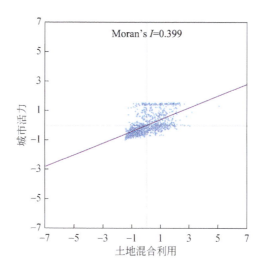

图5-8 土地混合利用与城市活力空间关系散点图

在西安市中心城区，大多数区域的土地混合利用与城市空间活力之间的同步性较高，表明这些区域在功能分布和土地资源配置方面较为合理，能够满足人群的需求，同时也维持了较高水平的空间经济活动。在空间显著性方面，将$P<0.05$（95%的置信度）的空间分析单元为98个，$P<0.01$（99%的置信度）的空间分析单元为152个，$P<0.001$（99.9%的置信度）的空间分析单元达到655个，三者占空间分析单元总数的72.34%，表明城市活力与土地混合利用在空间上显著相关（图5-9），土地混合利用与城市活力具有高度相似的局部空间发展模式。然而，需要注意的是，高土地混合利用并不一定总是代表着高城市活力。部分地区土地混合利用与城市活力在局部空间分析单元中耦合度较低，这可能是由于一些地区土地混合利用并不高效，导致土地的潜在活力无法得到充分释放，因此需要更加关注土地利用的效率和配置的合理性，以促进城市活力的提升。

5.3.2 空间异质

1. 总体特征

空间分析单元具有显著的空间异质性（图5-10和表5-5）。不同类型的空间分析单元，除了在数量上存在差异外，在空间分布状况上也存在着明显的区

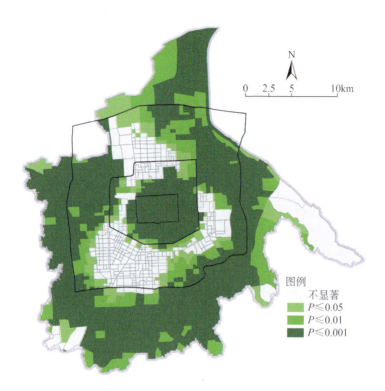

图5-9　土地混合利用与城市活力空间关系显著性统计

别，这反映了不同区域的土地利用结构、城市功能布局以及人群活动水平等因素的影响，深入分析这些差异有助于更好地理解土地混合利用与城市活力之间的关系。不同类型的空间分析单元在数量和空间分布上的差异为理解城市空间的异质性提供了重要线索。为了更好地理解和利用这种空间异质性，有必要进行更深入的分析和研究，例如哪些因素是导致空间异质性的主要原因，这些因素如何相互作用和影响，以及如何通过合理规划和政策制定来优化空间布局，提高城市活力。

在高耦合空间分析单元中，高耦合空间分析单元（H-H、L-L）共计为732个，占空间分析单元总数的58.51%，说明有着较大比例的空间分析单元在土地混合利用与城市空间活力之间存在着紧密的耦合关系。其中，H-H类型的空间分析单元为256个，占空间分析单元总数的20.46%；而L-L类型的空间分析单元为476个，占总数的38.05%。相对于低耦合空间分析单元，高耦合空间分析单元在数量上具有显著的优势。

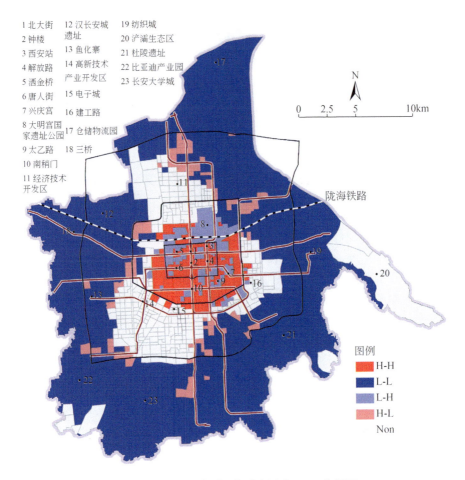

1 北大街 12 汉长安城
2 钟楼   遗址
3 西安站 13 鱼化寨
4 解放路 14 高新技术
5 洒金桥   产业开发区
6 唐人街 15 电子城
7 兴庆宫 16 建工路
8 大明宫国 17 仓储物流园
  家遗址公园 18 三桥
9 太乙路 19 纺织城
10 南稍门 20 浐灞生态区
11 经济技术 21 杜陵遗址
   开发区   22 比亚迪产业园
          23 长安大学城

陇海铁路

图例
H-H
L-L
L-H
H-L
Non

图 5-10　土地混合利用与城市活力 LISA 分析图

表 5-5　空间分析单元分型统计表

空间类型	高耦合区域		低耦合区域		不显著空间（Non）
	高土地混合利用高城市活力（H-H）	低土地混合利用低城市活力（L-L）	低土地混合利用高城市活力（L-H）	高土地混合利用低城市活力（H-L）	
空间分析单元数量/个	256	476	86	87	346
占比/%	20.46	38.05	6.88	6.95	27.66

与之相对，低耦合空间分析单元（H-L、L-H）总计为 173 个，占空间分析

単元総数の13.83%，这与这些地区的功能分布、土地资源配置以及人群需求等因素有关。其中，L-H类型的空间分析单元为86个，占总数的6.88%；而H-L类型的空间分析单元为87个，占总数的6.95%。这显示了低耦合空间分析单元在L-H类型和H-L类型中旗鼓相当。

2. H-H 类型

在西安市中心城区，H-H类型的空间分析单元主要聚集在城市的传统核心区域（Ⅰ区和Ⅱ区），少数分布在二环边缘外。具体而言，这些H-H类型的空间分析单元在Ⅰ区（一环内）以钟楼为中心聚集，保持了较高水平的土地混合度和活力水平；除了明城墙内的公园绿地、大明宫国家遗址公园和西安西站片区外，Ⅱ区（一环与二环之间）的其他区域也保持着较高水平。同时在二环外，H-H类型的空间分析单元集中分布在南侧和东侧区域，主要位于Ⅲ区（二环与三环之间）的南侧。

作为具有浓厚历史文化底蕴的古城，西安市一直以来都非常重视文物保护工作。《西安市进一步加强重点历史文化区域管控疏解人口降低密度的规划管理意见》（市政办发〔2018〕27号）明确规定，明城墙内不再新增居住用地，并对部分功能进行疏解和限制。因此，二环南侧被规划为新的文教集中区和商贸旅游服务区，成为功能和人口外溢转移的理想区域。由此可见，城市中心相较于传统中心位置，呈现出南高北低的态势，明显向南偏移，这些趋势和现象与城市空间结构的演变和发展息息相关。

3. L-L 类型

L-L类型的空间分析单元主要分布在西安市的二环外区域（Ⅲ区和Ⅳ区），呈现出外围环状的空间分布特征。在Ⅲ区（二环与三环之间）的北部区域，L-L类型的空间分布相对南部较多，主要分布在一些低密度住宅区和部分工业区，包括汉长安城遗址的北侧以及沣灞半岛地区。汉长安城遗址北侧地区的城镇化水平相对较低，受大遗址保护需要尚未经历大规模的建设开发；而沣灞半岛则主要是低密度居住区，功能相对单一。

相比之下，南部地区的L-L类型的空间分析单元分布主要集中在长安郭杜大学城以南、包茂高速以西、比亚迪产业园和鱼化寨区域，这些区域由于交通不便和远离城市核心区等因素，尚未经历大规模的开发建设，其整体物质空间建设水平和人群经济社会活动水平较低，多以农业、生态保护和休闲为主。在Ⅳ区（三环外），其南部地区相对于北部地区来说，L-L类型的空间分析单元分布更加集中。北部地区L-L类型的空间分析单元主要集中在浐灞湿地公园一带，而南部则主要集中在秦岭北麓北侧的未开发平原区域和灞桥生态湿地公园，多被用作生态保护和旅游开发，人流活力相对较低。综上所述，L-L 类型的空间分析单元在二环外围区域（Ⅲ区和Ⅳ区）的分布较为显著，这些区域的功能分布和人流活力都相对较低，反映了这些区域在城市发展中的相对滞后状态。

4. L-H 类型

L-H 类型的空间分析单元内部表现为低混合、高活力的状态，表明这类空间分析单元土地混合开发较为低效，未能很好地满足人群的需求。这类空间分析单元主要分布在西安中心城区的 Ⅰ区（一环内）和 Ⅱ区（一环与二环之间），以及少量分布在 Ⅱ区（一环与二环之间）外围，与 H-H 类型空间分析单元从空间上相掺分布。这种格局可能与中心城区对商业、金融、教育和居住功能的强烈吸引力有关，这导致了 L-H 类型空间分析单元在核心区域形成了集聚。此外，大明宫国家遗址公园、广仁寺、环城公园、兴庆宫公园等城市片区的中心周围也聚集了大量的 L-H 类型的空间分析单元，这些区域体现了城市发展中对历史遗址的保护理念，并且这些区域的游憩功能对周边区域产生了吸引力，使得周边区域的土地混合利用呈现出相对单一、连片的特征。

在街区尺度下，这些区域的土地混合利用度相对城市中心较低，但人群的社会经济活力却非常高，形成了 L-H 类型的空间分析单元的集聚现象。这类集聚的空间分析单元实质上的功能配置水平要高于城市外围的 L-L 类型的空间分析单元，但仍无法满足城市核心区域的高价值商业、金融活动和人群需求。表明这些区域尽管在功能上相对发达，但仍存在一定的发展瓶颈，无法与核心区域的活力水平相匹配，反映了城市规划和发展中的一些挑战，需要进一步优化土地利用和功能配置，以更好地满足不同区域的发展需求，从而促进城市整体的均衡发展和提升整体竞争力。

5. H-L 类型

H-L 类型的空间分析单元在内部呈现出高城市混合利用但低城市活力的状态，表明这类区域存在土地混合利用效率较低的情况。尽管较高的土地混合利用度理论上可能会带来城市活力的提升，但实际上这种影响并不显著。高土地混合利用度并未促使人群在这些空间聚集，因此土地混合利用所带来的城市活力效应较弱。这些 H-L 类型的空间分析单元基本分布在二环及以外（Ⅱ区、Ⅲ区和Ⅳ区），主要集中在二环外围地区（Ⅲ区和Ⅳ区），位于城市已建成区域与 L-L 类型空间分析单元之间的过渡区域，呈现点状分布。

在二环外围地区（Ⅲ区和Ⅳ区），H-L 类型的空间分析单元主要分布在偏远产业园区、城中村和待拆迁改造区域，例如西安经济技术开发区、西安半导体产业园、行政中心、航天城等等。南侧 H-L 类型的空间分析单元主要集中在西安高新技术产业开发区和陕西航天经济技术开发区等地，而北侧地区主要集中在行政中心周围。待改造或已经改造城中村的服务性区域功能相对较为丰富，但外围片区人群活动数量相对较少，人流量不及核心区域。如二环内的 H-L 类型的空间分析单元可能受到旧城改造等因素的影响，在原有功能尚存的情况下，由于人口大量外流，这些区域呈现出高土地混合利用但低城市活力的状态。

综上，H-L 类型的空间分析单元的高土地混合利用低城市活力状态表明了这类区域的发展存在着一定的问题。尽管土地混合利用在一定程度上可能有助于城市活力的提升，但其他因素的影响可能导致这些区域的人口流动和活力水平较低。这一现象可能与城市规划、发展政策以及社会经济因素等多方面因素有关。

5.3.3 圈层分布

各类型空间分析单元仍表现为明显的圈层分布特征。以城市环路为统计区域，H-H 类型的空间分析单元在二环内（Ⅰ区和Ⅱ区）的传统城市核心区占比为 90%，表明该区域的功能配置和人群活动水平都非常高，然而随着离中心城区的距离增加，其占比逐渐减少（图 5-11）；L-H 类型的空间分析单元主要分布于中心区及中心周边区域（Ⅰ区、Ⅱ区），少量分布在Ⅲ区（二环与三环之间），数量呈现先增后减的趋势，可能是因为这些区域既有较高的土地混合利用度，也有相对较高的城市活力；相比之下，H-L 类型的空间分析单元主要分布在Ⅲ区（二环与三环之间），表明这些区域的土地混合利用程度较高，但由于各种因素影响，其城市活力并未达到预期水平，特别是在Ⅰ区（一环内）占比为 0%；L-L 类型的空间分析单元则呈现明显分布在城市外围区域（Ⅲ区和Ⅳ区）的形态，其占比相对较大，表明这些区域的土地利用效率较低，但可能由于其较低的开发成本和较好的生态环境，吸引了部分人群。可见，不同类型的空间分析单元在城市环路划分下呈现出不同的分布态势，这一特征与城市规划、土地利用政策以及人口流动等因素密切相关，这种分布的差异性要求进一步优化土地利用和功能布局。

为了更为精准地解析空间圈层分布特征，以西安核心区域的地标钟楼为中心，以 2km 为间隔进行圈层划分，并对各个半径范围内的空间分析单元类型进行统计分析（图 5-12 和图 5-13）。随着半径逐渐增大，H-H 类型的空间分析单元的比例呈逐步下降趋势，直至第三圈层（6km）达到最低点，意味着 H-H 类型的空间分析单元主要集中在城市中心区域，而随着距离市中心的增加，这类空间

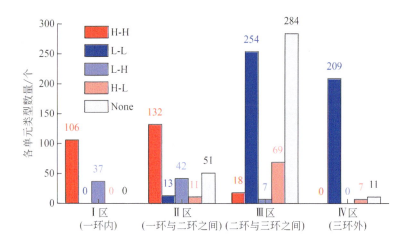

图 5-11　不同圈层空间分析单元类型数量柱状图

分析单元的占比逐渐减少；L-L 类型的空间分析单元比例在第三圈层（6km）后逐步上升，说明 L-L 类型的空间分析单元在较远的城市外围区域占比较高，可能由于这些区域的开发程度较低或是未得到充分的开发；H-L 类型的空间分析单元比例在第三圈层（6km）到第七圈层（14km）范围内波动变化，表明这类空间分析单元在城市过渡区域较为常见，功能性相对单一。整体来看，西安中心城区的空间分析单元类型从内到外依次是 H-H 类型、L-H 类型、Non 类型、H-L 类型和 L-L 类型，呈现出明显的圈层分布特点。这种分布可能受到西安平原地势和城市建设圈层式扩张的影响。

H-H 类型的空间分析单元主要集中在传统中心区（Ⅰ区和Ⅱ区），由于政策优势、基础设施发达以及土地的集约混合利用水平较高，表现出较强的人口聚集性和功能多样性。如钟鼓楼广场周边地区不仅是商业中心，还聚集了大量的行政、商务、文化、娱乐等设施，呈现出高土地混合利用高城市活力的特征。并且，该类型的空间分析单元正在出现逐渐向外围地区扩展的趋势。这些区域依托原有产业基础和政策支持，吸引了大量人口和企业入驻，逐步发展为城市的新兴功能核心区。

L-H 类型的空间分析单元同样主要位于城市的相对核心区域（Ⅰ区和Ⅱ区），少量分布在Ⅲ区（二环与三环之间），表现出良好的活力。这些区域多位于城市工业区、城中村等地，虽然基础设施相对薄弱，但由于土地租金相对较低，吸引了大量人口居住和商业活动开展。然而，由于土地混合利用度较低，难以满足居民的日常功能使用需求，因此需要进一步提高土地利用效率。

H-L 类型的空间分析单元主要分布在城市的外围地区（Ⅲ区和Ⅳ区），这些

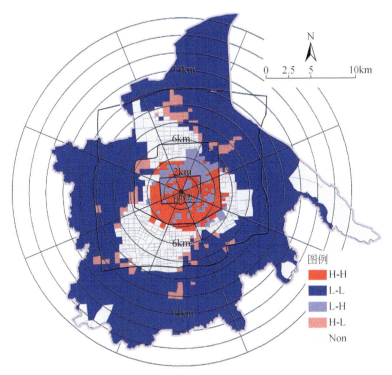

图 5-12　2km 等距圈层划分

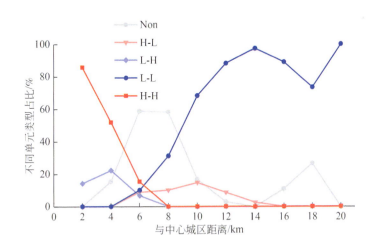

图 5-13　2km 等距圈层不同空间分析单元类型占比

区域通常被 L-L 类型的空间分析单元环绕或与之紧邻，虽然这些区域的功能和基础设施布局较为完善，但由于缺乏人口流入，土地混合利用效应难以得到充分展现。

L-L 类型的空间分析单元主要位于城市的最外围区域（Ⅲ区和Ⅳ区），其土地功能和活力水平均相对较低。这些区域的土地利用形式单一，往往缺乏公共设施和商业服务，导致人口聚集度较低。

综上，不同类型的空间分析单元在西安依然呈现出明显的圈层分布特征，这是由西安的地形和城市建设模式所决定的。传统的中心区仍具有较高的人口聚集和功能多样性，而新的高耦合度次级中心正在形成。特别是部分区域仍存在土地混合利用效率低下以及人口流动不足等问题，需要得到进一步关注和改善。

5.3.4　异向拓展

不同类型的空间分析单元在空间中的不同方位分布上呈现显著差异，不仅反映了城市发展的现状，也揭示了城市规划和土地利用的特点与趋势。为了更细致地探究这种分布特征，以钟楼为中心，将西安市中心城区划分为八个扇形区域，每个扇形代表了不同的空间地理方位（图 5-14）。通过图像分析可知，H-H 类型的空间分析单元主要分布在南部区域，并且西南方向多于东南方向；L-L 类型的空间分析单元在除西北方向外的其他方向分布较为密集；L-H 类型的空间分析单元主要分布在城市的北部和东南部；H-L 类型的空间分析单元除了东部外都有零星分布。通过对西安市中心城区的深入分析，可以发现不同类型的空间分析单元在不同方位的分布上呈现显著差异。

在高耦合空间中，H-H 类型的空间分析单元主要分布在南北发展轴上，这些区域是城市的核心发展区，拥有完善的交通网络和丰富的配套设施。同时，这些区域也是近年来快速发展的区域，例如西安高新技术产业开发区和西安经济技术开发区等新兴产业聚集地。而 L-L 类型的空间分析单元主要靠近生态区域（如浐灞生态区）以及新建的城市发展区域等。这些区域在城市中被视为"绿肺"，为城市居民提供了优良的生态环境。但这些区域的发展相对滞后，缺乏足够的城市功能。

在低耦合空间中，L-H 类型的空间分析单元主要分布在城市新发展核心地区，如大明宫国家遗址公园、广仁寺、环城公园、兴庆宫公园等。随着城市化的推进，这些区域多被城市繁华地带所包围，拥有较好的地理位置，因此具有较高的城市活力。H-L 类型的空间分析单元主要分布在城市新区的边缘，这些区域随着城市建设的推进，土地功能逐渐丰富，但人口导入仍存在一定滞后性。这些区域的生态环境较好，但需要进一步完善城市功能和基础设施，以吸引更多的人口和产业聚集。

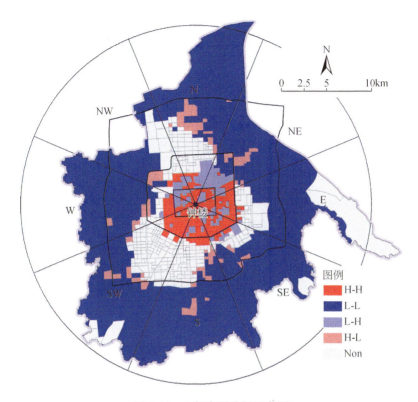

图 5-14　空间扇形分割示意图

　　综上，各类型空间分析单元在不同方位分布上反映出城市发展的特点和趋势，这种差异性对城市规划和土地利用方面具有重要的指导意义，有助于实现更加均衡和可持续的城市发展。

5.4　MGWR 模型建构

5.4.1　指标体系构建

　　土地混合利用与城市空间活力在街区尺度空间分析单元上表现出异质性的耦合关系。这种关系的复杂性和多样性无法单独从土地混合利用的角度来理解其对城市活力的影响，而需要考虑其他多种因素的影响。作为建成环境的重要组成部分，土地混合利用显然是与多种要素相互作用、复杂耦合的。因此，需要将土地混合利用放在整个建成环境系统中进行研究，以更全面地理解其对城市活力的影响。在这样的背景下，借助 MGWR 模型可以更准确、精细化地定量研究土地混合利用及多种建成环境要素与城市活力之间的复杂关系。通过 MGWR 模型，可以更好地理解土地混合利用对城市活力的影响机制，这对于完善土地混合利用空间效应研究，重塑城市活力具有至关重要的作用。

为了深入探究土地混合利用等建成环境指标与城市活力之间的相互影响效应，采用"5D"环境要素作为依据，并借助大数据进行量化分析。在众多学者常用的指标中，选择建筑密度、土地混合利用度、路网密度、容积率、离地铁站最近距离和与城市中心的直线距离等指标来构建建成环境指标体系①②③④⑤⑥⑦⑧⑨，从而全面评估土地混合利用等建成环境因素对城市活力的影响效应。需要说明的是，西安以钟楼为中心，形成了一个独特的"单中心"城市，具有明显的圈层分布结构，城市的各个区域按照与钟楼的远近形成了不同的圈层。城市空间结构通常被划分为"单中心（monocentric）"和"多中心（polycentric）"两类。单中心城市具有单一的市中心区域，而多中心城市则拥有多个可识别的办公和零售活动集中地⑩。在这种城市空间格局下，与钟楼的距离成为衡量一个地方可达性的关键因素。靠近钟楼的区域通常被认为是可达性更高的地方，因为它们通常拥有更高的商业价值、更便利的交通和更完善的公共服务设施。相反，距离钟楼较远的区域可能由于可达性的限制而显得相对冷清或发展滞后，尽管它们可能拥有其他的特色和优势。更为重要的是，钟楼不仅是西安的

① 王德，钟炜菁，谢栋灿，等. 手机信令数据在城市建成环境评价中的应用：以上海市宝山区为例. 城市规划学刊，2015（5）：82-90.

② 夏正伟，张烨. 从"5D"到"5D+N"：英文文献中 TOD 效能的影响因素研究. 国际城市规划，2019，34（5）：109-116.

③ 塔娜，曾屿恬，朱秋宇，等. 基于大数据的上海中心城区建成环境与城市活力关系分析. 地理科学，2020，40（1）：60-68.

④ 王娜，吴健生，李胜，等. 基于多源数据的城市活力空间特征及建成环境对其影响机制研究：以深圳市为例. 热带地理，2021，41（6）：1280-1291.

⑤ 李清嘉，彭建东，杨红. 武汉市不同站域建成环境与轨道交通站点客流特征关系分析. 地球信息科学学报，2021，23（7）：1246-1258.

⑥ Huang X，Liang Q，Feng Z，et al. A TOD planning model integrating transport and land use in urban rail transit station areas. IEEE Access，2021，9（1）：1103-1115.

⑦ 朱婷婷，涂伟，乐阳，等. 利用地理标签数据感知城市活力. 测绘学报，2020，49（3）：365-374.

⑧ 曹钟茗，甄峰，李智轩，等. 基于手机信令数据的城市时间活力模式及影响因素研究：以南京市中心城区为例. 人文地理，2022，37（6）：109-117.

⑨ 王梓蒙，刘艳芳，罗璇，等. 基于多源数据的城市活力与建成环境非线性关系研究：以双休日武汉市主城区为例. 地理科学进展，2023，42（4）：716-729.

⑩ Handy S L，Boamet M G，Ewing R，et al. How the built environment affects physical activity：views from urban planning. American Journal of Preventive Medicine，2002，23（2）：64-73.

心脏地带和标志性建筑，还是城市的 CBD，汇集了大量的商业和商务活动。因此，本研究决定采用与钟楼的距离来表征目的地的可达性，相比最近时间距离、最近公园距离等指标，更易于表征其空间异质性。

5.4.2 模型计算结果

1. 共线性检验

为避免变量之间互相干扰，确保研究结果的准确性和可靠性，借助 SPSS 15.0 软件进行自变量的共线性诊断。若存在多重共线性，则模型的结果将会出现系数偏差、模型 R^2 不稳定以及影响因素不显著等问题。通过容差和方差膨胀因子（VIF）对所选指标进行多重共线性检验，当容差小于 0.1 或 VIF 大于 10 时，自变量之间存在多重。根据多重共线性诊断结果可以看出（表 5-6），所选指标容差均在 0.1 以上，VIF 均在 10 以下，故所选指标不存在多重共线性，可以有效用于后续的分析和模型构建。

表 5-6　共线性诊断结果

模型	容差	VIF
X_1 建筑密度	0.428	2.338
X_2 土地混合利用度	0.573	1.746
X_3 路网密度	0.751	1.322
X_4 容积率	0.475	2.107
X_5 离地铁站最近距离	0.914	1.095
X_6 与城市中心的直线距离	0.397	2.520

注：当容差大于 0.1，VIF 值小于 10 时，说明变量间无多重共线性。

2. 拟合效果

模型拟合度评估是回归分析中至关重要的环节，其中 R^2 和调整后的 R^2 是常用的评估指标。R^2 和调整后的 R^2 均表示回归方程的拟合优度，但调整后的 R^2 经过数据变换，考虑了模型的复杂度和样本量，因此更加贴近实际。当调整后的 R^2 所数值越大时，说明模型的拟合程度越高，所得到的回归结果与实际数据的契合度也更好。AICc 是评估模型拟合度的重要指标，其数值越低，则拟合的程度越高。一般而言，当两模型之间的 AICc 值差距在 3 以上时，认为调整后的 R^2 值越大，模型拟合度越好。

整体来看，MGWR 模型的模拟结果优于 OLS 模型（表 5-7）。具体表现在调整后的 R^2 方面，MGWR 模型调整后的 R^2 为 0.748，远高于 OLS 模型的 0.579；在 AICc 值方面，OLS 模型中 AICc 为 2476.885，高于 MGWR 模型的 1974.294，差距远高于 3。据此可以判定，MGWR 模型整体优于 OLS 模型。在社会学领域，通常认为调整后的 R^2 超过 0.600 就有很好的拟合效果，说明城市活力与建成环境要素之间用 MGWR 模型有很好的拟合效果。

表 5-7　OLS 模型和 MGWR 模型模拟结果

项目	OLS 模型	MGWR 模型
AICc	2476.885	1974.294
R^2	0.581	0.774
调整后的 R^2	0.579	0.748

模型空间尺度方面，带宽衡量了不同变量在空间上的作用尺度，可以反映建成环境指标对城市活力的影响效应在尺度上的差异。带宽数值越大，表明该要素在空间尺度上异质性越小；带宽数值越小，表明该变量在空间影响的异质性越大。

通过 MGWR 的计算，X_3 路网密度、X_4 容积率和 X_5 离地铁站最近距离的带宽在整体空间尺度上并不显著，呈现全局尺度（表 5-8）。X_3 路网密度、X_4 容积率和 X_5 离地铁站最近距离的作用尺度均为 1249，约占总样本数量 1251 的 99.84%，说明容积率、路网密度、离地铁站最近距离在全局对城市活力的影响差距不大，即无论在城市中心或是城市外围，路网密度、容积率和离地铁站最近距离对城市活力的影响都表现出相当的均质性。

表 5-8　MGWR 模型变量带宽描述

变量	变量带宽	占总样本比例/%
X_1 建筑密度	321	25.66
X_2 土地混合利用度	329	26.30
X_3 路网密度	1249	99.84
X_4 容积率	1249	99.84
X_5 离地铁站最近距离	1249	99.84
X_6 与城市中心的直线距离	44	3.52
常数项	44	3.52

其他建成环境要素带宽整体较小，说明空间作用异质性明显（表5-8）。其中 X_6 与城市中心的直线距离的作用尺度最小，为44，占总样本数的3.52%；接下来依次为 X_1 建筑密度和 X_2 土地混合利用度，带宽分别为321和329，分别占样本总数为25.66%和26.30%，空间作用尺度差异相对明显。

需要注意的是，常数项的带宽也是重要的参考指标。在 MGWR 模型中，常数项的带宽为44，约占样本总数的3.52%，空间作用尺度明显。

依据 MGWR 模型各变量回归系数均值结果统计表（表5-9）和模型回归系数箱线图（图5-15），可以深入地理解各个变量对城市活力的影响效应。①X_2 土地混合利用度、X_3 路网密度、X_4 容积率以及 X_5 离地铁站最近距离对城市活力的影响整体上呈现正向效应。X_2 土地混合利用度的影响系数为0.210，表明土地混合利用度对城市活力有着正向影响；X_3 路网密度的回归系数为0.072，尽管数值相对较低，但也显示出路网密度对城市活力的正向影响；X_4 容积率的回归系数最高，达到了0.335，表明容积率对城市活力的正向影响最为显著；X_5 离地铁站最近距离的回归系数最低，为0.003，但仍显示出离地铁站最近距离对城市活力的正向影响。需要注意的是，X_2 土地混合利用度的系数结果在正向影响因素中标准差最大，说明其影响强度在不同区域空间分析单元存在明显的差异，呈现出明显的区位强弱效应。也就是说，土地混合利用度在不同尺度和区位下，对城市活力的影响效果可能会有所不同。②X_1 建筑密度、X_6 与城市中心的直线距离对城市活力的影响整体上呈现负向效应。X_1 建筑密度的回归系数为-0.002，表明建筑密度对城市活力有负向影响；X_6 与城市中心的直线距离的回归系数最

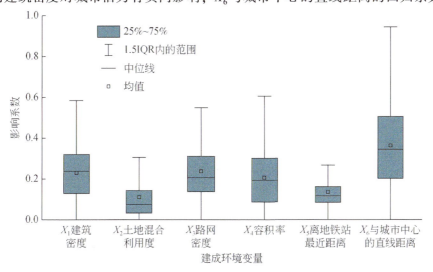

图 5-15　MGWR 模型回归系数箱线图

低，为 -1.295，说明城市中心距离对城市活力有最为显著的负向影响。同样值得注意的是，X_1 建筑密度和 X_5 离地铁站最近距离受空间区位影响存在正负双向效应，这意味着在某些特定条件下，他们可能对城市活力产生正向影响，而在其他条件下，则可能产生负向影响。③从系数的影响程度即系数均值绝对值来看，X_6 与城市中心的直线距离对城市活力的影响力最大，这表明在考虑城市活力的影响因素时，城市中心距离是我们不能忽视的重要因素。紧随其后的是 X_4 容积率和 X_2 土地混合利用度，回归系数均值绝对值均在 0.200 以上，表明容积率和土地混合利用度在塑造城市活力方面具有重要作用；X_1 建筑密度对城市活力的影响力度最弱，尽管如此，这并不意味着它对城市活力没有影响，考虑到每个空间分析单元具体的空间特性和其他影响因素的交互作用，依然具有一定的作用和价值。

表 5-9 MGWR 模型回归结果统计

变量	均值	标准差	最小值	中位数	最大值
X_1 建筑密度	-0.002	0.118	-0.171	-0.045	0.312
X_2 土地混合利用度	0.210	0.108	0.041	0.176	0.433
X_3 路网密度	0.072	0.002	0.070	0.072	0.077
X_4 容积率	0.335	0.002	0.330	0.335	0.339
X_5 离地铁站最近距离	0.003	0.002	-0.001	0.003	0.008
X_6 与城市中心的直线距离	-1.295	0.906	-3.071	-1.433	0.537
常数项	-0.683	1.007	-2.772	-0.320	0.765

5.5 活力影响效应

为了更深入地理解城市活力与建成环境要素之间的复杂关系，借助 ArcGIS 10.8，采用自然断点法将 MGWR 模型的回归系数分为 11 个类别，并绘制各建成环境要素回归系数空间分布图（图 5-16），从而进一步分析土地混合利用等建成环境要素对城市活力影响效应的空间异质性。

5.5.1 密度（density）

X_1 建筑密度受空间区位影响对城市活力的影响呈现正负双向效应。回归分析结果显示，该回归系数的均值为-0.002，标准差为0.118，系数区间为-0.171~0.312，意味着在多数情况下，建筑密度的增加会对城市活力产生负向影响，但在某些特定条件下，它也可能对城市活力产生正向作用。负向回归系数的样本数约占总数的55.00%，表明在大多数情况下，随着建筑密度的增加，城市活力会相应降低。而正向回归系数的样本数约占总数的45.00%，表明在某些特定空间和条件下，建筑密度的增加也会对城市活力产生积极的影响。

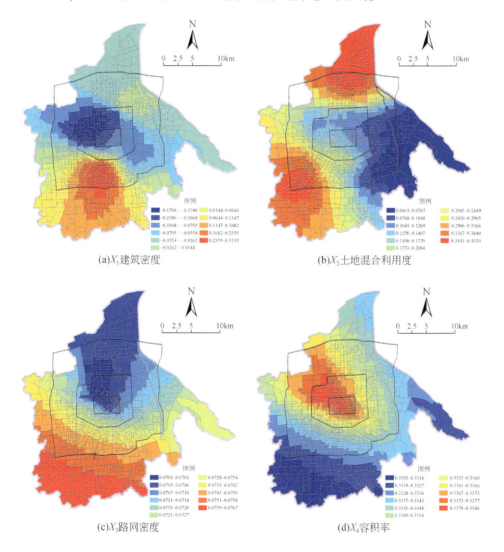

(a)X_1建筑密度

(b)X_2土地混合利用度

(c)X_3路网密度

(d)X_4容积率

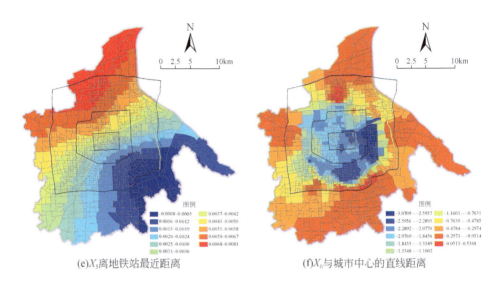

(e)X_5离地铁站最近距离　　　　　　　　　(f)X_6与城市中心的直线距离

图5-16　MGWR模型回归系数空间分布

在空间分布上，X_1建筑密度呈现"多点集聚，南高北低"的空间分布格局，集聚点主要分布在城市三环以内（Ⅰ区、Ⅱ区和Ⅲ区），整体上南部大于北部，在城市三环以内明显的低值"凹陷区"［图5-16（a）］，表明在这一区域，随着建筑密度的增加，城市活力普遍降低。而在城市二环外（Ⅲ区和Ⅳ区）南部区域，建筑密度升高，城市活力提升。

低值集聚区主要分布在Ⅰ区（一环内）的西北部、Ⅱ区（一环与二环之间）北部和西部、Ⅲ区（二环与三环之间）的西北部和东南部，整体呈现负向影响，即建筑密度的增加，会显著抑制片区的城市活力。其中，①Ⅰ区（一环内）的低值区主要分布在明城墙内的莲湖公园和洒金桥地铁站附近，受历史文化街区保护政策的影响，老旧小区分布普遍，公共服务设施匮乏，建筑密度较大，继续提升建筑密度会减少居民的公共活动空间，降低居民生活品质，因此影响系数较低。②Ⅱ区（一环与二环之间）的低值区主要分布在大明宫、西安西站、中国西电西安西电变压器有限责任公司（西变公司）和红庙坡路附近，这些区域大多建于20世纪八九十年代，是当时的城市次中心，建成环境的固定模式形成已久。同时，大量遗留下来的城中村，建筑密度整体较大。若继续增加开发强度则会压缩居民的生活空间，可能会抑制城市活力的提升。③Ⅲ区（二环与三环之间）西部的低值区主要分布的多为老工业基地（电工城）或老旧城区，该地区聚集了航空工业庆安集团有限公司、西安利君制药有限责任公司、中国航发西安动力控制科技有限公司等多个大型企业，建筑密度普遍偏大，没有足够的空间进行再开发，故出现对城市活力抑制效应，可通过降低建筑密度来提升城市活力。

这与适当增加建筑密度可以提升建筑内部的活动空间，提高城市活力，而过度增加对活力提升则适得其反的观点是一致的①。④Ⅲ区（二环与三环之间）的东南部低值区主要分布在西安曲江池遗址公园附近，与曲江片区度假旅游的繁荣发展息息相关。借助大唐芙蓉园、大雁塔等文化旅游场所，打造满足游客度假消费需求的游乐环境，故在曲江池周边规划建设了别墅或低层建筑，同时，大唐芙蓉园和西安曲江池遗址公园水域较多，占地面积大，整体开发强度较低。以度假旅游为主题的用地不能拥有过高的开发强度，若持续增加开发强度，可能会削弱景区文化属性，与发展方向及用地功能不符，某种程度上会抑制城市活力的提升。

高值区主要分布在城市二环以外（Ⅲ区和Ⅳ区）的南部，拥有大量的高校、科研机构和行政单位，建筑密度普遍较低，整体呈现正向影响，即建筑密度的增加，会显著促进城市活力的提升。其中，①Ⅲ区（二环与三环之间）的南部高值区主要分布在小寨、纬一街、电视塔、科技路等附近，是众多高校、文化场馆以及研究机构集聚所产生的结果。该区域是西安市文化与教育资源的集聚区，拥有西安交通大学、西北大学、陕西省电子科技研究所等众多科研机构，同时，还聚集了陕西自然博物馆、西安国际会展中心等大量文化类设施。虽然文化、科研用地的建筑密度虽然普遍不高，但却具有密集的人流活动。因此，若增大建筑密度，补充一定的服务设施，则会满足更多人群的需求，激发城市活力。这也从侧面说明，对于成片的文化、科研类设施区，需要足够的建筑密度以补足大量人群除文化活动以外的需求。②Ⅳ区（三环外）的南部高值区主要分布在长安大学城，这是由开发强度过低所致。一方面，教育用地开发强度普遍不高；另一方面，周边区域开发强度也较低，还存在大片未开发利用的土地。因此，若提高一定的建筑密度，则会促进城市活力的提升。

5.5.2 多样性（diversity）

X_2土地混合利用度对城市活力的影响呈现区位强弱效应，整体呈现"低值穿越、南北值高"的分布格局。回归分析结果显示，该回归系数的均值为0.210，标准差为0.108，系数区间为0.041~0.433。在空间分布上，土地混合利用度对城市活力的影响的高值区分布在城市二环以外（Ⅲ区和Ⅳ区）的北部和西南部区域，可见增加土地混合利用度能明显提高城市活力。然而，在城市二环外（Ⅲ区和Ⅳ区）的东部区域呈现明显的低值区［图5-16（b）］，表明西安市整体土地混合利用度偏低，在绝大部分区域增高土地混合利用度可以明显提高城市活力。

---

① 童明. 城市肌理如何激发城市活力. 城市规划学刊, 2014（3）: 85-96.

回归系数的这种分布特征进一步证实了土地混合利用度对城市活力的影响效应在不同区位存在差异。在城市二环外（Ⅲ区和Ⅳ区）的东部区域，土地混合利用度的提高对城市活力的增加影响较小，可能与这些区域的建成环境要素配置、人口密度、交通便捷性等因素有关，因此进一步提高土地混合利用度对城市活力的影响可能相对较小。

低值区主要分布在西安市中心城区的东南部区域，主要集聚在二环外（Ⅲ区和Ⅳ区）的东侧的纺织城片区和浐灞生态区，以及陇海铁路沿线和汉长安城遗址附近。①二环外（Ⅲ区和Ⅳ区）东侧的纺织城片区和浐灞生态区，1949年后便进行规划建设，在《西安市1953～1972年城市总体规划》和《西安市城市总体规划（1980～2000年）》两版城市规划中就又进行了明确的土地管控。其中，纺织城片区是我国早期的轻纺业的工业中心，拥有国棉二厂、三厂、四厂、五厂、六厂，虽现已停产，但基础设施条件和历史文化资源丰厚。随着近年来的城市更新改造，已形成洪庆高科技工业园、灞桥滨河生态公园、半坡博物馆、万达广场等诸多就业、文化、休闲场所，能够满足居民社交、购物、文化等活动需求。纺织城片区离城市中心较远，加之原有的用地属性单一，多为工业用地，且厂房占地面积较大更新进度较慢，若提升土地混合利用度，在没有足够的人流的前提下，对城市活力的促进效应不显著。而浐灞生态区受生态保护和产业园区影响，直接增加土地混合利用度难以提升城市活力。②二环外（Ⅲ区和Ⅳ区）的陇海铁路沿线和汉长安城遗址附近区域，存在着一些影响城市活力的因素。一方面，陇海铁路作为我国重要的铁路干线之一，承担了连接我国东西区域的重要功能，客货运量大，火车噪音和轨道震动对沿线居民生活影响严重，城市活力整体不高；另一方面，汉长安城遗址作为我国重要的历史文化遗产，被列入世界遗产名录，周边区域并未进行大规模的开发建设，因此该区域的城市活力同样不高。虽然提升该区域的土地混合利用度在一定程度上可以提高当地居民参与各项活动的水平，促进城市经济发展，但是对于片区整体而言，由于存在诸多限制因素，如环境噪声污染、文物保护要求等，使得这一区域的吸引力并不强，因此提升城市活力的效应并不明显。

高值区主要集中在二环以外（Ⅲ区和Ⅳ区）的北部和西南部区域，即西安北站和西安高新技术产业开发区的二次创业区，土地混合利用度对城市活力的正向影响最为显著。①二环外（Ⅲ区和Ⅳ区）的西安北站片区交通便捷，汇有延西高速、西安绕城高速、西铜快速路、包茂高速等，并有地铁2号线及4号线穿过，片区发展潜力巨大。若提升土地混合利用度，便捷的交通条件对城市活力的促进效果应当相当显著。②二环外（Ⅲ区和Ⅳ区）西安高新技术产业开发区的二次创业区对城市活力的影响也相当显著，多以大尺度的产业用地为主，增加土地混合会激活居民活动，促进城市活力提升。一方面，在已建成的开发区内，随着土地混合利用度的增加可以进一步提高开发区内人员生活的便利度，促使居民参与更多的社会活动，从而带来城市活力的提升。需要指出的是，开发区内的居民以年轻人为主，若是增加土地混合利用，补足一定的商业服务配套设施，将更有助于显著提升城市活力。另一方面，在尚未建成的区域，由于缺乏完善的公共服务设施和足够的就业岗位，若进行开发建设，将更有助于提升城市活力。正如边际效用递减原理所论述，任何一项经济活动进行投入，从零到有时的效果最为明显。因此，在供给满足居民所需的各类服务的同时，提高其土地混合利用度，将有助于大幅提升城市活力，增长幅度远超过已经建设完整的区域。此外，土地还具有价值扩散性，即某一土地进行投资或者进行实质劳动，不仅可以带来本身土地的价值提升，还会提升周边区域的价值。因此，提高土地混合利用度不仅可以满足城市发展需求，同时也可以带动周边区域的发展，进一步提升城市活力。

根据 MGWR 模型的结果，X_2 土地混合利用度虽对城市活力整体呈现正向促进效应，但从不同的空间尺度来看，其影响效应具有区位强弱之分 [图 5-16 (c)]。这与目前学术界对土地混合利用与城市活力关系的矛盾观点是一致的，因此，需通过定量分析来进一步探讨二者之间的关系，并提出相应的规划策略。

目前，学术界对土地混合利用与城市活力之间的关系存在两种观念。一种观念认为，土地混合利用有助于提高城市活力。这种观念主要基于新城市主义和精明增长的理论，认为通过有效的空间调控措施，可以为人群创造多样化的使用空间，实现土地集约高效利用，对城市发展具有诸多正向促进效应[1]。例如，土地混合利用可以促进土地集约利用和减少社会隔离，缓解城市及社区的衰落并激活城市活力，提高城市可持续发展的能力[2]，促进居民使用慢行交通出行，减少环境污染[3]等。然而，另一种观念则认为，土地混合利用可能会抑制城市活力。除了简·雅各布斯的工作外，只有少数案例研究将土地混合利用与城市活力联系起来。不合理的土地混合利用可能会引起负向效应，例如某些相互不兼容的功能土地若是布置在同一地块，会互相排斥，降低土地价值与吸引力[4]。过高的土地混

① Gu D, Newman G, Kim J H, et al. Neighborhood decline and mixed land uses: mitigating housing abandonment in shrinking cities. Land use Policy, 2019, 83, 505-511.

② Soni N. Benefits of pedestrianization and warrants to pedestrianize an area. Land use Policy, 2016, 57: 139-150.

③ Raman R, Roy U K. Taxonomy of urban mixed land use planning. Land use policy, 2019, 88: 104102.

④ Taleai M, Sharifi A, Sliuzas R, et al. Evaluating the compatibility of multi-functional and intensive urban land uses. International Journal of Applied Earth Observation and Geoinformation, 2007, 9 (4): 375-391.

合利用会带来足量的人口，引起交通拥挤，提升居民不安全感，降低人居环境质量，抑制城市活力提升等①②。

　　为了充分探究土地混合利用度与城市活力间的关系，明晰其内在机理，利用 SPSS 17.0 软件对二者之间的关系进行统计分析（图 5-17）。首先，对土地混合利用度数据进行预处理。去除部分 POI 数量为 0 的空间分析单元，主要是大片的绿地、水域或是农田，并对土地混合利用度进行归一化处理。其次，对城市活力值进行归一化处理。最后，利用 SPSS 17.0 软件分析二者之间的函数拟合程度（表 5-10）。线性函数、二次函数、对数函数、反比例函数、幂函数的 P 值均在 0.05 以下，具有统计学上的意义。其中，二次函数的拟合程度最好，调整后的 R^2 值为 0.306。据此，可认为土地混合利用度对城市活力的影响具有二次函数关系，即土地混合利用度并不是越高越好，而是存在一定的阈值。一旦超过这个阈值，土地混合利用度对城市活力的促进效果将会下降。过高或过低的土地混合利用度可能会导致城市活力的下降，而适度的土地混合利用度则可以促进城市活力的提升。这也解释了为什么学者们在土地混合利用度对城市活力的影响效应研究上存在分歧。

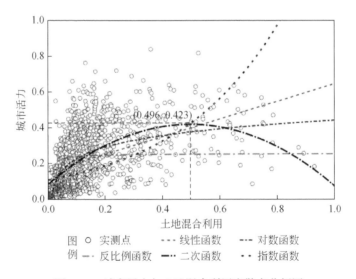

图 5-17　城市活力与土地混合利用度散点分析图

---

　　① Yan J M, Chen H, Xia F Z. Toward improved land elements for urban-rural integration: a cell concept of an urban-rural mixed community. Habitat International, 2018, 77 (8): 110-120.

　　② Wo J C. Mixed land use and neighborhood crime. Social Science Research, 2019, 78 (2): 170-186.

表 5-10 城市活力与土地混合利用度函数模拟结果

函数类型	R^2	调整后的 R^2	P 值	函数表达式
线性回归	0.203	0.202	0.000	$Y=0.49x+0.16$
二次函数	0.307	0.306	0.000	$Y=-1.35x^2+1.34x+0.09$
对数	0.305	0.305	0.000	$Y=0.44+0.09\log x$
反比例函数	0.098	0.097	0.000	$Y=0.26-0.0006^{-x}$
指数函数	0.185	0.184	0.000	$Y=0.11\times e^{2.71x}$

基于二次函数的一般规律，该函数存在最大值。最大值对应的 x 可以通过 $\dfrac{b}{-2a}$ 来进行计算，其中 a 为二次项的系数，b 为一次项的系数。据此，函数的最大值为（0.496，0.423），即当土地混合利用度值处于 0.496 时，土地混合利用对城市活力的正向影响最佳。考虑到数据的波动性，选取土地混合利用度阈值 0.496 两侧各 0.100 取值区间，即当土地混合利用度低于 0.396 时，需要提升空间分析单元土地混合利用，以提升城市活力；而当土地混合利用度高于 0.596 时，则需要优化用地功能结构，降低土地混合利用度。经统计，需要提升土地混合利用度的空间分析单元为 687 个，占总数的 54.92%；需要进行空间功能优化的空间分析单元为 23 个，占 1.84%。在此需要说明的是，土地混合利用度最佳阈值只是根据西安的城市建设情况提出来的，还需要进一步实证检验。在不同的城市或地区，由于经济发展、人口密度、城市规划等因素的不同，土地混合利用对城市活力的影响也会有所不同。

5.5.3 设计（design）

1. 路网密度

X_3 路网密度对城市活力的影响效应表现为全局性尺度，整体上均呈现正向影响效应。回归分析结果显示，该回归系数的均值为 0.072，标准差为 0.002，系数区间为 0.070~0.077，虽呈现"由北向南，逐步升高"分布格局，但整体上的差距并不明显 [图 5-16（c）]。路网密度对城市活力的影响在不同空间尺度下相差不大，这说明了城市中路网密度高低对城市活力影响，路网密度越大，对城市活力的促进效果就越显著；反之，路网密度越小，对城市活力的促进效果就越不明显。可见，盲目提升路网密度的措施可能无法达到预期的效果，反而可能影响其他建成环境因素，例如过密的机动车道可能会影响土地混合利用的慢行连贯性。

这种全局的正相关关系与我国的传统城市规划体系有一定的关联。在我国传统的规划体系中，以机动车快速通行为目的，强调功能分区，将不同功能的区域分割开来，并制定了不同功能区之间标准的布局方式。以城市中的主要交通道路为边界线，划定特定的功能区，如居住区、工业区等，内部的道路系统多采用环状或是树状方式布局且与外部道路连接很少，甚至拒绝连接，以此形成一个封闭的、安全的、宽敞的、有一定公园空间的空间环境。这种规划方式所表现出来的"宽马路、大路网、大街坊"的特点导致了道路网密度不足、城市街区面积大、各类功能空间分布失衡等现象，进而引发城市拥挤、人居环境差等城市问题。

路网密度能够改善城市的拥挤程度，加大路网密度的建设能够提高居民的生活福祉。具有较强通行能力的城市，居民到达各类公共服务设施（公园、医院、养老院、运动场馆等）更便捷，生活需求得到充分满足，从而激励居民出行，带来城市活力的提升①，这与"窄街道密路网"能够提升居民出行的便利度、活动的参与度，从而激活城市活力的观点是一致的。因此，从全局尺度来看，路网密度在全局尺度上呈现正向的促进效果。

2. 容积率

X_4 容积率对城市活力的影响整体呈现全局尺度的正向效应。回归分析结果显示，该回归系数的均值为 0.335，标准差为 0.002，系数区间为 0.330～0.339。在空间分布上，X_4 容积率影响系数呈现出"中心外围，中高外低"的分布格局，虽然升高的幅度并不明显，但整体上呈现全局尺度正相关 ［图 5-16（d）］。即整体上容积率对城市活力的影响程度并不受空间尺度的约束，不论是城市外围或城市中心，增加容积率都能够促进城市活力的提升。这一效应在不同空间尺度下相差不大，说明容积率的提高不仅可以缓解城市人口密度压力，还可以促进城市各项功能更好地发挥，进而带来更丰富的城市生活体验。此外，合理提高容积率也能够增加土地利用效率，推动城市可持续发展。当然，容积率的提高并非没有限制，过高的容积率可能会对城市环境带来负面影响，如增加交通拥堵、降低居住舒适度等。

在 MGWR 模型结果中，X_4 容积率影响系数均值为 0.335，显示出其对城市活力有较强的促进作用；而 X_1 建筑密度影响系数均值为 -0.002，显示出其对城市

---

① 塔娜，曾屹恬，朱秋宇，等. 基于大数据的上海中心城区建成环境与城市活力关系分析. 地理科学，2020，40（1）：60-68.

活力有微弱的抑制作用（表 5-9）。需要注意的是，虽然 X_4 容积率影响程度较大，但却是全局尺度，而 X_1 建筑密度虽然影响程度微弱，但其空间尺度效应明显，不同区位下系数差异较大（表 5-8）。因此，在对城市进行更新改造时，应综合考虑容积率和建筑密度，才能够起到促进城市活力的作用。空间分析单元内的开发强度是单元内部人类频繁活动和集约高效利用土地的综合结果。开发强度管控是否合理，直接关系到城市能否发展成高活力城市[1]。一方面，合理的开发强度可以吸引人群参与活动，促进城市活力的提升，适当增加容积率能够显著提高居民的出行频次，增加街区内的活动和交往；适当增加建筑密度可以提升建筑内的活动空间，进而促进街区产生社会活动，满足不同人群的需求，如白天对青年的吸引力更强，而夜间对老年人的吸引力更强[2]。另一方面，过高的开发强度会抑制城市活力的提升，如过高的容积率会给居民带来压力[3]，影响居住质量和生活舒适度。同时，过高的容积率会导致城市产生热岛效应，放大交通噪音，加剧城市的空气污染和水污染，驱使人们远离生活空间，从而降低城市活力[4]；过度加强横向土地的集约利用程度、提高建筑密度对提升城市活力并不显著，反而会减少居民的活动空间，对活力起到抑制作用[5]。因此，对开发强度的管控变得尤为重要。在城市更新过程中，应综合考虑容积率和建筑密度的影响，以实现土地的高效利用和城市活力的提升。

5.5.4 与公共交通的距离 （distance to transit）

X_5 离地铁站最近距离并不是全部空间分析单元都呈现正向影响效应，而是存在正负双向效应，在不同的尺度和区位下，呈现出不同的结果。回归分析结果显示，该回归系数的均值为 0.003，对城市活力的影响程度较低，标准差为 0.002，系数区间为 $-0.001 \sim 0.008$。离地铁站最近距离对城市活力影响的回归系数呈现出"由南向北，逐步升高"的分布格局 [图 5-16 （e）]。值得注意的是，

---

① 林晨薇，韩西丽，范京. 土地开发强度对儿童户外体力活动的影响：以深圳市为例. 城市规划，2018，42（11）：97-102.

② 郭鑫，陈宏飞，杨喜平. 建成环境对城市不同年龄群体活力的时空异质性影响研究. 地理与地理信息科学，2022，38（1）：63-70，78.

③ 阿龙多琪，马航，杨彪. 2000 年以来我国公共空间活力研究进展. 现代城市研究，2020，35（10）：123-130.

④ 彭瑶玲. 土地利用视角下的交通拥堵问题与改善对策：以重庆主城为例. 城市规划，2014，38（9）：85-89.

⑤ 申婷，李飞雪，陈振杰. 基于多源数据的城市活力评价与空间关联性分析：以常州市主城区为例 [J]. 长江流域资源与环境，2022，31（5）：1006-1015.

X_5 离地铁站最近距离对城市活力以正向为主，然而，这种影响的均值却相对较低，这说明离地铁站最近距离并不是城市活力高低的决定性因素，且在不同的空间尺度上，离地铁站最近距离对城市整体活力的影响波动不大，显示出一种全局效应。

究其原因，随着 2023 年西安市区公交站点覆盖范围的迅速扩大，500m 半径内的公交覆盖率为 88% 以上，几乎达到了饱和状态。在这样的背景下，尽管增加离地铁站最近距离能在一定程度上提高市民的出行便利性和减少出行时间，但它对于城市活力的整体提升作用明显不足。这或许说明，虽然公共交通服务的完善无疑为城市居民提供了便利，但从长远来看，单纯依靠公交系统的提升并不足以根本性地改变城市活力的分布格局。综上所述，城市活力并非由单一因素决定，而是受到多种因素的综合影响。因此，要全面提升城市活力，就需要采取更为综合的策略以促进城市内部空间结构的合理优化，从而激发更广泛的居民活动。

低值区主要分布在东南部区域，这些低值区意味着空间分析单元对地铁的需求强度很大，如果能够在这些区域设立地铁站点，那么将缩短周边居民与地铁站点的距离，进而促进城市活力的提升。高值区主要分布在城市二环外（Ⅲ区和Ⅳ区）的西北部区域，即渭河以南的区域，这些高值区意味着空间分析单元对地铁的需求强度较小，这些区域在城市发展进程中相对滞后，大多尚未进行开发建设，以风景区、公园和村庄为主，缺乏足够的人口支撑。因此，如果在这类地区修建地铁，很难形成地铁网络的规模效应和集聚效应。由于这些区域发展相对滞后，地铁建设对当地经济的带动作用和对城市活力的提升效应也就相对有限。因此，这些区域的居民对地铁的依赖程度相对较低。然而，随着城市化的不断推进和城市开发的深入进行，这些区域有可能会逐渐发展起来，地铁建设也会逐渐发挥出其应有的作用。此外，在这一区域修建地铁也需要充分考虑其可行性。例如，在村庄和风景区地区修建地铁会涉及土地征收、拆迁、环境保护等问题，需要处理好当地居民的安置、补偿以及环境保护问题。同时，地铁建设也需要考虑其经济效益和运营管理等方面的问题，以确保地铁建设的可持续发展。

依据 MGWR 模型结果，X_5 离地铁站最近距离对城市活力主要呈现正向影响。但需要说明的是，中心城区轨道交通站点 800m 半径人口与就业岗位覆盖率仅为 42.3%，距离《城市综合交通体系规划标准》（GB/T 51328—2018）中 65% 的要求还有较大提升空间。这表明了在未来的城市发展中仍需要对公交站点进行规划开发，在此背景下公交站点的合理选址与有效开发变得尤为重要，确保每一个站点的设置都能够充分满足市民出行的需求，同时也要综合考虑经济、环境、社会等多方面因素，从而实现资源的优化配置和城市空间的高效利用。通过这种方式，可以推动公交系统更加便捷、安全、环保地服务于广大居民，促进城市交通网络的完善与城市活力的综合提升。

目前，我国许多大城市都面临着城市人口快速增加和机动化水平不足的双重压力，为解决城市交通拥挤的问题，城市正积极发展地铁交通。由于地铁交通具有可达性高、运量大且快速的特点，各个地铁站点周边的区域成为了城市发展中的重要节点和城市活力集聚场所，在站点周边进行综合开发有助于提高城市活力。然而，在地铁站点周边开发上，需要面对租金昂贵以及权属复杂等问题。这些问题导致了站点周边开发落后于轨道交通建设、配套设施不能满足居民需求、活力衰败等现象出现[①]，使得地铁站点未能发挥应有的基础优势。因此，亟须对地铁站点周边的土地利用进行优化。

5.5.5 目的地可达性（destination accessibility）

X_6与城市中心的直线距离对城市活力影响整体上呈现负向效应。回归分析结果显示，该回归系数的均值为−1.295，标准差为0.906，系数区间为−3.071 ~ −1.433。在空间分布上，这一影响呈现"多点分布，中低外高"的分布规律。具体来说，低值区主要集中在城市三环以内（Ⅰ区、Ⅱ区和Ⅲ区），几乎涵盖了整个二环以内的区域，并在二环的东部区域形成一个极低值区域。这些低值区意味着，空间分析单元与城市中心的距离较近，有利于获取更高的城市活力。高值区主要分布在城市二环以外（Ⅲ区和Ⅳ区）[图5-16（f）]。这些高值区意味着空间分析单元与城市中心距离的远近对城市活力的影响不大，换言之，这些区域的城市活力并不受距离市中心远近的影响或影响较小。

极低值区主要分布在Ⅱ区（二环与三环之间）的东部。主要是居住功能主导，服务设施不足引起。在西安市的整体功能结构中，该区域属于居住功能板块，分布着大片的居住用地，但目前尚未开发完毕，各类设施未能健全。同时，该区域同样受到城市二环路的阻碍，居民进入城中心较为困难，出行成本较高，因此出现了各类服务不能得到满足的情况，引起了低值集聚。极低值区的出现主要是由地理区位受限、公共和商业服务设施不足、与城市中心的距离较远以及交通不便等多种因素的影响所致。

高值区主要分布在城市二环以外（Ⅲ区和Ⅳ区），这些区域对城市活力的抑制效果相对较弱。一个明显的特点是，这些区域大多位于城乡接合部，甚至还有

---

① 马归民，严建伟，杨希. 基于轨道交通站点协同开发的地下商业空间活力研究：天津市津汇广场地下商业空间分析. 现代城市研究，2016，31（8）：100-105.

一些是还未进行开发建设的乡村/村庄。在城市向外扩张发展和郊区市民城市化的进程中，由于城乡之间社会、文化、经济等多方面的相互作用，形成了一个特殊的城乡交界地理单元。在这个地理单元内，城乡土地用途、城乡行政管理等方面都存在一些混乱。虽然各类服务设施供给不足，但由于人口相对较少且存在小农经济，部分服务可以自给自足，因此与城市中心的距离远近对城市活力的影响并不明显。此外，这些区域内的城市活力也受到城市整体功能结构的影响。在南部和北部区域，居住功能是主导功能之一，居住用地分布广泛。虽然这些区域的居住功能较为单一，但是随着城市化的不断推进和城市功能的不断完善，这些区域的各类设施也在逐步完善。同时，由于城市二环路和三环路的交通便捷性，居民进入城市中心也较为方便，因此城市活力的提升也是必然趋势。

X_6 与城市中心的直线距离对城市活力呈现负向的影响效应，且影响程度在所有建成环境指标中最大（表 5-9），这表明，为了提高城市的整体活力，城市发展与城市中心保持较近的距离是非常重要的。因此，从"多中心"发展模式的视角出发进行城市规划建设是具有非常重要的意义。西安的空间结构是典型的以钟楼为城市中心的"单中心"发展结构。然而，这种"单中心"的圈层结构所产生的城市问题越发凸显，如城市交通过度拥挤、服务设施配给不足、噪声污染严重、居民生活质量下降等[①]。为了解决这些问题，在《西安城市总体规划(2008—2020 年)(2017 年修订)》中提出了"九宫格局、棋盘路网、一城多心"的城市新格局。然而，要真正实现从"单中心"模式向"多中心"模式的转变，还需要进一步引导城市发展，疏解城市中心城区功能。

在"多中心"发展模式下，城市将被划分为多个中心，每个中心都具有自己的经济、文化和社会功能。这样可以分散城市中心的人口和经济活动，减轻城市中心的压力，提高整个城市的活力和宜居性。同时，"多中心"发展模式也有利于促进城市各区域之间的平衡发展，减少城市发展的不公平性。为实现从"单中心"模式向"多中心"模式的转变，政府需要制定一系列的政策和措施。例如，加大对城市中心以外地区的投资和发展力度，鼓励企业和居民向城市中心以外地区迁移。同时，加强城市中心以外地区的基础设施建设和公共服务供给，提高这些地区的吸引力和竞争力。此外，还可以通过规划控制和土地政策等手段，限制城市中心的发展规模和速度，促进城市中心以外地区的发展。总之，"多中心"发展模式是解决城市问题、提高城市活力和宜居性的重要途径。在对城市进行总体规划时，应从"多中心"发展模式的视角出发进行城市建设，促进城市

---

① 耿甜伟，李九全. 开发区建设与城市结构形态演变：以西安为例. 资源开发与市场，2018，34(5)：665-669.

的平衡发展和可持续发展。

5.6 调控模式

不同的影响因素对空间分析单元城市活力有着复杂且多样的影响，其中一些因素会起到抑制作用，而另一些因素则可以增强城市活力。根据 MGWR 模型计算结果，对于某些抑制城市活力的因素，可以采取相应的措施进行调控，以减轻其对城市活力的负面影响；而对于能够增强城市活力的因素，则可以进一步发挥其作用，以推动城市的发展。在提升城市活力的过程中，调控模式的选择至关重要。通过合理的调控模式，可以有效地提高城市的土地利用效率，充分挖掘土地价值。这不仅有助于提升城市的整体形象，也有利于打造高质量发展城市，为未来的繁荣奠定坚实的基础。

5.6.1 调控原则

1）综合协调原则

多层次多维度的综合协调是土地利用优化与提升的重要原则之一。土地功能的调整和变化是一个复杂的过程，需要考虑到多个层次和多个方面的因素。首先，从城市层面来看，土地功能的调整需要考虑到所在区域与整个城市的关系和定位。避免因土地用途、功能等大的变化引起区域在城市中的定位和职能发生改变。其次，从街区层面来看，土地功能的调整需要考虑到地块与周围地块之间的平衡和协调。不同的地块可能具有不同的功能和用途，但彼此之间存在互补和衔接的关系。最后，从地块层面来看，土地功能的调整也需要考虑到各种功能和指标之间的兼容性和平衡性。不同的功能和指标可能具有不同的要求和限制，彼此之间存在着相互影响和相互制约的关系。此外，土地混合利用受到政策规划、经济环境、居民行为等多方面因素的影响，如果只考虑单方面的因素，可能会导致土地综合效益的降低。特别是对于城市核心区的土地更新及重塑，更需要统筹考虑现状与未来发展之间、文化保护和开发之间、历史传承与时代发展之间的关系，而这些关系之间可能存在诸多矛盾和冲突。因此，在确定土地混合利用组成功能、程度等要素时，需要综合协调各方面因素，以确保其最佳效益的实现。

2）混合兼容原则

混合兼容原则是实现土地混合利用的基础，功能和用途是土地混合利用的核心构成要素，规划和控制土地的功能与用途也是城市规划的核心内容。通过对每个地块赋予特定的土地使用性质，可以增强土地开发的规范性和便利性。然而，这种方式也可能导致土地功能在长时间内缺乏灵活性和适应性。为了实现土地混合利用的提升，需要增加土地功能的复合性和兼容性，这不仅是增加土地功能的数量或种类，还表现在地块内部功能的复合性和兼容性。首先，在区域层面，各地块的主导功能应该做到复合兼容，以提升区域间土地功能的协调，并促进区域的长期可持续发展。这意味着不同的地块应该具有多种功能，并且这些功能应该相互补充和支持，以实现整体效益的最大化。如居住区可以包含商业、文化和娱乐设施，以满足居民的不同需求。其次，在功能配置层面，功能复合是多种空间活动需求的交织，这意味着不同的功能应该相互融合，以创造一个多样化的环境。功能兼容是多层次人群的融合，多种功能设施的穿插，使人群需求得到满足、功能的正外部效应最大化。这意味着不同的功能和设施应该能够共存并相互支持，以满足不同人群的需求。如商业区可以包含办公、零售和娱乐设施来吸引不同的人群。为了实现土地混合利用的提升，一方面需要对土地兼容类型、功能用途及各功能的指标进行细化。这有助于实现更具体的规划目标管控，从而达到对土地的精细化管理。另一方面，功能的复合兼容规定应当具有适当的宽容性，以确保土地的健康可持续混合利用。这意味着在兼容的用途中可以适当进行功能的选择与转换。如工业区可以在保留工业用地的同时，允许适量的商业和居住用地，以促进区域的多样化和活力的提升。

3）弹性开发原则

弹性开发原则是实现土地混合利用的重要原则之一。随着市场经济的不断完善和城市竞争的加剧，城市各区域间的竞争动力持续增强，市场开发机制也在持续发展。然而，上层政策及城市规划受到诸多因素的共同影响，只能实现"有限"的规划调控。因此，随着土地利用问题的复杂化和多元化，土地的开发和功能的混合使用需要有更高的弹性来适应迅速变化的市场条件和要求。土地混合使用的开发和建设是一个动态发展的过程，其主要体现在应对各种影响因素在时间和空间上的变化。未来的不可预测性使得弹性开发成为了应对风险的重要保险和措施。同时，各项设施的建成及匹配并非一朝一夕，现阶段的规划设计目标只能是满足当前的需求。因此，在适应社会经济发展大前提的基础之上，预留土地指标及功能的调整和转换空间的弹性开发就显得十分必要。如可以规定商业用地的兼容类型和指标，但同时也允许在一定条件下进行功能的调整和转换，这样可保证商业区的发展符合市场的需求和变化，也为未来的发展预留了足够的空间。此外，弹性开发原则也需要考虑到不同利益方的需求和权益。在规划阶段需要充分征求各方意见，并尽可能满足他们的合理需求。这样可以增强规划的科学性和民主性，也可以减少实施过程中的阻力和矛盾。

4）集约高效原则

集约高效是实现土地混合利用的又一重要原则。随着城市化的加速和土地资源的日益紧缺，以"土地财政"①为核心的城市粗放式外扩的负外部性效果逐渐显现。因此，土地的集约高效化利用就显得十分必要。土地混合利用可以在占有较少土地资源的前提下，形成紧凑、高效、便捷的功能组织形式，从而实现土地及空间的高效化利用，缓解城市土地紧缩态势下的用地压力。在土地混合利用的实践过程中，不仅需要考虑各功能间的相互融合和兼容，还需要使各功能间产生"乘数效应"，使功能使用效率得到充分提高。土地混合利用为导向的土地集约高效化利用的前提条件是土地的合理混合和结构最优，这意味着不仅应考虑不同功能的需求和特点，以及功能的合理布局与组织，还应充分考虑城市的发展速度和便捷程度以及为功能使用者带来的便利程度。集约高效利用是土地混合利用开发过程中必不可少的要求，也是城市土地开发新活力注入的必要手段。通过对存量土地的挖潜和对新建土地集约利用的筹谋，可以提高土地利用效率，从而为城市的发展注入新的活力。

5.6.2　强化城市规划引导

随着城市化进程的加速，城市土地资源的利用面临着越来越大的挑战。为了促进城市及区域的可持续发展，政府制定了一系列政策和规划，以引导城市资源的合理分配和空间的高效配置，促进城市及区域的可持续发展②，也是政府实现土地混合利用、土地集约高效的重要手段。这些政策和规划不仅在城市宏观层面起到了战略引导的作用，还在中微观层面成为了统筹城市各项建设及管理的依据。在城市空间结构及城市土地资源利用上，已形成了从城市宏观层面到微观用地单元、从功能布局再到其配套设施的较为完整的实施传导体系③。近年来，西安市在土地混合利用方面做了积极有益的探索，但无论是法定规划或非法定规划，其均具有强制性内容及引导性内容并存的特点，因此，在充分理解城市政策及规划内涵的前提下，把握单元所在区域宏观定位，充分发挥比较优势，结合现状条件在法规允许范围内对用地功能、混合利用等内容进行适当调整，是实现区域良性发展、提升城市活力的重要途径。

---

① 土地财政，是指一些地方政府依靠出让土地使用权的收入来维持地方财政支出，属于基金预算收入，属于地方财政收入的一种。中国的"土地财政"主要是依靠增量土地创造财政收入，也就是说通过卖地的土地出让金来满足财政需求。

② 解永庆. 城市规划引导下的深圳城市空间结构演变. 规划师，2015，31（S2）：50-55.

③ 杨保军，张菁，董珂. 空间规划体系下城市总体规划作用的再认识. 城市规划，2016，40（3）：9-14.

1) 坚持市场运作,明确功能定位

充分理解并把握政策及规划中地块所在区域的土地、功能、产业定位。在城市总体布局中,每个区域都具有不同的区位和功能定位。科学分析上位规划中区域的功能构成,各空间分析单元应结合周边地块功能,充分把握其在城市规划布局中的性质,从区位优势、资源优势、环境优势、文化优势等方面充分理解单元所在区域的优劣势。在进一步完善城市土地功能布局的基础上,将地理区位带来的先天优势转变为现实发展动力。科学分析上位规划中区域的功能构成,结合周边地块功能,共享城市基础设施及城市公共资源,充分发挥集聚效应及规模效应,提高用地功能的使用效率,促进区域城市活力实现整体提升。

效益最大化目标的实现是政策、规划与市场等因素紧密互动的结果。在充分解读规划政策的基础上,用地单元还应结合周边用地性质及市场的需求,合理确定功能混合及布局安排。如首先对土地功能所适配人群的年龄构成、行为需求及消费特征进行详细的调研,进而在土地混合使用的功能构成中协调安排,从而达到吸引人流集聚的目的,增加各混合功能的使用效率。同时,结合所处城市区域的发展特点,在法规允许范围内,对混合形式、功能多样性等进行适当调整,科学布局土地功能,提高土地的混合利用效率,促进城市活力的提高,使土地资源的利用效益最大化。

2) 倡导用地兼容,建构管控体系

由于城市建设用地有限,如何充分利用土地资源,制定用地兼容性的策略成为关键问题。目前对用地兼容性的规定较为模糊,兼容土地功能类型过于笼统,应有针对性地进行细分,其内容应包括各类城市建设用地的可兼容用途和兼容比例,具体内容主要有用地类别代码、可兼容用途、可兼容用途用地的面积占总用地面积的比例、可兼容用途的建筑面积占总建筑面积的比例等。用地类别代码原则上按照《国土空间调查、规划、用途管制用地用海分类指南》(自然资发〔2023〕234号)的要求,可兼容用途用地的面积占总用地面积的比例以及可兼容用途的建筑面积占总建筑面积的比例应结合西安城市建设情况进行确定(表5-11)。同时,还应加强政策规划的灵活性及弹性空间,形成"宏观引导—中观把控—微观控制加引导"的逐级规划管控体系。加强宏观层面引导,增强对中观层面具体指标的把控,形成微观空间分析单元内部的管控引导,对混合单元内部给予功能混合及空间结构组织更大的可操作性。在实际开发过程中因不可预见性因素影响导致规划内容变更等情况应结合实际情况在规定允许下予以调整支持。规划也应对区域发展现状和发展需求变化积极作出反应和调整,对混合功能布局等要求进行适应性调整,以应对土地混合利用的阶段性差异。

表 5-11 可兼容用途和兼容比例规定表

用地类别代码			可兼容用途	可兼容用途用地面积占总用地面积比例/%	可兼容用途建筑面积占总建筑面积比例/%	备注
一级类	二级类	三级类				
07 居住用地	0701 城镇住宅用地	070101 一类城镇住宅用地	绿地；商业设施、可附设的公共管理与公共服务设施、公用设施、道路与交通设施、城镇社区服务设施		≤15	其中，商业服务业设施建筑面积不超过总建筑面积的7%
		070102 二类城镇住宅用地				
		070103 三类城镇住宅用地				
	0702 城镇社区服务设施用地		绿地；商业服务业设施、可附设的公共管理与公共服务设施、公用设施、道路与交通设施			
08 公共管理与公共服务用地	0801 机关团体用地		绿地；可附设的市政设施、道路与交通设施、城镇社区服务设施			
	0802 科研用地					
	0804 教育用地					
	0806 医疗卫生用地					
	0807 社会福利用地					
	0803 文化用地		绿地；商业服务业设施、体育设施；可附设的公用设施、道路与交通设施、城镇社区服务设施			
	0805 体育用地		绿地；商业服务业设施、文化设施；可附设的公用设施、道路与交通设施、城镇社区服务设施			
09 商业服务业用地	0901 商业用地		绿地；可附设的公共管理与公共服务设施、公用设施、道路与交通设施、城镇社区服务设施		≤20	
	0902 商务金融用地		绿地；商业服务业设施、可附设的公共管理与公共服务设施、公用设施、道路与交通设施、城镇社区服务设施			

续表

用地类别代码			可兼容用途	可兼容用途用地面积占总用地面积比例/%	可兼容用途建筑面积占总建筑面积比例/%	备注
一级类	二级类	三级类				
09 商业服务业用地	0903 娱乐用地		绿地；商业服务业设施；可附设的公共管理与公共服务业设施、公用设施，道路与交通设施、社区服务设施		≤20	
	0904 其他商业服务业用地		绿地；商业服务业设施；可附设的公用设施、道路与交通设施、城镇社区服务设施			
10 工矿用地	1001 工业用地	100101 一类工业用地	绿地；生产服务设施、生活服务设施、商业服务业设施；可附设的公用设施、道路与交通设施、城镇社区服务设施	≤7	≤15	含宿舍型保障性租赁住房的用地面积之和不超过项目总用地面积的15%，建筑面积之和不超过项目总建筑面积的30%，提高部分主要用于建设含宿舍型保障性租赁住房
		100102 二类工业用地	绿地；生产服务设施、生活服务设施、商业服务业设施；可附设的公用设施、道路与交通设施			
		100103 三类工业用地	绿地；生产服务设施、生活服务设施；可附设的公用设施、道路与交通设施			

续表

用地类别代码			可兼容用途	可兼容用途用地面积占总用地面积比例/%	可兼容用途建筑面积占总建筑面积比例/%	备注
一级类	二级类	三级类				
11 仓储用地	1101 物流仓储用地	110101 一类物流仓储用地	绿地；生产服务设施、生活服务设施、商业服务业设施、融合加工、配送、运营管理、批发展销的物流设施；可附设的公用设施、道路与交通设施、城镇社区服务设施	≤7	≤15	
		110102 二类物流仓储用地	绿地；生产服务设施、生活服务设施、商业服务业设施、融合加工、配送、运营管理、批发展销的物流设施；可附设的公用设施、道路与交通设施			
		110103 三类物流仓储用地	绿地；生产服务设施；可附设的公用设施、道路与交通设施			
12 交通运输用地	1206 城市轨道交通用地		绿地；商业服务业设施；可附设的公共管理与公共服务设施、公用设施、城镇社区服务设施		≤10	
	1208 交通场站用地					
	1209 其他交通设施用地				≤10	

续表

用地类别代码			可兼容用途	可兼容用途用地面积占总用地面积比例/%	可兼容用途建筑面积占总建筑面积比例/%	备注
一级类	二级类	三级类				
13 公用设施用地	1301 供水用地		绿地；可附设的公共管理与公共服务设施、公用设施		≤10	
	1302 排水用地					
	1303 供电用地					
	1304 供燃气用地					
	1305 供热用地					
	1306 通信用地					
	1307 邮政用地					
	1308 广播电视设施用地					
	1309 环卫用地					
	1310 消防用地					
	1311 水工设施用地					
	1312 其他公用设施用地					

注：①建筑面积计算参照《建筑工程建筑面积计算规范》（GB/T 50353—2013），如兼容用途无建构筑物，则以用地面积计算。

②本表各类城市建设用地兼容用途中的"商业"不包括加油加气站。

5.6.3　提升土地功能混合

1. 明确情形，确定管控要求

土地混合利用能够实现不同功能在空间上的优化配置，提高土地利用效率；能够促进不同功能之间的相互交流和互动，为居民提供便捷的生活服务①。西安城市开发区由于过分关注产业集聚效应，区域功能整体相对单一，设施配套不完善，致使城市开发区对于企业和居民的吸引力降低，制约了人口和产业的集聚。针对土地混合利用度对城市活力影响的高值区域（西安高新技术产业开发区、西安经济技术开发区等）［图 5-16（b）］，通过"补短板强弱项"，完善教育、医疗、文化、体育等公共服务体系，提升土地混合利用水平，激发人群活力，从而提升城市活力②③。其中，西安高新技术产业开发区以强化土地混合利用和完善配套服务设施为核心，按照完整社区的建设目标，打造城市创新产业活力街区；在西安经济技术开发区提倡小街区、紧凑型和多样化的土地混合利用方式，以西安北站为节点，打造开放共享的现代产业新城。

如何确定不同使用性质用地的混合比例对于城市用地规划和管理至关重要，并且相关配套指标的确定是土地混合利用标准的重要内容之一。主要内容包括允许混合的情况、鼓励混合的用地等，并对混合的主要用地与其他用地的比例应根据实际需要进行合理规定。当地块的用地兼容用途和比例超出表 5-11 的规定时，应增加相应的用地性质作为混合用地。同时，在土地混合利用过程中需要考虑一些限制条件和指标，如容积率、建筑密度、绿地率等对土地混合利用的影响。

允许混合和鼓励混合的情形包括：首先，在充分保障各类公共设施建设规模和使用功能的基础上，鼓励公共管理与服务设施用地、交通运输用地、公用设施用地与各类用地的混合利用，提高土地利用效益。其次，鼓励城市各级中心区、商业与公共服务中心区、城市轨道交通场站及轨道站点服务范围、客运交通枢纽及重要滨水区等区域的土地混合利用，其他区域的土地混合利用应进行适当控制。再次，具有较大规模混合用地设置的城市重点区域，应在混合用地设置前通

---

① Lin H and Li J. Relationship between distribution of residents' travels and intensity of mixed land-use: a case study on central districts of Guangzhou city. China City Planning Review, 2009, 18（1）：38-43.

② 塔娜，曾屿恬，朱秋宇，等. 基于大数据的上海中心城区建成环境与城市活力关系分析. 地理科学, 2020, 40（1）：60-68.

③ 王波，甄峰，张姗琪，等. 空气污染对城市活力的影响及其建成环境异质性：基于大数据的分析. 地理研究, 2021, 40（7）：1935-1948.

过城市设计专题研究论证，落实混合用地的类型和比例。最后，除独立设置的地下空间系统外，地下空间的使用性质与地上土地使用性质之间宜保持关联。为了规范混合用地的规划编制，主要包括法定图则、城市更新单元专项规划等，避免出现混乱的混合用地类型，应对城市建设用地混合进行引导，加强管理控制，提升街区活力（表5-12）。需要注意的是，混合的各类用地性质之间不得互相产生安全、环境、消防等负面影响，严禁环境要求相斥的用地之间的混合。严禁三类工业用地、三类物流仓储用地、公共卫生设施用地与其他任何用地混合。严禁特殊用地与其他任何用地混合。严禁二类工业用地与居住用地、公共管理与公共服务用地混合。

2. 因地制宜，分区分步实施

为了提升土地功能的多样性及兼容性，促进土地集约高效地开发及利用，可通过微改造或注入混合功能区的方式来实现。微改造主要针对现有的城市空间，通过对其进行局部调整和优化，提高功能的多样性。如可以在城市商业区域增加一些文化或创意元素，使其更具吸引力和活力。在尚未充分开发的城市区域，通过引入多种功能进行混合，形成一个综合性的城市空间。

应充分考虑不同人群的需求合理配置土地混合的功能。鼓励采取多形式、多梯度的功能混合形式，针对不同人群的功能需求进行细分，做到各功能与人群间的相互匹配（图5-18），提高功能的多样性。这不仅可以满足不同人群的功能需求，还可以提高土地的使用效率。在一个城市街区中，可以将居住、商业、办公、文化等多种功能混合在一起，形成一个多元化的城市空间。这样不仅可以满足居民的生活需求，还可以吸引更多的人群前来消费和娱乐，提高街区的活力和吸引力。在对不同人群的功能需求进行细分时，需要做到各功能与人群间的相互匹配。这需要对目标人群进行深入的分析和研究，了解他们的生活习惯、消费习惯和需求。在一个商业区域中，年轻人可能更喜欢时尚、潮流的品牌，而中年人则更喜欢品质、舒适的品牌。因此，在规划商业区域时，需要充分考虑不同人群的需求，提供适合他们的品牌和服务。

在实施过程中，可以采用分时分步的建设方案。以交通设施的建设为主，围绕交通设施，以居住、商业商务设施等必要性功能为核心进行先期开发，形成初步规模。这样可以确保城市的基本功能得到满足，为后续的发展奠定基础。随着人口的增加，再进一步增加其他种类功能，逐步形成土地混合利用完善的活力街区。这样可以逐步满足城市发展的需求，避免一次性投入过大造成的浪费。

对于不同现状的空间，提升多元土地利用混合的着重点也有所不同。需要根据具体情况进行分析和规划，以确保每个空间都能得到充分的利用和发展。如在

表 5-12　城市建设用地混合指引一览表

用地类别	07 居住用地		08 公共管理与公共服务用地					09 商业服务业用地				10 工矿用地		11 仓储用地		12 交通运输用地			14 绿地与开敞空间用地
二级类	0701 城镇住宅用地		0801 机关团体用地	0803 文化用地	0805 体育用地	0806 医疗卫生用地	0807 社会福利用地	0901 商业用地	0902 商务金融用地	0903 娱乐用地	0904 其他商业服务业用地	1001 工业用地		1101 物流仓储用地		1208 交通场站用地			1401 公园绿地
三级类	070102 二类城镇住宅用地	070103 三类城镇住宅用地										100101 一类工业用地 / 100102 二类工业用地		110101 一类物流仓储用地 / 110102 二类物流仓储用地		120801 对外交通场站用地	120802 公共交通场站用地	120803 社会停车场用地	
07 居住用地 — 0701 城镇住宅用地 — 070101 一类城镇住宅用地								∨	○	○									
070102 二类城镇住宅用地								∨	○	○									
0702 城镇社区服务设施用地				○	○	○	○	○	○	○									
08 公共管理与公共服务用地 — 0803 文化用地			○					○	○	○									
0805 体育用地			○					○	○	○									

| 189 |

续表

用地类别		07 居住用地		08 公共管理与公共服务用地					09 商业服务业用地				10 工矿用地		11 仓储用地		12 交通运输用地			14 绿地与开放空间用地
一级类		0701 城镇住宅用地		0801 机关团体用地	0803 文化用地	0805 体育用地	0806 医疗卫生用地	0807 社会福利用地	0901 商业用地	0902 商务金融用地	0903 娱乐用地	0904 其他商业服务业用地	1001 工业用地		1101 物流仓储用地		1208 交通场站用地			1401 公园绿地
二级类		070102 二类城镇住宅用地	070103 三类城镇住宅用地										100101 一类工业用地	100102 二类工业用地	110101 一类物流仓储用地	110102 二类物流仓储用地	120801 对外交通场站用地	120802 公共交通场站用地	120803 社会停车场用地	
三级类																				
09 商业服务业用地	0901 商业用地	○	○		○				✓	✓	○	○								
	0902 商务金融用地	○	○		○				✓	✓	○	○								
10 工矿用地	100101 一类工业用地								○	○					✓	✓				
	100102 二类工业用地								○	○					✓	✓				

一级类	二级类	三级类	07 居住用地		08 公共管理与公共服务用地					09 商业服务业用地				10 工矿用地		11 仓储用地		12 交通运输用地			14 绿地与开敞空间用地
			0701 城镇住宅用地		0801 机关团体用地	0803 文化用地	0805 体育用地	0806 医疗卫生用地	0807 社会福利用地	0901 商业用地	0902 商务金融用地	0903 娱乐用地	0904 其他商业服务业用地	1001 工业用地		1101 物流仓储用地		1208 交通场站用地			1401 公园绿地
			070102 二类城镇住宅用地	070103 三类城镇住宅用地										100101 一类工业用地	100102 二类工业用地	110101 一类物流仓储用地	110102 二类物流仓储用地	120801 对外交通场站用地	120802 公共交通场站用地	120803 社会停车场用地	
11 仓储用地	1101 物流仓储用地	110101 一类物流仓储用地								○	○			√	√						
		110102 二类物流仓储用地								○	○			√	√						
12 交通运输用地	1206 城市轨道交通用地		√			○				√	√										
	1208 交通场站用地	120801 对外交通场站用地				○				√	√										
		120802 公共交通场站用地	√			○				√	√										

| 191 |

续表

用地类别		07 居住用地		08 公共管理与公共服务用地						09 商业服务业用地				10 工矿用地		11 仓储用地		12 交通运输用地			14 绿地与开敞空间用地
		0701 城镇住宅用地		0801 机关团体用地	0803 文化用地	0805 体育用地	0806 医疗卫生用地	0807 社会福利用地		0901 商业用地	0902 商务金融用地	0903 娱乐用地	0904 其他商业服务业用地	1001 工业用地		1101 物流仓储用地		1208 交通场站用地			1401 公园绿地
一级类	二级类	070102 二类城镇住宅用地	070103 三类城镇住宅用地											100101 一类工业用地	100102 二类工业用地	110101 一类物流仓储用地	110102 二类物流仓储用地	120801 对外交通场站用地	120802 公共交通场站用地	120803 社会停车场用地	
	三级类																				
13 公用设施用地	1301 供水用地				○														○	○	○
	1302 排水用地				○														○	○	○
	1303 供电用地				○														○	○	○
	1304 供燃气用地				○														○	○	○
	1305 供热用地				○															○	○

续表

用地类别			07 居住用地		08 公共管理与公共服务用地					09 商业服务业用地				10 工矿用地		11 仓储用地		12 交通运输用地			14 绿地与开敞空间用地
一级类	二级类		0701 城镇住宅用地		0801 机关团体用地	0803 文化用地	0805 体育用地	0806 医疗卫生用地	0807 社会福利用地	0901 商业用地	0902 商务金融用地	0903 娱乐用地	0904 其他商业服务业用地	1001 工业用地		1101 物流仓储用地		1208 交通场站用地			1401 公园绿地
	三级类		070102 二类城镇住宅用地	070103 三类城镇住宅用地										100101 一类工业用地	100102 二类工业用地	110101 一类物流仓储用地	110102 二类物流仓储用地	120801 对外交通场站用地	120802 公共交通场站用地	120803 社会停车场用地	
13 公用设施用地	1306 通信用地					○													○	○	○
	1307 邮政用地					○													○	○	○
	1308 广播电视设施用地					○													○	○	○
	1309 环卫用地					○													○	○	○

续表

用地类别			07 居住用地		08 公共管理与公共服务用地					09 商业服务业用地				10 工矿用地		11 仓储用地		12 交通运输用地			14 绿地与开敞空间用地
一级类			0701 城镇住宅用地		0801 机关团体用地	0803 文化用地	0805 体育用地	0806 医疗卫生用地	0807 社会福利用地	0901 商业用地	0902 商务金融用地	0903 娱乐用地	0904 其他商业服务业用地	1001 工业用地		1101 物流仓储用地		1208 交通场站用地			1401 公园绿地
二级类																					
三级类			070102 二类城镇住宅用地	070103 三类城镇住宅用地										100101 一类工业用地	100102 二类工业用地	110101 一类物流仓储用地	110102 二类物流仓储用地	120801 对外交通场站用地	120802 公共交通场站用地	120803 社会停车场用地	
14 绿地与开敞空间用地	1401 公园绿地					√	○			√								○	○	○	
	1403 广场用地									√	√	○									

注：①"√"表示鼓励混合，"○"表示有条件可混合。表中未列用地一般不宜混合。
②鼓励混合的用地是指功能用途相互，环境要求相似的用地。
③有条件可混合的用地是指此类用地应视建设项目条件进行具体选择与裁量。
④其他需使用的用地的混合应符合相关规定，应结合具体用地的建设条件与开发需求。
⑤轨道交通等市政设施上盖类用地宜采用分层图则形式予以确定。各单层图则具体用地符合混合利用兼容或混合利用技术要求。
⑥本表中所列"商业用地"不包括加油加气站；"机关团体用地"中仅包含15分钟生活圈居住区、10分钟生活圈居住区配套设施中社区服务中心、街道办事处、司法所等宜联合建设的公共管理和公共服务设施。

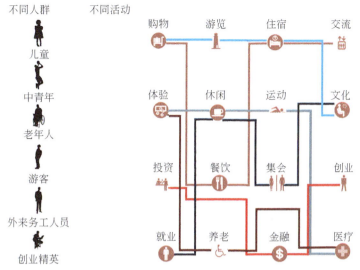

不同人群具有不同的活动需求及特点，单一的功能往往不能满足居民的需求，因此，将多种功能混合以增强空间的利用效率。

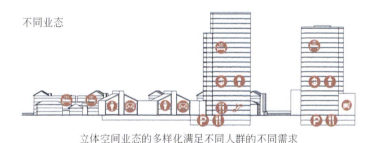

立体空间业态的多样化满足不同人群的不同需求

图 5-18 多维混合活动与空间利用示意图

城市中心区域，可以注重商业、文化、办公等功能的混合；而在城市郊区或新开发区域，则可以注重居住、休闲、教育等功能的混合。

1）疏解置换 I 区（一环内）非核心功能

西安市中心城区整体土地混合利用度较低，然而，大部分空间分析单元土地混合利用度对城市活力的正向促进效应显著，显示出较大的提升空间 [图 5-16（b）]。因此，通过灵活调控土地混合的方式增强土地混合利用度，在土地使用兼容的基础上，可以将街区的主导功能作为街区用地性质，并给予街区尺度范围一定的弹性用地，以促使土地混合利用度达到最佳阈值，从而发挥促进城市活力的最佳效用。在 I 区（一环内），大部分处于最佳阈值的空间分析单元分布于此，这也是 H-H 型空间主要分布的区域。该区域内，土地混合利用与城市活力正向相关，布局模式较为一致，其较高的土地混合程度是区域城市活力持续提升的动力。但土地混合利用并不会无限地促进城市活力的增加。超过最佳混合度阈值后，过度的混合利用和过高的开发强度会导致诸如拥挤、侵占、混乱和噪音等负外部性的产生[①]；而在居住区附近，过高的土地混合开发可能会致使环境成分混乱，引发非法侵占问题。此外，基础设施的建设压力也会急剧上升，出现诸如停车位不足导致的汽车溢出等现象，使得居住区舒适性下降。因此，针对Ⅰ区（一环内），在基于其现有高土地混合利用度-高城市活力耦合的前提下，有针对性地提出以下优化策略及措施，以保障其健康可持续地发展（图5-19）。

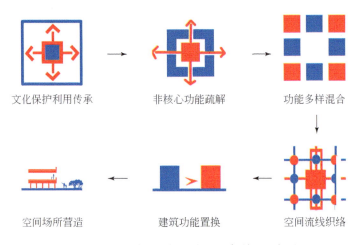

图5-19　土地功能疏解置换及混合利用示意图

一是充分理解上位规划，制定相应措施，引导Ⅰ区（一环内）非核心功能有序向外疏解。在规划中严格控制改扩建项目开发强度，制定相应功能混合兼容措施，指导存量开发过程中功能有序混合。限制土地混合利用极高值地区的开发强度，制定开发规模上限，避免出现高强度、高密度开发所带来的负面效应，促进城市由传统的单中心向多中心发展转变，缓解城市中心区的拥堵现状。

二是注重居民生活的需求，保障供需平衡。事先进行科学调研，了解居民生活习惯与需求，有目的性地改善土地混合利用，以改善生活为主，不能盲目增加商业用地，在现有条件难以改变的情况下注重提升公共空间品质，整治建设各类活动空间以及绿色空间，改善各类基础设施。

三是优化区域内历史文化资源环境，降低历史街区的人口密度，并结合相应

---

① Bahadure S. Social sustainability and mixed landuse, case study of neighborhoods in Nagpur, India. Bonfring International Journal of Industrial Engineering and Management Science, 2014, 2 (4): 76-83.

资源进行有序开发，体现古都历史风貌。一方面加强文物保护和利用，制定文物保护和利用规划，加强文物维修和保护工作，确保文物的完整性和安全性；另一方面，控制历史街区的人口密度。通过制定人口疏解政策，引导历史街区的人口有序向外迁移，降低人口密度。同时，有序开发利用历史街区的资源。在保护文物的前提下，结合历史街区的资源特点，制定有序开发的规划和管理措施。例如，可以发展文化旅游、文化创意等产业，打造具有历史文化特色的旅游目的地和文创产品。此外，可加强对历史街区环境的整治和管理，提升历史街区公共空间的品质和环境卫生。

四是推动土地功能的疏解置换，引导空间分析单元良性发展。在适应市场大方向的前提下，通过政府政策干预，鼓励城市核心区低混合利用空间进行功能的疏解与置换。西安市政策规定，城墙内不再新增居住功能。中心区可以通过区域功能合作引导人口的合理流动，向外疏解居住功能，向内引入文化产业及其相关功能。上世纪老旧工厂集聚区可通过"拆保并存"的土地改造模式，在保留部分有价值的遗产类建筑的基础上增加并置换部分功能，保留空间特色，增加空间功能多样性。

2）合理提升过渡区域土地混合

在城市一环到三环之间（Ⅱ区和Ⅲ区），是西安城市核心区到主城区外围的区域，这个区域的土地混合利用度从中心向外围逐渐降低。其中，土地利用混合度适中的区域应当积极引入不同功能业态，加大土地利用混合度，引导土地混合利用度至最佳阈值，以满足居民对于多元混合需求。如位于一环与二环东部的西变公司、西安利君制药有限责任公司等街区，用地属性多为单一的工业用地。未来发展需要合理布置商业、公共服务设施等用地，提高土地混合利用度，从而激发区域活力。对于土地混合利用度较低的区域，即主要表现为 L-H 型耦合的区域，城市活力表现出较高的水平，但较低的混合水平并不能满足人群对功能的使用需求。应从以下几个方面对 L-H 型空间的土地混合利用进行提升，从而激发城市空间活力。

一是加强空间分析单元土地再开发，提升精细化利用水平。城市核心区建设因时代的局限性，土地功能性质较为单一。通过对土地混合开发低效空间的摸排识别，推进此类空间分析单元的再开发，满足城市社会经济发展人群对土地功能的新需求，并保障城市肌理的完整。一方面应细化用地改造政策及管理，在开发中遵循市场规律，平衡各权益人的利益，做好再开发时序安排。另一方面，明确用地再开发范围，充分挖掘此类型空间分析单元内在特点，综合权衡各用地类型比例。同时明确制定鼓励措施，激发各主体对土地混合低效空间再开发意愿及动力，促进土地资源的良性循环利用，提升土地精细化利用水平。

二是增加土地功能的多样性，丰富空间功能配置。在 L-H 型空间分析单元中，以交通为主导功能的空间分析单元作为交通运输及中转枢纽，存在天然的人群集聚效应，可通过增加商业商务类及公用类设施密度，以增加乘客类人群及周边居民的生活便利性；对于环城公园等兼容性较好的休憩类功能主导空间分析单元，应尽量增加空间分析单元内的商业类、交通类、公共类设施的多样性；对于较大规模的居住区，可以选择在居住区周边或沿街道路两侧增加功能布置以实现混合效应，建议以商业零售餐饮、广场绿地、公共服务类设施为主，并充分做好市场调研，结合功能兼容性，吸引人流，促进土地混合功能的使用，达到增强区域活力的目的；对于规模较大的商务办公集聚区，可以增加商业服务配套，并在周边地块增加居住功能，以减少长距离通勤带来的周期性城市活力下降；对于距中心城区较远的空间分析单元，则应以交通类设施及商业类设施混合为主，逐步引入其他类型功能；对于未建成的城市空间分析单元，应首先考虑区域的整体功能定位，在避免功能相互干扰的前提下，着重考虑功能之间的相互兼容关系，增加功能的多样性。

三是在土地混合的兼容性方面，结合政策规划对区域主导功能的定位。各空间分析单元在布置内部土地功能时，应本着逐层相互兼容的原则，确保不同功能之间能够和谐共存，相互促进。这意味着需要对区域的主导功能进行深入分析和研究，明确其主要特点和需求，以便有针对性地进行土地功能的布置。在实际操作中，可以通过适当增加空间分析单元功能的密度和多样性等方式来实现土地混合高效，可通过引入商业、文化、教育、医疗等不同类型的功能业态来实现，以满足不同人群的需求。同时，也可通过合理规划交通流线、提高公共服务设施水平等方式来增强空间分析单元功能的吸引力和便捷性，从而达到促进土地混合利用的效果。此外，还需要充分考虑土地资源的可持续利用和生态环境保护等方面的问题。可通过制定科学合理的土地利用政策，限制过度开发、保护生态环境、推广绿色建筑等。同时，也可通过引入市场机制、加强监管等方式来规范土地利用行为，促进土地资源的良性循环和可持续发展。

3）促进城市外围土地多元混合

土地混合使用低效空间主要为 H-L 型空间分析单元，此类空间分析单元具有较高的土地混合利用度，但城市活力情况并不理想，土地混合使用效率较为低下，主要集中在二环外围地区（Ⅲ区和Ⅳ区），位于城市已建成区域与 L-L 类型空间分析单元之间的过渡区域。此外，Ⅳ区（三环外）分布着大量的 L-L 型空间分析单元，多位于大型文化遗址区及城市外围区域，土地混合利用及城市活力均表现出较低的水平，其所处空间地理位置较为特殊。针对这两种空间分析单元提出以下空间优化策略。

一是城市外围积极承接核心区域疏解功能。在Ⅳ区（三环外）西南部，以城市新区为主，应积极承接城市中心区过多的人口与产业，提高土地混合利用度。城市中心产生的边际递减效应抑制了城市活力的提升，各类城市问题凸显。而长安郭杜大学城就是为疏解城市中心功能而逐步形成的，大幅度带动了高校所在街区周边的活力，同时也缓解了城市中心的人口过度密集的问题。因此，城市中心区域要积极利用城市外围土地混合利用度显著正向促进城市活力的特性，将中心城区功能疏解至城市外围，以提高城市综合活力。首先针对 L-L 型区域内部道路交通建设较为薄弱的问题，需要加强连接中心城区的快速轨道交通建设，增加远郊地区与中心城区联系，为承接中心城区人口及功能疏解，提升区域活力奠定基础。其次，构筑区域综合性交通枢纽，加强换乘站点建设，与 TOD 建设模式结合，以节点辐射带动区域内部交通形成体系。再次，改善区域内部公共交通网络，重点提高区域内公交线网密度及站点密度，提升地面公交的可达性及覆盖范围。最后，增加区域内次干路建设，提升支路网密度，强化区域对周边居民点的辐射带动能力，综合完善区域内的道路交通系统。

二是开发自然人文要素提升多元土地利用。城市外围区域自然要素分布广泛，自然要素虽是城市空间功能布局的限制因素，但若加强对其正外部属性的合理开发，突出其生态、景观及经济社会价值，往往能够增加周边地块的价值，使其他功能如地产、商业服务等功能无偿受益。因此，促进自然资源的合理利用，对于吸引城市功能布局，加强土地的混合利用，提升区域城市活力具有现实意义。首先，利用现有自然资源，在不破坏整体环境及风貌的基础上进行适度开发，如通过对浐河及灞河等水资源加以合理利用及规划，重塑湿地生态风貌，同时辅以必要的服务型功能，满足休闲人群基本功能需求；其次，通过合理的绿道系统规划，对区域内自然要素加以连接，增加其可达性及宜人性，为城市活力提升奠定基础；最后，加强后期制度性管理，提升运营水平，吸引社会资本注入，避免出现因疏于管理或资金不足造成的公园荒废或宜人性下降等问题。中心城区文化遗址区多呈现 L-L 的空间分析单元特征，但如在保护现有文化遗产的前提下对文化资源加以合理开发，则可以促进区域资源整合利用，增强土地混合利用，提升区域城市活力。首先，应结合区域内现有产业基础，挖掘潜在产业优势，制定相应的文化产业集合发展规划，促进相关功能落地。基于区域资源共享形成互补优势，实现共同发展。其次，对传统文化遗址发展方向加以调整从重保护轻开发向适度合理开发大遗址文化旅游方向转变。以文化旅游为核心加强向其他功能的拓展与延伸，最终打造成以文化创意产业、文化历史传承遗址公园景点为基础的多元协调发展的文化旅游资源集群。最后，应深入挖掘历史遗存内核，促进所在区域土地复合多元利用，为文化旅游资源开发、城市更新改造奠定基础，重塑

区域产业分工，巩固文化资源在区域中的支配性地位，进而推动城市活力整体性
提升。

5.6.4　稳妥推进城市更新

1. 科学控制开发强度

依据 MGWR 回归系数影响分布图［图 5-16（a）和图 5-16（d）］，发现 X_1
建筑密度与 X_4 容积率的空间分布并无统一规律。因此，必须结合 X_1 建筑密度的
空间尺度效应与 X_4 容积率的正向促进效果，精准选出需要进行城市更新的街区，
给出不同的策略。建筑密度的高值集聚区与低值集聚区为未来更新建设的重点。

低值集聚区，如Ⅰ区（一环内）的西北部、Ⅱ区（一环与二环之间）的北
部和西部、Ⅳ区（三环外）西北部和东南部等，是未来进行城市更新改造的重
要区域。①在Ⅰ区（一环内）的西北部区域，主要集中在明城墙以内，历史文
物古迹众多（如钟鼓楼、城隍庙、西安化觉巷清真大寺等），土地产权复杂，目
前城市更新改造困难，应以微更新、微改造为主，提升开放空间质量。未来有条
件进行更新改造时，需要对地块进行严格规划控制，降低建筑密度，适当提高容
积率。同时，利用历史古迹的遗留，采用"软策略"进行包容性改造，打破大
拆大建的空间改造思维，激活老城区活力。如位于Ⅰ区（一环内）西北角的广
仁小区，可借助其西部的广仁寺，开展微更新，严格控制建筑密度、容积率及建
筑高度，利用建筑间的空地，结合广仁寺周边一同布置配套设施及绿地。②在Ⅱ
区（一环与二环之间）的北部和西部区域，应当降低建筑密度，改变现有建筑
密度大、公共绿地少的现状，并且适当提高建筑高度，达到增加容积率的效果，
激发城市活力。如北部的纸坊村街区，现状建筑密度较大，未来的城市更新中一
定要注重开发强度的控制，再考虑合理配备一些绿地和公共服务设施，否则不利
于城市活力的提升。③对于Ⅳ区（三环外）西北部和东南部的区域，目前功能
明确，前者工业生产，后者度假休闲，未来一段时间并不会发生大的变动。若未
来进行城市更新，需注重降低开发强度和建筑密度。

高值集聚区，如Ⅲ区（二环与三环之间）的南部，建筑密度对城市活力呈
现正向促进效应，也是未来城市更新的重点区域。在Ⅲ区（二环与三环之间）
南部的区域，教育、科研用地集聚，应利用西安交通大学、西北大学等高校和研
发机构的内部空间，适当增加开发强度，针对来访人员需求补足配套设施，增加
校园活力。同时，增强校企合作，实现"产学研融合"；有文化条件的校园可与
当地旅游部门合作，开放校园，提高校园知名度和活力，实现"文旅融合"等

项目建设。因此，在未来发展中，应当强化土地利用，严格控制容积率上限，在土地承载能力范围内进行开发建设，避免产生交通拥挤、环境恶化、噪声污染等负面问题。当前开发强度较低街区，如兴隆园小区、陕西艺林实业有限责任公司、西安科捷物流有限公司等所在地，在未来城市更新中应提高开发强度，但应符合相关容积率、建筑密度以及就地转移居民的相关规定，如《西安市城市房屋拆迁管理实施细则》《西安市城市更新办法》等。当前未开发利用的土地，应严格控制容积率与建筑密度上限，合理开发。

2. 倡导多中心发展模式

根据与城市中心的直线距离回归系数空间分布图［图 5-16（f）］，可以看出，三环以内的区域城市活力受到与城市中心的直线距离的较大影响，尤其聚集在城市的二环周边（Ⅱ区和Ⅲ区），形成明显的低值区，主要集聚在东部和南部区域。这些低值区意味着若是继续增加与城市中心的距离，城市活力将会下降得更严重。因此，亟须对这三个低值集聚区加强中心性建设，以减少对城市活力的影响。

（1）在二环（Ⅱ区和Ⅲ区）西北部的低值区，虽然大兴新区经历了城市更新的改造，但是并未能完全恢复其城市活力，整体片区城市活力并不高。因此，可以借助内部未开发利用的土地和现有的大型商场形成中心。如在唐代粮仓遗址周边，可以利用空地和陕西师范大学大兴新区小学，建设商业、教育服务设施中心。

（2）在二环（Ⅱ区和Ⅲ区）西南部的低值区，目前均为建设用地。因此，一方面应在教育和科研用地内强化配套设施服务，补足一定服务供给；另一方面应结合现有服务用地，如大唐西市，提高各类服务设施等级，聚集各类设施，建立成为片区服务中心。

（3）在二环（Ⅱ区和Ⅲ区）东部和南部的低值区，整体来看还处在开发建设阶段，存在大片的空地和少量城中村。因此，一方面应当继续加快建设进度，优先建设满足居民生活需求的服务设施，在配给足够服务的情况下再进行其他用地的开发建设；另一方面应加快对城中村的更新改造，进行土地置换，以激发城市活力。可以结合青龙寺及周边拥有空地的街区，构建旅游、商服中心，满足居民的活动需求。如 2019 年西安市莲湖区顺城巷（安远门至尚武门段）棚户区改造项目中，经过产权置换、拆迁改造后，将原有土地建设成为具有旅游、文化、商业等功能的文化服务区。这不仅满足了周边居民的服务需求，还提高了片区整体的城市活力。

5.7 本章小结

本章在建立指标体系评价城市活力并分析其时空演变特征的基础上，旨在利用双变量局部空间自相关方法来探究街区尺度上土地混合利用与城市活力之间的空间耦合关系；并运用多尺度地理加权回归（MGWR）模型解析土地混合利用等城市建成环境因素对城市活力的空间影响强度、方向和作用机理，进而提出针对性的调控模式。

从社会、经济以及文化三个方面出发建立城市活力评价指标体系，利用百度热力图数据、夜间灯光数据和 POI 数据等多源大数据分别表征城市社会活力指数、经济活力指数和文化活力指数，进而综合评价西安市中心城区城市活力。西安市中心城区城市活力呈现整体提升的时间演变特征，以及核心外围、圈层递减和路径依赖的空间演变特征。2014～2023 年有 813 个空间分析单元活力值有所增长，占空间分析单元总数的 64.99%，其中 2014～2017 年整体增长幅度较小，2017～2023 年整体增长幅度较大。城市活力从城市中心向外围逐层递减，具体表现为 Ⅰ 区（0.3708）＞Ⅱ 区（0.3014）＞Ⅲ 区（0.2177）＞Ⅳ 区（0.0860），城市三环内是城市活力的集聚区，城市中心区和南二环沿线集聚效应最为显著。在此基础上利用双变量局部空间自相关方法来探究街区尺度上土地混合利用与城市活力之间的空间耦合关系。街区尺度下土地混合利用与城市活力之间存在着紧密联系，呈现正向相关、空间异质、圈层分布和异向拓展等特征。这种空间格局受到西安的地形（平原地势）和城市建设形式（圈层式扩张）的影响，并且不同类型空间分析单元的分布也反映了城市发展的方向。

在城市活力影响指标体系的基础上，利用多尺度地理加权回归（MGWR）模型解析土地混合利用等城市建成环境因素对城市活力的影响效应。与城市中心的直线距离、容积率和土地混合利用度是影响城市活力的主要因素。其中，与城市中心的直线距离具有明显的空间异质性，呈现负向抑制效应；容积率则为全局尺度，呈现正向促进效应；土地混合利用度具有明显的空间异质性，呈现正向促进效应。此外，建筑密度和离地铁站最近距离均表现为正负双向效应，在城市高强度建设区增加建筑密度对城市活力反而会产生负面影响；而在城市边缘区修建地铁等公共交通则难以形成规模效应和集聚效应，无法快速增加城市活力。路网密度则在全局尺度上均为正向影响，说明当前西安中心城区采取"小街区、密路网"的建设策略能够有效提升城市活力。

在此基础上，遵循综合协调、混合兼容、弹性开发和集约高效等原则，提出强化城市规划引导、提升土地功能混合和稳妥推进城市更新等提升城市活力的调控模式。具体包括"坚持市场运作，明确功能定位"和"倡导用地兼容，建构管控体系"两个方面的强化城市规划引导策略；"明确情形，确定管控要求"和"因地制宜，分区分步实施"的提升土地功能混合策略，以及"科学控制开发强度"和"倡导多中心发展模式"的稳妥推进城市更新策略，为城市更新改造提供理论依据支撑，助力城市高质量发展建设。

第6章 | 典型街区功能演变与韧性响应

作为大城市居民出行的重要交通方式，城市轨道交通对于缓解城市道路交通压力，优化城市空间格局具有积极的意义。面对城市交通拥堵问题，轨道交通因其便利性与带动城市发展能力成为公共交通建设的首要选择[1][2]。在公交导向的TOD（transit-oriented development）模式中，通过城市轨道交通站点（以下简称站点）引导周边土地的高效利用与功能结构的转型升级，进而使其成为城市重要的公共空间与活力热点[3]，轨道交通的建设发展对城市空间布局和土地利用产生了深刻影响。轨道交通站点与城市用地的协调发展对于缓解交通拥堵压力，提升土地利用效率具有积极作用。在存量更新背景下，如何协调轨道交通站点与城市土地利用，促进站点周边区域高质量发展，成为亟待解决的问题。因此，从土地混合利用视角，厘清轨道交通站点功能演变特征与影响因素对于明晰站点功能定位、优化土地资源合理配置、实现城市高质量发展具有重要的参考价值。

站点周边土地利用类别与结构是轨道交通站点功能类别属性的反映[4]。从土

---

① 乐晓辉，陈君娴，杨家文. 深圳轨道交通对城市空间结构的影响：基于地价梯度和开发强度梯度的分析. 地理研究，2016，35（11）：2091-2104.

② 田宗星，李贵才. 基于TOD的城市更新策略探析：以深圳龙华新区为例. 国际城市规划，2018，33（5）：93-98.

③ 陆化普，刘若阳，张永波，等. 基于TOD模式的城市空间结构优化研究. 中国工程科学，2022，24（6）：137-145.

④ 赵荣钦，范桦，张振佳，等. 城市地铁对沿线居民通勤交通碳排放的影响：以郑州市为例. 地域研究与开发，2021，40（2）：151-155，161.

地混合利用出发，基于通勤特征、土地利用①②③④⑤⑥、设施配套⑦和站点活力⑧等因素，可将站点划分为居住型、公服型、商服型、交通型和混合型等多种功能类型。站点功能演变受到政策导向、社会经济和交通区位等多重因素的影响⑨。其中，政策导向和城市规划因素占据主导地位，为站点功能演变提供了宏观指导和方向⑩。同时，商业竞争与协同的自组织演化是站点功能演变的重要推动力⑤，具体表现为商服设施对站点功能完善具有积极的推动作用⑪。此外，交通区位因素在站点功能演变中也扮演着重要的角色。站点的高可达性加快了商业和居住的聚集，提升了周边区域城市活力⑫⑬，降低了通勤成本⑭，进而促使居民向城市外围迁移⑮。轨道交通建设提高了站点周边的土地利用强度，具有规模报酬递减效

---

① 段德罡，张凡. 土地利用优化视角下的城市轨道站点分类研究：以西安地铁2号线为例. 城市规划, 2013, 37 (9)：39-45.

② 张丽英，孟斌，尹芹. 基于符号集合近似的城市轨道交通站点分类研究. 地球信息科学学报, 2016, 18 (12)：1597-1607.

③ 张艳，曹康，何奕苇，等. 土地使用与轨道交通的空间适配探讨：深圳地铁2号线的实证分析. 城市规划, 2017, 41 (8)：107-115.

④ 饶传坤，郑碧云，高雪. 规划引导下的地铁站点周边用地开发状况研究：以杭州市地铁1号线为例. 现代城市研究, 2021, 36 (7)：60-67, 94.

⑤ 于洋，姚璘. 郊区中心型地铁站邻近商业空间的自组织演化：以成都市犀浦地铁站为例. 西部人居环境学刊, 2021, 36 (3)：106-115.

⑥ 张杰，浩飞龙，王士君. 城市轨道交通站点周边用地功能差异及组织模式：以长春市轻轨3号线为例. 都市快轨交通, 2022, 35 (1)：28-35.

⑦ 陆潮，胡守庚，童陆亿，等. 新型城镇化背景下地铁站点综合服务能力评价：以武汉市地铁二号线为例. 地域研究与开发, 2015, 34 (6)：63-68.

⑧ 汪丽，胡玲玲，田筱齐. 基于大数据的地铁站域活力多维评价及时空间特征：以西安市为例. 地理科学进展, 2023, 42 (6)：1112-1123.

⑨ 王亚洁. 国外城市轨道交通与站域土地利用互动研究进展. 国际城市规划, 2018, 33 (1)：111-118.

⑩ 何冬华. TOD影响下的站点地区空间发展演进与土地利用形态重组. 规划师, 2017, 33 (4)：126-131.

⑪ Hu N, Legara E F, Lee K K, et al. Impacts of land use and amenities on public transport use, urban planning and design. Land Use Policy, 2016, 57：356-367.

⑫ 韩寒. 深圳市轨道交通结构与商业活力空间关联分析. 经济地理, 2021, 41 (3)：86-96.

⑬ 汪丽，胡玲玲，田筱齐. 基于大数据的地铁站域活力多维评价及时空间特征：以西安市为例. 地理科学进展, 2023, 42 (6)：1112-1123.

⑭ 吴佳明，陈鹏，周军. 深圳轨道交通一期站点地区土地利用变化特征研究. 规划师, 2010, 26 (S2)：201-204.

⑮ 赵坚. 城市交通及其塑造城市形态的功能：以北京市为例. 城市问题, 2008 (5)：2-6, 39.

应①，并且对城市外围站点的影响尤为突出②③。特别是近郊区的快速发展为站点周边开发提供动力④，加快了站点功能迭代⑤。然而，目前关于站点功能演变研究以静态定性为主，忽视了站点对土地利用影响的时空异质性⑥，鲜有对影响因素的量化分析和机理探讨。

快速城市化使城市人口不断增加，空间愈发拥挤。人口集聚为城市带来了较高的活力，但这种集聚也产生诸如恐怖袭击、瘟疫、踩踏等人为灾害，不确定性风险空前复杂、灾难性后果越发显著⑦。近年来，我国高铁客流增长迅速，高铁站客流集聚现象凸显，特别是深夜滞留事件频发，严重影响着城市安全⑧。2016年2月2日，广州火车站和上海虹桥火车站滞留人口分别约为5万人和3万人；2018年2月21日，西安北站滞留人口约为3000人，引发舆情广泛关注并对社会产生不利影响。面对这类现象造成的冲击，站区如何作出响应并进入新的运行状态⑨，考验着城市的韧性能力⑩。探索高铁站区客流扰动的时空特征以及韧性响应机理，提升风险应对能力，为街区尺度城市空间质量的人本化提升提供借鉴。

高速铁路的快速建设，对于城市空间内的生产、生活、生态产生了较大的影响⑪。客流作为站区的主要活力源，加快了要素流动与能量传递，促进了站区联

① 李铖，李俊祥，李蓉，等. 上海轨道交通对城市土地利用变化的影响. 应用生态学报，2008，19 (7)：1537-1543.

② Ratner K A，Goetz A R. The reshaping of land use and urban form in Denver through transit-oriented development. Cities，2013，30：31-46.

③ 谭章智，李少英，黎夏，等. 城市轨道交通对土地利用变化的时空效应. 地理学报，2017，72 (5)：850-862.

④ 李俊芳，姚敏峰，胡华. 郊域轨道交通对土地利用演变的影响分析. 交通运输系统工程与信息，2021，21 (4)：63-71，105.

⑤ 申红田，马归民，衣峥，等. 基于 AHP-SWOT 法的大城市中心区历史文化型轨道交通站域更新策略研究：以天津市和平路站点为例. 地域研究与开发，2019，38 (6)：68-73.

⑥ 钟奕纯，冯健，何晓蓉. 轨道交通对不同区段土地利用影响差异研究：以武汉轨道交通2号线为例. 地域研究与开发，2016，35 (5)：86-93.

⑦ 卢文刚，蔡裕岚. 城市大型群众性活动应急管理研究：以上海外滩"12·31"特大踩踏事件为例. 城市发展研究，2015，22 (5)：118-124.

⑧ 尹占娥，殷杰，许世远，等. 基于 GIS 的上海人为灾害时空格局特征分析. 人文地理，2011，26 (2)：44-48.

⑨ 马琦伟，阚长城，宫兆亚，等. 城市活力恢复及其影响因子：突发性公共卫生事件情景下的探索. 城市规划，2020，44 (9)：22-27.

⑩ 邵亦文，徐江. 城市韧性：基于国际文献综述的概念解析. 国际城市规划，2015，30 (2)：48-54.

⑪ 李廷智，杨晓梦，赵星烁，等. 高速铁路对城市和区域空间发展影响研究综述. 城市发展研究，2013，20 (2)：71-79.

动开发机制的形成①。高铁站建设布局对土地市场具有异质性②，应立足高铁站点土地开发类型②与空间特征③，加强站城协同发展④与站区空间一体化建设⑤，充分发挥"高铁效应"的积极作用⑥。然而，当客流超过一定限度或者无法及时疏解时，则会成为一种"扰动"，影响站区的正常运行乃至城市的公共安全，这对城市空间治理是一个严峻的挑战。

所谓客流扰动是指客流在空间与时间上的强度激增，导致通道、扶梯等狭小空间的人员密度超标，可能引发交通拥堵和踩踏事故，甚至造成生命财产损失⑦。若不防范车站区域、商业中心等人流聚集的重点街区的客流扰动，将可能造成系统性风险⑧，影响城市安全。因此，客流扰动下城市轨道交通研究逐渐受到关注。既有研究认为受到暴露位置、持续时间、反应时间、恢复程度等脆弱性因素的影响⑨⑩，客流扰动的时空特征成为不可忽视的重要方面。同时，也有研究指出楼梯通道和出入口（出站闸机处）是疏散客流的关键瓶颈⑪，并提出引导乘客、增加应急出口等优化措施。目前，相关研究主要集中在网络拓扑结构的脆弱性评价⑫⑬和客流疏散

① 林辰辉. 我国高铁枢纽站区开发的影响因素研究. 国际城市规划, 2011, 26 (6): 72-77.

② 周霄雪, 刘修岩. 高铁站区的异质性土地溢价与站区空间开发模式. 经济地理, 2023, 43 (9): 62-71.

③ 马春山. 多主体博弈视角下高铁站区土地综合开发模式研究: 以沿江高铁为例. 北京交通大学学报（社会科学版）, 2023, 22 (1): 65-75.

④ 殷铭, 汤晋, 段进. 站点地区开发与城市空间的协同发展. 国际城市规划, 2013, 28 (3): 70-77.

⑤ 刘璐. 大城市枢纽型高铁站站区空间一体化评价. 现代城市轨道交通, 2023 (3): 1-7.

⑥ 刘莉文, 张明. 高速铁路对中国城市可达性和区域经济的影响. 国际城市规划, 2017, 32 (4): 76-81, 89.

⑦ 宋守信, 段晓红, 赵建东. 基于突变理论的地铁车站大客流脆弱性评价. 武汉理工大学学报（信息与管理工程版）, 2017, 39 (2): 125-129.

⑧ 许婵, 文天祚, 刘思瑶. 国内城市与区域语境下的韧性研究述评. 城市规划, 2020, 44 (4): 106-120.

⑨ 宋守信, 姚德志, 肖楚阳. 基于多级可拓评价方法的大客流扰动下地铁脆弱性研究. 城市轨道交通研究, 2017, 20 (1): 25-30, 36.

⑩ 王磊, 陈运涛. 基于脆弱性理论城市轨道交通的乘客安全研究. 宁夏大学学报（自然科学版）, 2020, 41 (2): 198-203.

⑪ 程悦, 宋守信. 大客流扰动下的北京地铁脆弱性研究. 都市快轨交通, 2015, 28 (3): 29-33.

⑫ 宋守信, 段晓红, 赵建东. 基于突变理论的地铁车站大客流脆弱性评价. 武汉理工大学学报（信息与管理工程版）, 2017, 39 (2): 125-129.

⑬ 宋守信, 姚德志, 肖楚阳. 基于多级可拓评价方法的大客流扰动下地铁脆弱性研究. 城市轨道交通研究, 2017, 20 (1): 25-30, 36.

策略①②方面，而以站区为研究对象③，分析客流扰动背景下的特征与响应研究较少④。因而，对于站区客流扰动，通过从时空分布特征方面进行解析，明晰客流扰动的具体作用阶段与空间，从而加强风险治理的针对性⑤。为此，聚焦高铁站区客流扰动特征及韧性响应机理，试图回答：站区客流扰动的时空特征？站区韧性对于客流扰动的作用因素及作用过程？

因此，以 POI 数据为基础，通过信息熵、优势度、均衡度和回归模型等方法，从土地混合利用视角，在识别站点功能类型的基础上，梳理西安中心城区站点时空演变特征规律，深入剖析站点功能演变的影响因素及作用机理，探究不同维度不同要素的影响效应。同时，以西安北站为研究对象，通过客流扰动指数、接驳多样性指数、参与式评估等方法，对高铁站区的客流扰动特征、韧性响应机理与规划策略进行深入分析。这有助于弥补站点功能演变机制研究方面的不足，为城市轨道交通站点建设与更新、土地混合利用和城市高质量发展提供科学支撑。

6.1 研究方法

6.1.1 信息熵指数

信息熵是一个物理学概念，它被用来刻画系统中的复杂性及均衡性特征，反映信息的不确定程度⑥。城市作为复杂巨系统，同样具有开放性、动态性的典型特征，亦可利用信息熵这一指数进行刻画⑦，其中城市功能结构作为城市空间系统在居民活动视角的映射，利用这一方法对功能空间进行量化更是成为城市研究

---

① 钟茂华，陈俊沣，刘晓庆，等. 地铁枢纽车站大客流疏散性能评估及策略优化研究. 中国安全生产科学技术，2022，18（7）：5-11.

② 陈雷钰，张汝华，马明迪. 基于 AnyLogic 的轨道交通车站大客流瓶颈识别与疏散组织优化. 上海大学学报（自然科学版），2023，29（4）：694-704.

③ 宋守信，段晓红，赵建东. 基于突变理论的地铁车站大客流脆弱性评价. 武汉理工大学学报（信息与管理工程版），2017，39（2）：125-129.

④ 宋守信，姚德志，肖楚阳. 基于多级可拓评价方法的大客流扰动下地铁脆弱性研究. 城市轨道交通研究，2017，20（1）：25-30，36.

⑤ 丛威青. 北京市重点站区韧性枢纽突发大客流应急疏散行为优化研究. 城市与减灾，2023（5）：59-64.

⑥ 甄峰，秦萧. 大数据在智慧城市研究与规划中的应用. 国际城市规划，2014，29（6）：44-50.

⑦ 王秀兰，李雪瑞，冯仲科. 基于信息熵原理的北京城市扩展研究. 中国人口·资源与环境，2010，20（S1）：89-92.

领域的重要内容。

信息熵指数反映着城市土地利用结构、功能结构的复合程度与均衡程度，信息熵越高，代表着城市空间内混合的功能类型越多且功能类型的数量差异越小、功能空间更为多样化，当空间内各类功能的数量相同时，信息熵即达到最大值，即各类功能数量一致，达到了系统的均衡态[1]。

信息熵在城市研究中的应用，提供了功能空间量化的一种高效途径，借助信息论中的这一方法，将城市功能空间的研究提升到了更高的维度，为城市研究提供了更为科学的表达。

信息熵的计算包含无量纲化处理、数据偏移处理、概率计算、熵值计算四个步骤。

第一步，无量纲化处理。假设第 i 个地铁站点第 j 种 POI 功能类型的数量为 S_{ij}，共有 i 个站点，j 种 POI 类型，为解决 POI 数据存在的量纲差异，增加数据可比性，对于站区的 POI 数据采取极差标准化方法进行标准化运算，从而得到站点 POI 的标准化数值，计算方法如下：

$$S'_{ij} = \frac{S_{ij} - \min(S_j)}{\max(S_j) - \min(S_j)} (i = 1, 2, \cdots, m, j = 1, 2, \cdots, n) \tag{6-1}$$

式中，S'_{ij} 为标准化后的站点某一类型 POI 数值；i 为地铁站点编号；j 为 POI 功能类型编号。

第二步，数据偏移处理。由于一些站点不具备所有的功能类型，S'_{ij} 存在着大量的 "0" 值，会对计算造成影响，故在不影响计算结果的前提下，对 S'_{ij} 增加一个极小值 0.000001[2]，即

$$S''_{ij} = S'_{ij} + 0.000001 \tag{6-2}$$

式中，S''_{ij} 为数据偏移处理后的站点某一功能类型的数量值。

第三步，计算站区某一功能的概率值。假设某一站点 i 拥有 j 种功能类别的 POI 数据，由上步可知，各类型的 POI 总数分别为 S''_1，S''_2，$\cdots$，S''_j，则存在 $S = S''_1 + S''_2 + \cdots + S''_j = \sum\limits_{j=1}^{j} S''_j$，定义概率 $P_j = \dfrac{S''_j}{S}$，显然有 $\sum P_j = 1$。

第四步，计算信息熵。根据信息熵理论的原理，站区功能类型的信息熵 H_i 可通过以下方式算得：

① 钟奕纯，冯健，何晓蓉. 轨道交通对不同区段土地利用影响差异研究——以武汉轨道交通 2 号线为例. 地域研究与开发，2016，35（5）：86-93.

② 谭永忠，吴次芳. 区域土地利用结构的信息熵分异规律研究. 自然资源学报，2003，18（1）：112-117.

$$H_i = -\sum_{j=1}^{n} P_j \cdot \ln P_j \qquad (6\text{-}3)$$

式中，H_i 为站点功能信息熵；P_j 为各类功能的出现概率。

6.1.2 优势度和均衡度指数

均衡度和优势度是基于信息熵的一对指标，可以综合反映用地功能结构的均衡情况，并且增加了量化过程中的数据可比性，受到学者青睐。在站点空间的演变过程中，各种功能类型的变化较大，不同的功能结构之间的熵值不具备严格意义上的可比性，引入优势度与均衡度指数可以较好地对功能结构进行测度。

其中，优势度代表站区的功能类型中占据主导地位的土地利用和功能类型的表现情况，其数值越高，表示这类功能的优势地位越明显；均衡度与优势度相反，其表示在土地混合利用的情况下，各类功能均衡分布的情况，均衡度越高，表示站区内各类功能的比例更为均衡。优势度与均衡度可以进行交互验证，站区用地混合的优势度越高，站区用地混合的均衡度就越低。

借鉴相关学者研究[1]，研究采用功能优势度指数 D_i 与均衡度指数 E_i 进行测算，计算公式如下：

$$D_i = \max(H_i) - H_i \qquad (6\text{-}4)$$

$$E_i = \frac{H_i}{\max(H_i)} \qquad (6\text{-}5)$$

式中，H_i 为信息熵；D_i 为优势度；E_i 为均衡度。优势度的升高代表主导功能的优势地位更明显，而均衡度的升高则代表各类功能的均等化。

6.1.3 客流扰动指数

近年来，学者多采用 POI、GPS、手机信令等数据对于城市人口活力进行测度[2]，但受研究空间尺度影响，对于高铁站区等微观尺度空间不具有适用性。因此，利用易获得的客运量数据、精确度较高的高铁车次等信息表征站区客流扰动指数。其中，日度客流扰动指数利用日度客运量数据进行间接表征，并借助西安北站设计最大客运量进行无量纲化处理；时度客流扰动指数利用精确度更高、包

---

[1] 段德罡，张凡. 土地利用优化视角下的城市轨道站点分类研究：以西安地铁 2 号线为例. 城市规划，2013，37（9）：39-45.

[2] 塔娜，曾屿恬，朱秋宇，等. 基于大数据的上海中心城区建成环境与城市活力关系分析. 地理科学，2020，40（1）：60-68.

含列车定员人数的高铁车次信息进行间接测度。客流扰动指数计算公式如下：

$$V_t = \frac{N_t \cdot \bar{P}_t}{\sum\limits_{t=1}^{t} N_t \cdot \bar{P}_t} \tag{6-6}$$

式中，V 为客流扰动指数；N_t 为 t 时段内的高铁车次数量；P_t 为 t 时段内高铁车次定员人数。

6.1.4　接驳多样性指数

多样性特征是城市韧性的重要特征，是站区韧性对于扰动的重要响应途径。选取兼具丰富度及均衡度的香农-威纳指数来表征接驳交通的多样性[①]，旨在分析接驳交通工具多样性的变化特征，以表征站区韧性的多样性响应能力。接驳多样性指数计算公式如下：

$$D_t = \frac{-1 \cdot \sum\limits_{k=1}^{s} P_{tk} \ln P_{tk}}{\ln s} \tag{6-7}$$

式中，D_t 为接驳多样性指数；s 为接驳交通的种类；P_{tk} 为 t 时刻 k 类交通工具的可选择性，由 t 时刻的客流承担比例表示。

6.1.5　参与式评估

参与式评估是一种通过调研与非正式访谈进行社会调查的方法。通过社会调查、实地踏勘，围绕站区开展结构式问卷调查与半结构式访谈，对获取数据及谈话资料进行定量分析与语义整理。

评估过程分为三个阶段，首先利用开源政府网站及网络媒体获取站区规划管理政策及风险事件的社会影响，了解站区各类风险情况；其次对站区管理人员进行半结构深度访谈，内容涉及站区规划、客流特征、政策解读及工作安排等；最后对于站区旅客进行问卷调查，问卷内容涉及出行信息、车次信息、接驳方式等。

6.2　轨道交通站点空间范围

2020 年，西安拥有八条轨道交通线路，运营里程为 244.3km，车站数量为

---

① 吴玲玲，黄正东. 基于多样性的大城市公共交通服务水平研究. 交通运输系统工程与信息，2019，19 (1)：222-227.

153 个。在这些站点中，站点 800m 半径人口与就业岗位覆盖率为 33.7%。在地铁客流总量方面，西安在全国排名第八位。西安地铁建设历程可分为三个阶段：①2011～2013 年，1 号线和 2 号线通车运营，形成了西安地铁的"十"字形结构；②2013～2018 年，3 号线和 4 号线的建设有效提升了轨道交通线网运行效率；③2018 年～2020 年，5 号线、6 号线、9 号线（又称"临潼线"）、14 号线以及其他线路基本形成网络，轨道交通站点覆盖了城市中心、重要公共空间、产业园区、高校、西安国际机场和临潼等不同区域。这里需要说明的是，14 号线机场西站至北客站（北广场）站（机场城际段）的前身为"西安北至机场城际铁路"，于 2019 年开通运营，到 2020 年更名为"西安地铁机场线"；而北客站（北广场）站至贺韶站于 2021 年开通运营，同时与西安地铁机场线贯通运营，统一为西安地铁 14 号线。考虑到 14 号线和 9 号线均为城际线路，因此，本研究将地铁 1 号线、2 号线、3 号线、4 号线、5 号线和 6 号线作为研究关注的重点对象，涉及 108 个站点。

6.2.1 缓冲区半径选取

对轨道交通站点选择合适的缓冲半径是站点空间范围划定的重要步骤，也是缓冲区分析的关键节点。轨道交通站点作为城市的主要客流集散点，不仅是城市空间的锚固点，还承担着购物、集聚以及作为城市景观等多重功能。它们不但为市民的出行提供了便利，而且在城市的经济和社会发展中发挥着举足轻重的作用。轨道交通的建设将对周边土地的开发建设产生深远影响，其影响范围至少在500m 以内。而在一些城市化程度较高、经济发达的地区，这一影响范围甚至可以达到 2000m 以上[①]。在选择缓冲区半径时，由于受到各种空间因素和轨道交通特性的影响，应充分考虑公共交通导向开发（TOD）模式的空间尺度、地铁站间距的影响以及生活圈理念下的划分标准，以确保站区类型的合理划分。

1. TOD 的空间尺度

作为 TOD 模式的核心空间，地铁站区的建设无疑对沿线的土地开发和居民生活影响深远。TOD 的空间尺度与自然环境、空间布局和出行结构等多个因素息息相关，这也导致了在全球范围内，各个城市形成了不同的空间尺度标准。从圈层边界来看，国外的圈层边界多为 800～1600m 的范围，而在国内，这一范围则

---

① 何尹杰，吴大放，刘艳艳，等. 城市轨道交通对土地利用变化的影响：以广州市 3、7 号线为例. 经济地理，2021，41（6）：171-179.

多为 800 ~ 1000m（表6-1）。无论是欧美发达国家还是中国、墨西哥等发展中国家，TOD 的最大影响尺度普遍保持在 800 ~ 1600m 的范围内。从圈层结构来看，存在双层和三层两种主流观点。一般情况下，最核心圈层的影响半径在 200 ~ 400m[①]。因此，考虑到轨道交通建设对沿线的影响范围，采用 800 ~ 1000m 的影响半径是较为合适的。不仅能更好地反映 TOD 模式的核心思想，也有助于实现土地的高效开发和合理利用。

表6-1 城市 TOD 站区的空间尺度

城市	站区范围缓冲区半径
圣迭戈/萨克拉门托	400 ~ 800m、1600m
佛罗里达	800m
夏洛特	800m、1600m
达拉斯	200m、400m、800m
丹佛	800m
墨西哥	600m
甘索利	400m
沈阳	600 ~ 800m
深圳	400 ~ 1000m
杭州	400 ~ 800m
重庆	600 ~ 800m

2. 地铁站间距

地铁站点间距是决定站区范围的重要因素，其合理设置具有多重积极影响。首先，合理的站点间距能够显著缩短站区范围内居民的出行时间，降低他们的出行成本[②]。不仅提高了居民的生活质量，还有助于节省建设成本，提高地铁的运行效率，从而增强线路的吸引力[③]。然而，站间距过近也可能导致两个站点的影

---

① 刘泉，钱征寒. 北美城市 TOD 轨道站点地区的分类规划指引. 城市规划，2016，40（3）：63-70.

② 陈坚，霍娅敏，晏启鹏. 城市轨道交通平均站间距的确定方法研究. 铁道运输与经济，2009，31（11）：62-65.

③ 李婷，靳文舟，朱子轩. 城市中心区轨道交通站间距优化研究. 铁道运输与经济，2019，41（11）：116-122.

响范围出现交叉重叠的情况（图 6-1），这在一定程度上限制了轨道交通最佳社会效益的发挥。

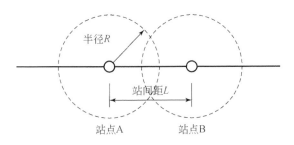

图 6-1 站点间距与站区范围的关系

综合建设成本、乘客出行、客流吸引程度、沿线发展等多重因素，轨道交通站点的合理间距应该维持在 1000～2000m 的范围内，城市中心区和郊区的适宜站间距宜分别为 1100m、1800m①，这也就意味着站区的直接影响范围应以站点为圆心，缓冲区半径为 500～1000m 的范围内。以 2020 年西安市的八条地铁线路为例，除位于远郊的 14 号线外，大部分线路的平均站间距保持在 1200～1800m 的范围内，即 1/2 站间距在 600～900m 的范围内（表 6-2）。根据站距与站区范围的关系，站区的影响半径在 600～900m 的范围内是相对合理的。

表 6-2 西安地铁线路平均站间距

地铁线路	长度/km	站点数量/个	平均站间距/m	1/2 站间距/m
1	31.5	23	1431.8	715.9
2	26.5	21	1325.0	662.5
3	39.15	26	1566.0	783.0
4	35.2	29	1257.1	628.6
5	41.6	31	1386.7	693.3
6	15.6	13	1300.0	650.0
9	25.3	15	1807.1	903.6
14	43	18	2529.4	1264.7

资料来源：根据西安地铁官网（https://www.xianrail.com/）及公开资料，在 WGS_1984_UTM_Zone_49N 坐标系下测量所得。

---

① 王琼，梁青槐. 城市轨道交通合理站间距的研究. 铁道运输与经济，2012，34（6）：82-85，90.

3. 生活圈理念指引

生活圈理念作为一个"空间概念",是基于居民的日常生活,以居住点为中心划定的一个空间范围[①]。然而,随着时间的推移和概念的延伸,生活圈理念已经不再仅仅局限于空间范畴,而是发展成为一种更加全面和深入的理念。在以人为本的理念指导下[②],生活圈理念强调以居民的实际生活需求为出发点,推动城市服务设施的精细化配置[③]。这是一种参与式的规划理念,鼓励居民、社区、政府等多方共同参与,共同推进城市的可持续发展。

生活圈的范围划定为地铁站区范围的划定提供了有价值的指引。一是地铁站区作为"生活出行圈"的核心组成部分,它不仅承载着人们日常通勤的重任,还融合了购物、餐饮、娱乐、文化等多种生活元素,成为城市居民日常生活中不可或缺的重要节点。地铁站区可以被视为居民生活圈中的"出行圈"。二是两者都呈现出一定的圈层结构。生活圈注重居民日常生活中的各类行为活动,而地铁站区则聚焦于居民的出行行为。从生活圈的理念出发,以成年人步行速度 4 ~ 5km/h 计算,15 分钟生活圈的范围可近似认为是以居民家为中心,最大半径为 1250m 的覆盖范围(图 6-2)。然而,考虑到老年人、儿童等特殊群体的出行特

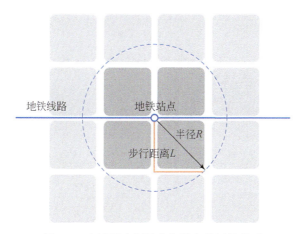

图 6-2　生活圈步行尺度与站点范围的关系

---

① 黄建中,张芮琪,胡刚钰. 基于时空间行为的老年人日常生活圈研究:空间识别与特征分析. 城市规划学刊, 2019 (3): 87-95.

② 柴彦威. 人本视角下新型城镇化的内涵解读与行动策略. 北京规划建设, 2014 (6): 34-36.

③ 孙道胜,柴彦威. 城市社区生活圈体系及公共服务设施空间优化:以北京市清河街道为例. 城市发展研究, 2017, 24 (9): 7-14, 25, 2.

征，按照步行速度3km/h计算，15分钟生活圈的范围为最大服务半径750m的覆盖范围[1][2]。同时，对生活圈的半径进行适当的调整缩减，以便更好地满足居民的舒适度需求，确保他们能够在更短的时间内到达所需的生活设施和服务，提升整体生活品质。因此，按照生活圈的理念中的15分钟生活圈尺度来看，地铁站区这一"生活出行圈"采用700～1000m尺度是较为合适的。

4. 综合分析

综上所述，虽然轨道交通对沿线的影响范围、地铁站间距范围、生活圈理念下的影响范围存在着一定偏差，但影响半径都集中在800m左右的尺度上（表6-3）。因此，按照缓冲区的划定方式以及800m的影响半径来划定站区范围，可以更好地平衡城市发展需求和居民生活需求，是一种相对合理且有效的方式。

表6-3 不同划定方式下站区尺度

划定因素	划定方式	半径尺度
TOD 的空间尺度	缓冲区	800～1000m
地铁站间距	缓冲区	600～900m
生活圈理念指引	同心圆	700～1000m

6.2.2 缓冲区冲突处理

在实际的操作过程中，会出现相邻站点缓冲区重叠的状况（图6-3），为避

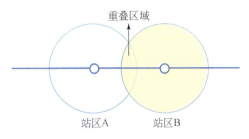

图6-3 站点缓冲区重叠情形

① 申犁帆，王烨，张纯，等. 轨道站点合理步行可达范围建成环境与轨道通勤的关系研究——以北京市44个轨道站点为例. 地理学报，2018，73（12）：2423-2439.
② 李世芬，李竞秋，刘代云，等. 基于生活圈理论的收缩型村镇公共服务设施配置研究——以黑龙江省肇源县为例. 西部人居环境学刊，2024，39（2）：126-132.

免对计算结果造成影响，采取建立泰森多边形的方法，对空间进行等分，从而消除重叠区域。

利用"缓冲区+泰森多边形"的方法划分站区范围一共分为三个步骤。首先，将所有空间数据点连为德洛内三角网；其次，画出三角网内每个三角形的外接圆，并求得圆心；最后，连接相邻外接三角形的圆心，形成站点的泰森多边形（图6-4）。

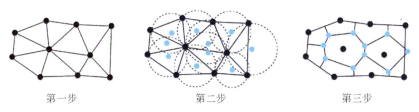

图 6-4　站点泰森多边形构建

图片来源：根据王焕栋和马红伟（2020）[①]改绘

结合站点缓冲区的划定，形成可以适应多种缓冲半径下的站区范围的划定方式。当站点缓冲半径 R 较小时，相邻站点缓冲区之间也没有重叠，可采用图左的处理方式获得站区范围边界，当站点缓冲区半径 R 较大时，缓冲区之间存在重叠的情况，可采用图右的处理方式获得站区范围边界（图6-5）。

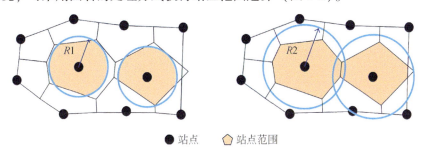

● 站点　　⬠ 站点范围

图 6-5　不同缓冲半径下的站区范围边界处理

6.2.3　站点空间范围划定

在综合考虑 TOD 空间尺度、15 分钟生活圈和城市建设发展水平等因素的基础上，以 108 个站点的 800m 范围作为空间分析单元，面积约为 182.73km^2，是

① 王焕栋，马红伟．基于站点兴趣点的城市轨道交通站点分类方法．交通与运输，2020，36（4）：33-37.

轨道交通站点周边空间效应最为显著的区域（图6-6）。

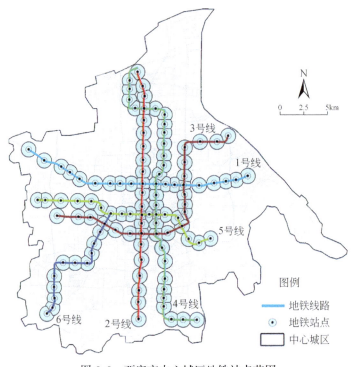

图6-6　西安市中心城区地铁站点范围

6.3　功能演变特征

6.3.1　时间：波动上升

2011～2020年，站点功能信息熵具有三次明显波动，呈现总体上升特征（图6-7）。以2013年和2018年为界，划分为2011～2013年快速提升期、2013～2018年稳定演化期和2018～2020年高位运行期等三个阶段。①2011～2013年快速提升期，信息熵快速提升，由2011年的2.345Nat增长至2013年的2.408Nat，均值为2.379Nat；大致对应于西安轨道的起步建设阶段，1号线、2号线站点依托城市发展轴建设，站点周边业态功能得以进一步加强。②2013～2018年稳定演化期，信息熵涨幅有所下降，年均增长率从上一阶段的1.33%降至0.50%，均值为2.411Nat；大致对应西安轨道的快速发展阶段，3号线、4号线相继建设运营，在TOD模式引导下，地铁线路不断向城市郊区延伸，站点周边土地有待开发，功能有待完善，如 4 号线的航天新城站、航天东路站、神州大道站等站点周边用地基本处于待开发状态，致使站点功能信息熵有所降低。③2018～2020年高位运行期，信息熵处于 10 年来的最高阶段，均值为 2.468Nat，2019 年达到最大值 2.470Nat；大致对应于西安轨道的初具规模阶段，3 号线、4 号线、5 号线站点周边土地得以开发建设，站点功能逐步完善，信息熵得以高位运行。

图 6-7   2011～2020 年西安站点功能信息熵

6.3.2   空间：中稳外变

根据功能特征①与阈值设定②，可将站点功能划分为居住型、公服型、商服型、交通型、产业型、混合型及其他型等七大类（表 6-4）。根据分类得到 2011～2020 年西安地铁站区的类型（图 6-8），对照 2011 年与 2020 年的站点类型，按照类型是否发生变化进行统计，将站区分为稳定型站区及变化型站区。通过分析发现，2011～2020 年共有 78 个站点功能发生了变化（表 6-5），占总量的72.22%，且主要集中在二环以外区域，表明地铁站点功能具有显著的"中心稳定、外围嬗变"的空间演化特征（图 6-9）。稳定型站点呈现出明显的中心稳定性特征，类型没有发生变化的站点主要分布在二环路以内的城市中心地带，仅有少数站点（阿房宫南、石桥立交、马腾空）分散在城市外围空间内，而变化型站点则主要分布在城市外围空间。在城市中心区，站点周边土地开发利用较为成熟，再加上土地腾挪困难③，因而站点功能未发生较大变化。而在城市郊区，站

---

① 段德罡，张凡. 土地利用优化视角下的城市轨道站点分类研究：以西安地铁 2 号线为例. 城市规划，2013，37（9）：39-45.

② 户佐安，邓锦程，杨江浩，等. 轨道交通站点聚类及其对客流预测的影响分析. 交通运输系统工程与信息，2023，23（6）：227-238.

③ 汪丽，胡玲玲，田筱齐. 基于大数据的地铁站域活力多维评价及时空间特征——以西安市为例. 地理科学进展，2023，42（6）：1112-1123.

点周边存在大量非建设用地，在 TOD 模式的作用下，交通可达性快速提高，引致站点功能发生改变，可见轨道交通在加速郊区化扩张的同时深刻影响了郊区的土地开发利用类型[1]。

表 6-4　地铁站点功能分类标准

站点类型	功能特征	优势度	均衡度
居住型	以居住类 POI 为主，且出现的概率值≥0.25	≥0.20	≤0.9
公服型	以公服类 POI 为主，且出现的概率值≥0.30	≥0.20	≤0.9
商服型	以商服类 POI 为主，且出现的概率值≥0.20	≥0.25	≤0.9
交通型	以交通类 POI 为主，且出现的概率值≥0.30	≥0.50	≤0.9
产业型	以产业类 POI 为主，且出现的概率值≥0.30	≥0.25	≥0.6
混合型	POI 类型较多，没有明显的主导功能类型	<0.25	>0.9
其他型	POI 数量小于 10 且类型小于 6，周边功能建设极不完善	—	—

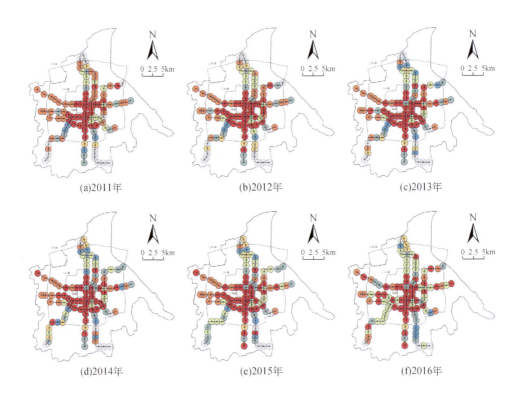

(a)2011年　　　　(b)2012年　　　　(c)2013年

(d)2014年　　　　(e)2015年　　　　(f)2016年

---

① 肖挺. 地铁发展对城市人口规模和空间分布的影响. 中国人口科学，2021（1）：79-90，127-128.

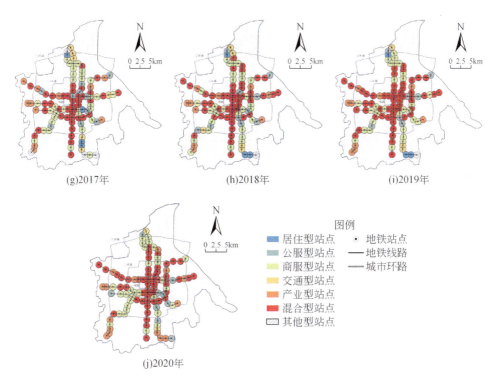

(g)2017年 (h)2018年 (i)2019年

(j)2020年

图例
居住型站点　·地铁站点
公服型站点　—地铁线路
商服型站点　═城市环路
交通型站点
产业型站点
混合型站点
其他型站点

图6-8　2011～2020年西安站点功能空间分布图

表6-5　西安市功能稳定型站点

类型	线路	站点名称	数量/个
公服型	4号线	大唐芙蓉园	1
商服型	4号线	文景路	1
产业型	1号线	劳动路、皂河	6
	3号线	石家街	
	5号线	阿房宫南、马腾空、石桥立交	
混合型	1号线	洒金桥、五路口、玉祥门	22
	2号线	安远门、会展中心、龙首原、南稍门、体育场、纬一街、小寨、永宁门、钟楼	
	3号线	北池头、胡家庙、吉祥村、太白南路、长乐公园	
	4号线	和平门	
	5号线	省人民医院-黄雁村、文艺路	

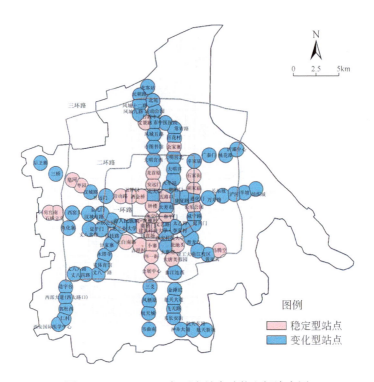

图6-9 2011～2020年西安站点功能空间演变图

不同线路功能信息熵均呈增长趋势，并在平均水平和变化幅度上有所差异（图6-10）。首先，1号线、2号线、3号线以商服型、居住型和混合型为主，站点功能变化较小，且信息熵始终处于高位稳定态势。这是由于1号线和2号线分别位于西安南北轴线上，3号线沿城市南二环及东二环布局，站点所在区域城市化建设水平较高，土地开发建设在地铁建设前期已经较为成熟完善。其次，5号线信息熵基本保持稳定增长的态势。随着城市更新改造，特别是西郊的昆明路沿线地区，土地资源配置逐渐完善，从而保障信息熵处于高位运行状态。最后，4号线和6号线逐渐形成居住型、商业型和混合型的站点功能，但信息熵较低。4号线和6号线的大量站点主要分布在城市外围的西安高新技术产业开发区、西安经济技术开发区和国家航天产业基地范围内，在站点建设前期土地开发利用程度较低，而随着地铁线路建设，站点周边的土地利用状况发生了巨大变化。虽然信息熵增长迅猛，但由于更新改造的滞后性，其信息熵仍处于较低水平。总体来看，不同轨道线路站点功能演变的空间异质性特征显著，且线路的演变程度随着向空间外围的延伸而愈发剧烈，这与轨道交通引领城市发展方向的观点是一致的[①]。

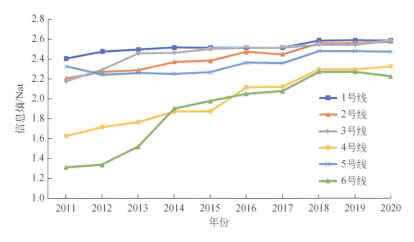

图 6-10　2011～2020 年西安地铁 1～6 号线站点功能信息熵

6.3.3　结构：混合主导

城市内部的空间是复杂而又联系的有机体，多样化同时也具有功能主导的变化趋势[②]，从各类型的变化情况来看，呈现出不同的变化方向，具有结构性变化趋势，产业型、其他型等站点不断向其他类型转化，混合型数量则呈现出越来越多的趋势。居住型站区变化趋势为先增加后减少，2011 年居住型站区数量为 4 个，在 2014 年增加为 9 个达到峰值，而后呈现出逐年递减的趋势，到 2020 年居住型站区数量为 0 个；公共型站区呈现出先增后减的趋势，2011～2015 年，公共型站区的数量由 11 个增加到 16 个后又逐年递减，到 2020 年这一数量减至 9 个；商服型站区呈现出快速增长后稳定的趋势，2011～2016 年，商服型站点保持在平均每年增加 4 个的趋势，2016 年后数量维持在 30 个左右，较为稳定；交通型站区呈现出小幅波动的趋势，数量较少且变化不大，类型数量在 2～7 个波动；产业型站区呈现出快速减少的趋势，2011～2019 年产业型站区数量由 33 个减少至 15 个，年均减少 2.3 个；混合型站区数量呈现出增加的趋势，2011～2016 年，

---

①　赵坚. 铁路建设与铁道部政企分开的必要性分析. 生产力研究，2008（16）：76-77，139.

②　郑至键，郑荣宝，徐嘉源，等. 基于 POI 数据和 Place2vec 模型的城市功能区识别研究. 地理与地理信息科学，2020，36（4）：48-56.

数量缓慢增加，年均增长 1.6 个，2016～2020 年，快速增加，年均增长 3.3 个（表 6-6）。

表 6-6　2011～2020 年西安地铁站区功能类型数量演变　（单位：个）

类型	年份									
	2011	2012	2013	2014	2015	2016	2017	2018	2019	2020
居住型	4	3	8	9	6	5	4	3	3	0
公服型	11	13	14	15	16	13	10	10	7	9
商服型	11	12	13	15	21	31	32	29	29	30
交通型	3	7	5	6	4	4	6	5	3	2
产业型	33	22	18	18	16	12	11	10	9	15
混合型	31	37	38	38	38	39	41	50	56	52
其他型	15	14	12	7	7	4	4	1	1	0

混合型站点占比呈现持续增长态势，2020 年混合型站点占比达 48.15%，主导地位明显（图 6-11）。其中，城市中心区混合型站点占比最高，特别是 2 号线的 21 个站点中有 16 个为混合型站点，占比高达 76.19%。同时，居住型、公服型和交通型站点的占比经历了 2011～2014 年快速增长与 2015～2020 年持续减少的变化过程；产业型和其他型站点占比总体呈现减少趋势；商服型站点在 2016年以前增速较快，而 2017 年以后呈现平稳变化趋势。

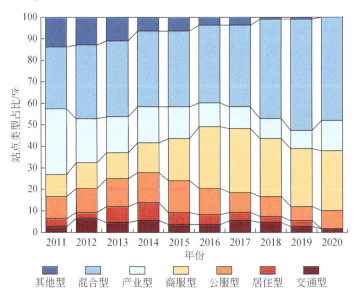

图 6-11　2011～2020 年西安站点功能类型演变图

产业型、商服型和公服型站点向混合型站点转换是混合型站点占比持续增高的主要原因（图6-12）。在城市中心区，距离钟楼越近的商服型和公服型站点，其功能越倾向于向混合型转变；而在城市郊区，产业型、居住型、交通型等站点也逐步转变为混合型站点，1号线包括三桥、后卫寨、枣园等七个站点由产业型转变为混合型。究其原因，在TOD模式引导下，土地开发利用类型快速转变或调整，使得站点周边的业态类型更加丰富多元，促使站点空间成为城市功能集聚、经济发展、品质提升的重要空间载体，可见土地的混合开发对提升城市活力、促进高质量发展具有一定的积极作用，并进一步证实了TOD模式对城市土地利用开发的影响作用。

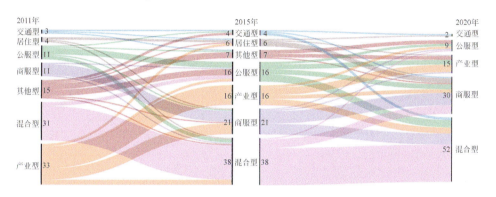

图6-12　2011～2020年西安站点功能转移桑基图

6.3.4　功能：各有差异

1. 居住型站点

居住功能是城市居民生活最为基本的功能需求，是《雅典宪章》对于城市功能定位的首要功能要求。轨道交通的建设最为显著的影响便是对于居住空间的影响，其不仅提升了住宅的价格，加强了住宅空间的集聚，与此同时也促进了相关生活服务类功能的发展，成为了居住型站点的重要特征。

从站点的数量变化来看，居住型站点的数量经历了"先增后减"的变化特征（图6-13）。2011年，中心城区仅有4个居住型站点，而到2015年逐渐增加至6个，但到2020年，居住型站点数量直接减少至0个，呈现出"倒U型"的数量特征。从居住型站点的空间分布演变来看，经历了由"南侧单极"到"南北双极"再到"消失"的演变过程。2011年，居住型站点主要分布在城市西南侧的高新木塔寺片区及城市南部的"曲江—三爻"片区，呈现出城市南部片状集聚的分布特征，这与城市南部三环产业带①对居住功能的侧重提升有较大关系。2015 年，城市北部未央片区则开始出现居住型站点，围绕着行政中心分布有凤城九路、运动公园（现凤城十路）、常青路等居住型站点，居住型站点的空间分布呈现出"双极"化趋势，体现了城市南北侧居住功能的改善，尤其是北部未央片区紧抓城市建设，安置楼开工面积超过 500 万 m²，城市社区数量快速增长至 121 个，实现了由"乡"到"城"的转变；2015～2020 年，居住型站点则逐渐减少，站点空间不再由居住类功能主导，这也体现了单一的居住类生活服务功能不再成为居民的主要追求，加之"生活圈"理念的发展，居住功能也呈现出内涵式发展趋势。

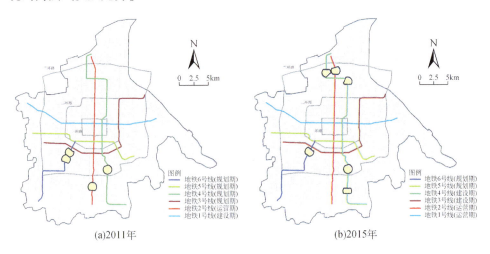

图 6-13　居住型站点时空演变格局

2. 公共型站点

城市公共服务设施是各类公共服务产品的空间形式，包括了科教文化、医疗保健、机关行政、文化休闲等功能类型，其既强调了政府的服务宗旨，也强调了城市居民享受公共服务的权利，是服务型社会的重要组成要素②。轨道交通的修建在提升居民出行可达性的同时，也间接提升了城市公共服务设施的覆盖水平。

---

① 三环产业带是指以西安市南三环为主干，大力发展总部经济、地铁经济、会展经济等产业形态，推动建设集总部经济、行政办公、生活居住、商贸服务功能于一体的产业发展高地和生态宜居新城。

② 刘静，朱青. 城市公共服务设施布局的均衡性探究：以北京市城六区医疗设施为例. 城市发展研究，2016，23（5）：6-11.

2016 年 2 月《中共中央　国务院关于进一步加强城市规划建设管理工作的若干意见》中指出，应坚持共享发展理念，创新治理方式，完善城市各类公共服务设施水平，从而让人民群众在共建现代化城市中更具幸福感。从站点主导功能视角分析城市公共设施功能的时空演变，可以为公共服务设施的空间统筹提供更为科学的指引。

　　整体来看，西安市中心城区公共型为功能主导的站点分布呈现出"先分散后缩减"的时空特征（图 6-14）。2011 年，公共型站点呈现出"大分散"的离散形式，分布在城市一环路外的城市空间，具有一定的远离城市中心分布的特征。从线路上来看，除去规划中的 3 号线沿线附近，其他线路上均有分布；而 2011～2015 年，公共型站点数量明显增多，主要分布在西南侧高新片区及东北的浐灞片区，这与"南优、东延"的城市空间发展战略相符合；2015～2020 年，公共型站点则逐渐减少，主要分布在东南侧曲江新区附近，充分体现了曲江片区承担城市重要公共服务片区的职责，而其他公共型站点则呈现出一定的退让趋势，站点的城市公共产品与公共服务的有效供给则略有不足。公共型站点的"倒 U 形"变化体现了公共产品在站点空间的不同发展阶段的侧重性，轨道交通规划建设期间，依托站点开通后的高可达性，站点周边的公共服务水平将迅速提升。但伴随着轨道交通投入运营及快速发展，站点周边土地价值快速提升，公共产品相比其他高附加值城市功能（例如商业功能）在市场化趋势下将不再具有较高的竞争优势，开始出现一定的"离站型"发展趋势，转而趋向于更加成熟的城市片区。

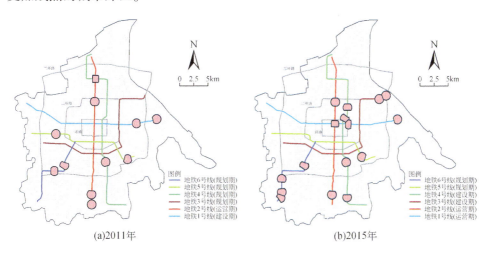

(a)2011年　　　　　　　　　　　　　　　(b)2015年

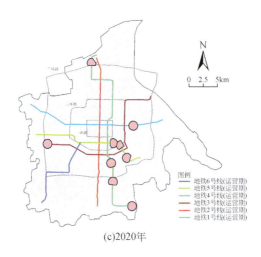

(c)2020年

图 6-14　公共型站点时空演变格局

3. 商服型站点

轨道交通的建设不仅提升了站点及区域的可达性，也促进了沿线商业功能的繁荣[①]。轨道交通带来的巨大客流，推动了城市中心及边缘区的商业化进程[②]、形成了各类的商圈，也推动了商业功能的更新迭代[③]。轨道交通商业的发展也与居民生活水平的提升相印证。据统计，西安市社会消费零售总额从 2011 年的 1765. 42 亿元增长至 2019 年的 5140. 93 亿元，体现了较强的居民消费需求。轨道交通沿线合理的交通商业发展既有利于满足居民的出行需要，也是提升空间价值、保障经济发展、促进城市活力提升的重要途径。

2011～2020 年，西安市中心城区商服型轨道交通站点呈现出"空间扩散、数量提升"的趋势，体现了城市商业的良好发展趋势（图 6-15）。2011 年，商服型站点呈现出"未央+曲江"的"东北强、西南弱"分布特征，一是分布在城北未央片区 2 号线沿线的未央路及规划中 4 号线沿线的明光路、太华路附近，二是围绕着曲江核心区外围的西影路、芙蓉西路分布，而在其他城市空间却少有商服型站点分布。而到 2015 年，空间不均衡发展趋势有所改变，除去"未央+曲江"

① 吴珊珊，庄宇. 轨道交通影响下的城市商业空间：研究现状与展望. 现代城市研究，2019，34（9）：50-59.

② Shi Y, Wu J, Wang S. Spatio-temporal features and the dynamic mechanism of shopping center expansion in Shanghai. Applied Geography，2015（65）：93-108.

③ 林耿. 地铁开发对大城市消费空间的影响. 城市规划，2009，33（3）：17-24.

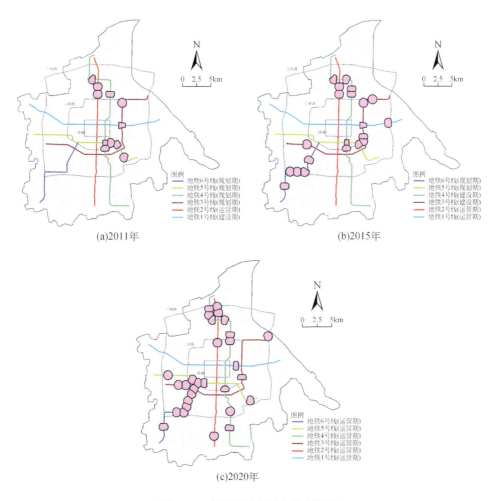

图 6-15　商服型站点时空演变格局

两处较为显著的商服型站点，高新区方向也出现了大量的商服型站点，主要分布在规划建设中的 6 号线沿线及建设中的 3 号线沿线站点空间，这段时期体现了较为均衡的商业空间分布。到 2020 年，西安市商业发展已较为成熟。以城市商业综合体为例①，全市各区县、开发区分布有 69 个商业综合体，年均客流量达到 5

① 城市商业综合体需满足三个条件，一是涵盖超市、百货、专业店、专卖店等商品零售业态，正餐、快餐等餐饮业态，以及文化、娱乐、健身、培训等两项及以上主要服务业态；二是营业面积不少于 1万 m² 且独立开展经营活动的商户不少于 50 个；三是具备专门的停车场所。

亿人次，成为城市商业的重要载体①。这样的趋势也使得轨道交通站点的商业化发展进一步加强，商业空间向城市外围的逐步扩散也使得商服型站点空间扩散趋势越发凸显。伴随着多条地铁线路开通，商业服务功能呈现出进一步的扩散趋势，2 号线、4 号线、5 号线等沿线站点空间商业化特征进一步凸显。

4. 交通型站点

城市中的各类交通设施是居民出行的空间载体，也是社会经济活动的重要依托。常见的交通服务设施包括交通服务设施、道路附属设施等类型，交通服务设施包括火车站（高铁站）、长途汽车站、公交站、停车场等，道路服务设施则包括城市对外的服务区、收费站等设施类型。近年来，在公共交通方面，围绕轨道交通建设，西安市新辟、调整大量公共交通线路接驳轨道交通，城市中心区公交站点 500m 半径的覆盖率达到 85.8%，中心城区轨道交通站点 200m 半径公交站点接驳率达到 90% 以上；停车方面，推动《西安市新建停车位三年行动方案（2018—2020 年)》《西安市解决"停车难"问题三年行动方案（2021—2023年)》实施②，规划结合轨道交通线路建立"P+R"停车场③；对外交通方面，两个铁路客运站均可在 800m 范围内接驳轨道交通线路，但七个一级公路客运站中仅有四个可在 800m 范围内接驳轨道交通线路，公路客运与城市公共交通融合有待进一步提升④。城市轨道交通沿线的交通设施具有接驳区域、联系内外的双重功能，故此处不剔除对外交通设施，选取以上的设施表征轨道交通站点的交通功能进行分析。

2011 ~ 2020 年，西安市中心城区交通型站点数量呈现出"整体较少、先增后减、中轴分布"的变化特征（图 6-16）。2011 年，交通型站点仅有三处，分别是已经建成投运的 2 号线的运动公园站、三爻站和规划中的金潬沱站。三处站点均具有毗邻大型交通枢纽的特征，运动公园站位于北郊西延高速吕小寨立交收费站，是城北重要的客运集散空间，周边公共交通线路较多，也使得运动公园站成为交通型站点，而南侧正在建设中的三爻站则毗邻城西客运站，成为城市南部重要的集散站点。除此之外金潬沱站由于毗邻曲江收费站，也成为了一个重要的交通型站点。到 2015 年，由于高铁北客站郑西高速铁路、大西高速铁路、西宝高

---

① 西安市统计局. 新模式商业综合体提升城市竞争力——2020 年西安城市商业综合体调查报告. http://tjj. xa. gov. cn/tjsj/tjxx/6153c7e6f8fd1c0bdc561f2b. html,2021-09-16.

② 张端. 三年新建停车位 51 万个每年推广共享停车场不少于 30 处. 西安日报，2021-11-24，3 版.

③ P+R（park and ride），全称为驻车换乘，是指将私家车停放在轨道交通站点专用停车场后，乘坐地铁出行的方式，设置在轨道交通站点的这类停车场便称之为"P+R"停车场.

④ 西安市自然资源和规划局，西安市城市规划设计研究院. 2020 西安市城市交通发展年度报告. http://zygh. xa. gov. cn/zwgk/ghjh/60d301c6f8fd1c0bdc34ebb5. html.

速铁路的开通，客流量激增，站点交通设施日渐成熟，也成为一类重要的交通型站点；南侧的行政中心站周边发展也日渐成熟，站点周边交通功能逐渐提升，成为重要的换乘枢纽。2020 年，由于轨道交通网络逐渐成形，站点周边功能日渐丰富，仅剩高铁北客站（现西安北部）、4 号线飞天路站两处交通型站点。高铁北客站依靠开通的六条高铁线路，四条轨道交通线路，成为名副其实的城市综合交通枢纽，而飞天路站则是航天城片区的一个区域性交通中心。

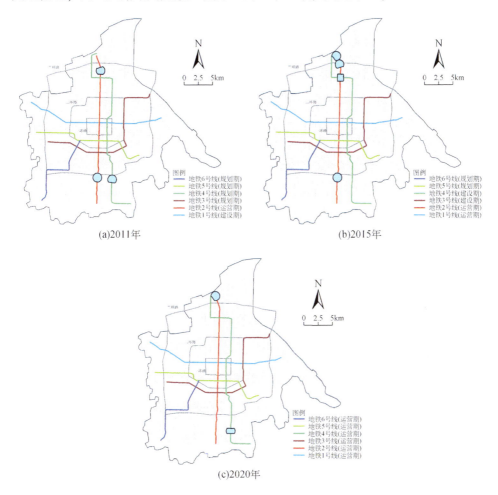

图 6-16　交通型站点时空演变格局

5. 产业型站点

经济发展是城市现代化进程的基本条件①，产业结构的调整、新兴产业的发展成为城市空间变迁的核心动力②，推动着城市空间功能的变化③④。十八大以来，经济转型发展、供给侧结构性改革、"一带一路"及新科技、新技术、新资本等政策的实施为西安市产业发展提供了新方向，信息传输、计算机服务、科学研究、地质勘探等产业的发展奠定了西安市多点支撑的经济格局，优势产业及"硬科技"发展让西安成为全国少有的拥有全部工业门类的城市⑤。轨道交通串联了各类新旧产业空间，2010年，伴随着西安国际港务区的成立，西安市东北部的港务区片区成为内地重要的陆港，连接中心城区及机场、北客站的地铁3号线、14号线也分别于2016年、2021年开通，极大地便利了各类商务活动的交流与区域的居民通勤。而在西安高新技术产业开发区，2013年以来，三星电子商务、中兴通讯、比亚迪汽车、吉利汽车等大型企业相继落户地铁6号线沿线，极大地带动了周边区域发展。产业的发展与轨道交通的演变呈现出较强的关联，从时空演进视角分析轨道交通将有利于产业与城市功能空间的融合。

从2011~2020年的时空演进来看，产业型站点的空间分布呈现出"数量递减、中心陷落、空间分散"的趋势（图6-17）。2011年，产业型站点以汉长安城及航天片区连线为对称轴，呈现出"大对称、大片区"的空间特征，产业功能成为中心城区的多数轨道交通站点的主导功能。2015年，产业型站点开始呈现出收缩趋势，主要集中在中心城区西部的西郊电子机械制造集聚区，分布于地铁1号线的"汉城路—三桥"及3号线"延平门—鱼化寨"围合的空间内，即俗称中的西安"电工城"。此外，产业型站点在东郊则零散分布在西至大明宫、北至石家街、东到纺织城、南到雁鸣湖的城市东郊范围内，整体呈现出"东西呼应"空间特征。2020年，产业空间的分散趋势进一步增强，除去1号线劳动路站、3号线石家街站外，产业型站点大多数扩散至一环路外的城市空间，呈现出较为明

① 王桂芹，郑伯红. 长沙城市现代化评价指标体系建构研究. 湖南科技大学学报（社会科学版），2016，19（5）：117-122.
② 运迎霞，杨德进，郭力君. 大都市新产业空间发展及天津培育对策探讨. 城市规划，2013，37（12）：38-42，50.
③ 郑伯红，王桂芹. 基于产业用地扩展的湘潭城市空间演变及优化. 经济地理，2017，37（6）：92-99.
④ 李留通，张森森，赵新正，等. 文化产业成长对城市空间形态演变的影响：以西安市核心区为例. 地理研究，2021，40（2）：431-445.
⑤ 西安市统计局. 经济实力大幅增强产业结构优化升级. http://tjj.xa.gov.cn/tjsj/zxfb/5d7fe16cf99d651bbeb429f3.html.

显的大分散趋势，仅在西南侧高新片区、东南航天基地出现出一定的集聚特征。总体而言，产业型站点已经不再成为多数站点的功能主导，站点空间更多地由其他功能所代替，这与"退二进三"城市产业趋势相符，但与此同时产业空间的消退带来了较多的低效用地，亟须通过功能结构优化、用地效率提升、存量空间挖掘等方式进行功能空间的资源配置①。

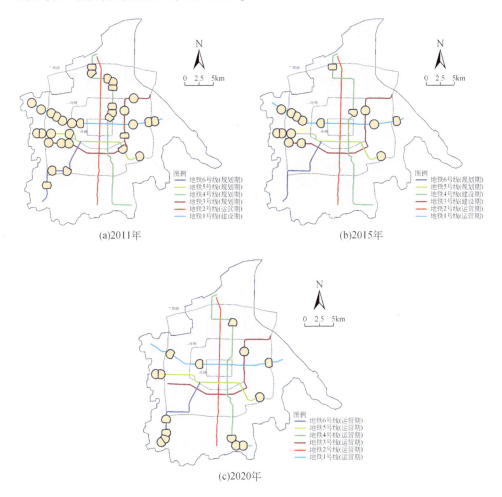

图6-17　产业型站点时空演变格局

① 刘芳，刘成明，伍灵晶. 深圳市低效产业用地空间再拓展路径分析. 规划师，2021，37（12）：50-56.

6. 混合型站点

功能混合思想已成为现阶段城市功能的重要指导思想，被认为是提升城市活力、加快城市复兴的重要理论范式[1]，从人本角度出发，可有效地促进居民活动的多样性、提升居民生活的幸福感[2]。作为多元功能交会碰撞的主要空间，轨道交通站点是功能混合的一类重要代表。功能混合也与高密度开发、步行可达等特征一同成为了站点空间规划设计的重要原则[3]以及实现 TOD、TND[4] 的核心手段。

2015 年 11 月，住房和城乡建设部发布了《城市轨道沿线地区规划设计导则》，明确了站点地区作为城市功能集聚、发展引领、品质提升的重要空间，应倡导站点周边功能的混合开发，从而提升街区空间的活力。2019 年，西安市人民政府相继印发《西安轨道交通与城市融合设计导则》《西安市轨道交通用地综合开发规划和土地供应暂行规定（试行）》等文件，倡导轨道交通站场的统一规划、功能混合利用。而从站点划分标准来看，混合型站点代表着站点某类功能较低的优势度及较高的功能混合度，强调着功能混合程度的高低而非是否出现功能混合。因此，从功能混合视角出发探讨混合型站点的时空变化。

从结果来看，混合型站点已成为最为主要的站点类型。在整体类型构成方面，以 2011~2020 年的各类型站点平均数量来看，混合型是其主要类型，数量占比达到 38.9%，其次是商服型、产业型、公共型站区，占比为 20.6%、15.2 与 10.9%，最后是居住型与交通型站区，两者的类型占比均为 4.2%。因此，混合型站点成为了西安中心城区地铁站点的主要类型。且整体来看，除去 2011 年产业型站点是当年数量最多的站点类型外，2012~2020 年，混合型站点都是数量最多的站区，且数量越发增加，显示出城市中心区的功能混合发展趋势（图 6-18）。

从 2011~2020 年的混合型站点时空演进来看，呈现出 "指状延伸、圈层扩散" 的特征（图 6-19）。2011 年，混合型站点聚集在北至大明宫，南至小寨、西到科技路、东到东二环的范围内，呈现出中心城区集聚的显著特征，这样的特征说明了西安市中心区功能混合程度较高。最早开通的地铁 2 号线大部分站点都成

① Farjam R, Motlaq S M H. Does urban mixed use development approach explain spatial analysis of inner city decay?. Journal of urban management, 2019, 8 (2): 245-260.

② 李萌. 基于居民行为需求特征的 "15 分钟社区生活圈" 规划对策研究. 城市规划学刊, 2017 (1): 111-118.

③ Cervero R, Kockelman K. Travel demand and the 3Ds: density, diversity, and design. Transportation Research Part D: Transport and Environment, 1997, 2 (3): 199-219.

④ Atash F. Redesigning suburbia for walking and transit: emerging concepts. Journal of Urban Planning and Development, 1994, 120 (1): 48-57.

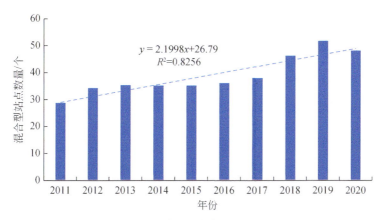

图 6-18 混合型站点数量变化趋势

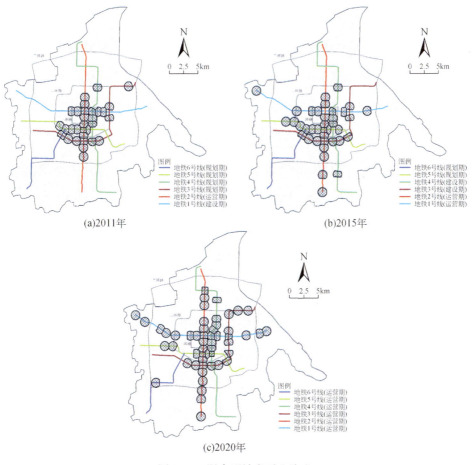

(a)2011年　　　　　　　　(b)2015年

(c)2020年

图 6-19 混合型站点时空演变

为功能混合主导的站点类型，而此时处于前期规划阶段的 3 号线沿线站点空间也出现了功能混合主导的功能特征，这也说明了轨道交通线路的建设并不一定是站点空间发生功能混合的原因，功能混合的空间也在一定程度影响着轨道交通线路的选择。2015 年，混合型站点呈现出一定向外扩散的趋势，尤其是 1 号线后卫寨站与 2 号线韦曲南站都已成为混合功能主导的站点，说明城市边缘地带开发区的建设将加快城市的多中心化趋势①。而到 2020 年，混合型站点已经成为西安市轨道交通站点的主要类型，数量占比达到 48%，并且呈现出明显的指状扩散特征，不仅在城市核心区，在城市外围均有连续的混合型站点分布，例如西咸新区沣东新城附近、西安高新技术产业开发区、常宁新区、浐灞生态区等城市新区。这一结果说明城市外围的功能混合趋势也在增强，体现了外围新区引导下的城市空间分异特征②。

6.4　功能演变影响因素

6.4.1　影响因子遴选

轨道交通站点的土地利用状况受发展阶段、社会经济、交通区位与空间功能等多重因素的影响（表6-7）。在发展阶段维度，不同阶段站点功能演变具有异质性③，因此综合考虑规划批复、正在建设、开通运营等属性，将站点划分为规划期、建设期和运营期三个不同阶段，同时结合站点开通时长来探究不同阶段站点功能演变的影响机制。在社会经济维度，包括区县地区生产总值、人均 GDP、三产占比、常住人口密度、财政收入等。在交通区位维度，包括路网密度、换乘站点和到城市中心的距离等④。在空间功能维度，包括 POI 数量、各功能类型 POI 占比等⑤。

---

① 耿甜伟，李九全. 开发区建设与城市结构形态演变：以西安市为例. 资源开发与市场，2018，34 (5)：665-669.

② 张志斌，师安隆. 开发区与城市空间结构演化：以兰州市为例. 城市问题，2008，(11)：52-57.

③ 何冬华. TOD影响下的站点地区空间发展演进与土地利用形态重组. 规划师，2017，33 (4)：126-131.

④ 李清嘉，彭建东，杨红. 武汉市不同站域建成环境与轨道交通站点客流特征关系分析. 地球信息科学学报，2021，23 (7)：1246-1258.

⑤ 杨滔. 基于大数据的北京空间构成与功能区位研究. 城市规划，2018，42 (9)：28-38.

表 6-7 西安站点功能演变的变量属性与来源

变量维度	变量名称	变量描述	变量特性	变量来源
发展阶段	建设期（T2）	建设期为 1，否为 0	虚拟	作者统计
	运营期（T3）	运营期为 1，否为 0	虚拟	作者统计
	开通时长（YEAR）	站点运营时长	连续	作者统计
社会经济	地区生产总值（GDP）	所处区县年度地区生产总值	连续	统计年鉴
	人均 GDP（P_GDP）	所处区县年度人均地区生产总值	连续	统计年鉴
	三产占比（PTI）	所处区县第三产业占比	连续	统计年鉴
	常住人口密度（RPD）	所处区县的常住人口密度	连续	统计年鉴
	财政收入（REV）	所处区县的一般公共预算收入	连续	统计年鉴
交通区位	路网密度（RND）	站域的路网密度	连续	GIS 计算
	换乘站点（TRANS）	开通时是换乘站点为 1，否为 0	虚拟	作者统计
	到城市中心的距离（DFC）	与城市中心（钟楼）的直线距离	连续	GIS 计算
空间功能	POI 数量（NPOI）	站点 POI 数量	连续	数据汇总
	居住功能（POI_R）	居住类 POI 占比	连续	GIS 计算
	公服功能（POI_C）	公服类 POI 占比	连续	GIS 计算
	商服功能（POI_B）	商服类 POI 占比	连续	GIS 计算
	交通功能（POI_T）	交通类 POI 占比	连续	GIS 计算
	产业功能（POI_I）	产业类 POI 占比	连续	GIS 计算

6.4.2 回归分析

以 2011 年、2015 年和 2020 年为时间节点，以站点功能信息熵为因变量（样本量为 302），影响因子为自变量构建回归模型。分层回归样品量为 302，规划期、建设期和运营期的样本量分别为 50、91 和 161。

1. 分层回归分析

利用 SPSS 22.0 进行回归分析，删除多重共线性较高的变量（VIF≥10.0），结果发现各层模型解释力不断增强，不同层次自变量的重要性有所差异。调整后 R^2 由 0.074 增加到 0.670，模型 2、模型 3 和模型 4 ΔR^2 均大于 0.130（表 6-8），说明模型总体拟合与分层效果较好。

表 6-8　影响因素分层回归模型系数表

维度	变量	模型 1	模型 2	模型 3	模型 4
发展阶段	建设期（T2）	0.260***	0.263***	0.161***	0.203***
	运营期（T3）	0.208**	0.196**	0.155*	0.236***
	开通时长（YEAR）	0.204***	0.171**	0.125**	0.164***
社会经济	地区生产总值（GDP）		0.097	0.175**	0.128*
	人均GDP（P-GDP）		−0.088	−0.236**	−0.183**
	三产占比（PTI）		0.046	−0.082	−0.003*
	常住人口密度（RPD）		0.454***	−0.027	0.044
	财政收入（REV）		0.018	0.075**	0.049**
交通区位	路网密度（RND）			0.058	0.119**
	换乘站点（TRANS）			−0.095**	−0.087**
	到城市中心的距离（DFC）			−0.727***	−0.417***
空间功能	居住功能（POI_R）				0.138***
	公服功能（POI_C）				0.059
	商服功能（POI_B）				0.466***
	交通功能（POI_T）				−0.239***
	POI数量（NPOI）				−0.209***
	产业功能（POI_I）				—
模型结果	R^2	0.083	0.256	0.452	0.688
	调整后R^2	0.074	0.235	0.431	0.670
	ΔR^2	0.083	0.172	0.196	0.236
	F-变化量	9.043***	13.572***	34.608***	294.953***

注：***、**、*分别表示变量在1%、5%、10%的水平上显著。

模型 1 初步检验了发展阶段维度对站点功能演变的作用；建设期（T2）、运营期（T3）、开通时长（YEAR）均为正相关关系（相关系数分别为 0.260、0.208 和 0.204），表明随着站点的建设、运营不断推进，站点功能混合度上升是基本趋势。随着地铁站点建设，不同业态开始聚集，在竞争与合作中协同演化，形成了丰富且完善的功能体系[①]。以 2 号线北苑站为例，在建设前期周边多为农

---

① 于洋，姚璇. 郊区中心型地铁站邻近商业空间的自组织演化——以成都市犀浦地铁站为例. 西部人居环境学刊，2021，36（3）：106-115.

用地，随着 2 号线开通运行，其站点功能发生了显著变化，不仅体现了政策导向和市场需求的主导作用[①]，还凸显了商业竞争与协同自组织演化的重要性[②]。

模型 2 检验了社会经济维度对站点功能演变的作用，其中仅有常住人口密度（RPD）（相关系数为 0.454）具有显著性，呈正相关关系，这是由于人地关系改变影响区域资源配置，从而推动站点功能演变。表明人口密度的增加推动了需求的增长与多样化，对站点功能的完善起到了积极的促进作用。以 2 号线韦曲南站为例，在建设初期以交通功能为主，但随着 2 号线开通运行，周边住宅、商业用地的迅速扩张，人口集聚效应显著，促使站点功能由单一的交通型转变为混合型。同时，城市中心区由于设施资源配置完善，人口密度高，站点功能演变与郊区不同，表现为混合度高、功能完善且稳定的特点。

模型 3 检验了交通区位维度对站点功能演变的作用，到城市中心的距离（DFC）表现为强负相关关系（相关系数为 -0.727），说明站点功能混合度随着到城市中心距离的增加而明显下降。受西安单中心城市发展模式影响，站点到城市中心的距离直观反映了站点交通区位条件水平，即越向城市外围延伸，站点功能混合度越低。例如，2 号线北客站和韦曲南站的功能信息熵持续增长，于 2020 年分别达到 1.82 和 2.58，但仍低于位于城市中心的钟楼站（2.71），反映了交通区位因素在功能和活跃度上的显著差异。

模型 4 容纳了所有因素，解释力最强，检验不同功能类别因素对站点功能演变的作用，商服功能（POI_B）（相关系数为 0.466）与居住功能（POI_R）（相关系数为 0.138）均呈现对站点功能混合的正向推动作用，表明生活功能的完善保障了站点周边居民的需求，改善了空间功能配置程度，商服功能的增加有力推动了站点功能的混合化水平。到城市中心的距离（DFC）变量仍呈现为强负相关关系（相关系数为 -0.417），说明到城市中心的距离越小，站点功能的混合化水平就越高，反之亦然，这与前文所述在城市中心区混合型站点占比较大的结论是一致的。在社会经济维度，地区生产总值（GDP）（相关系数为 0.128）和财政收入（REV）（相关系数为 0.049）对站点功能混合有一定正向推动作用，而人均 GDP（P_GDP）（相关系数为 -0.183）具有一定的负向效应，说明社会经济发展水平和站点功能完善有一定的相关关系。在交通区位维度，到城市中心的距离（DFC）、路网密度（RND）、换乘站点（TRANS）的影响效应依次降低，其中到城市中心的距离（DFC）和换乘站点（TRANS）为负效应，而路网密度（RND）

[①] 何冬华. TOD 影响下的站点地区空间发展演进与土地利用形态重组. 规划师，2017，33（4）：126-131.

[②] 于洋，姚璨. 郊区中心型地铁站邻近商业空间的自组织演化——以成都市犀浦地铁站为例. 西部人居环境学刊，2021，36（3）：106-115.

为正效应。

针对模型1~模型4，在发展阶段维度，三个变量对站点功能信息熵均呈现显著的正向效应，说明轨道交通的建设和运营对站点功能混合度提升具有显著的促进作用，这也正是进行分段回归的基础。在社会经济维度，随着交通区位和空间功能维度的纳入，具有相关性的变量数量有所增加。其中，地区生产总值（GDP）和财政收入（REV）均呈现出正向效应，表明区域的经济社会增长对站点功能演变具有促进作用。然而，人均GDP（P_GDP）却呈现出负向效应，说明轨道交通在引导人口郊区化方面的作用尚不明显。在交通区位维度，三个变量作用强度变化揭示了交通区位对站点功能混合度存在空间异质性。而常住人口密度（RPD）在模型3和模型4中均不再显著，说明其影响效用被其他因素所承担，这印证了简·雅各布斯的观点，即人口密度本身的独立作用会在控制其发挥作用条件后减弱[①]。

2. 分段回归分析

按照规划期、建设期和运营期3个阶段，利用SPSS 22.0进行回归分析，调整后R^2分别为0.71、0.68、0.67，说明不同阶段站点功能演变影响因素差异较大（表6-9）。

表6-9　影响因素分阶段回归模型系数表

模型维度	变量名称	模型5（规划期）	模型6（建设期）	模型7（运营期）
社会经济	地区生产总值（GDP）	−0.46 *	−0.37 **	0.24 **
	人均GDP（P_GDP）	0.36	0.34 **	−0.31 ***
	三产占比（PTI）	—	0.28 **	−0.01
	常住人口密度（RPD）	—	−0.36 **	0.20 *
	财政收入（REV）	—	0.23 **	0.00
交通区位	路网密度（RND）	0.00	0.04	0.16 **
	换乘站点（TRANS）	—	−0.02	−0.07
	到城市中心的距离（DFC）	−0.62 ***	−0.40 ***	−0.28 ***
空间功能	POI数量（POIN）	0.14	0.19 *	−0.26 ***
	居住功能（POI_R）	0.03	−0.13	0.17 ***
	公服功能（POI_C）	0.08	−0.22 *	0.06
	商服功能（POI_B）	0.30 ***	—	0.47 ***

---

① 简·雅各布斯. 美国大城市的死与生. 金衡山, 译. 南京: 译林出版社, 2006.

模型维度	变量名称	模型5（规划期）	模型6（建设期）	模型7（运营期）
空间功能	交通功能（POI_T）	−0.05	−0.37 ***	−0.31 ***
	产业功能（POI_I）	—	−0.65 ***	—
属性维度	开通时长（YEAR）	—	—	0.15 **
模型结果	R^2	0.78	0.72	0.70
	调整后 R^2	0.71	0.68	0.67
	F	11.14	15.86	23.97
	显著性	0.00	0.00	0.00
	样本量	50	91	161

注：***、**、*分别表示变量在1%、5%、10%的水平上显著。

规划期站点功能受城市空间格局影响较大。模型5中仅有三个变量呈现显著性，其中到城市中心的距离（DFC）（相关系数为−0.62）、地区生产总值（GDP）（相关系数为−0.46）、商服功能（POI_B）（相关系数为0.30）的影响效应逐次降低，表明到城市中心的距离直观反映其交通区位条件，距离越远越难以享受城市中心提供的设施与服务。同理，站点商服设施水平代表原有城市空间经济发展状况，商服设施高水平区域自身具备功能混合化发展趋势，这也使得商服功能表现为强相关关系。部分面积较大的区县位于城市外围，使得地区生产总值（GDP）呈现负相关关系。

建设期站点功能受所在区域社会经济水平影响最大。模型6中呈现显著性的变量增加到10个，其中产业功能（POI_I）（相关系数为−0.65）影响效应最强。人均GDP（P_GDP）、三产占比（PTI）、财政收入（REV）相关系数为正，表明良好的地区经济水平与财政状况对站点建设和资源配置起到积极作用，推动了站点功能混合化演变。地区生产总值（GDP）、常住人口密度（RPD）、交通功能（POI_T）和产业功能（POI_I）表现出负向效应，这是因为城市扩张与产业外迁，主要分布在经济发展水平较低的城市边缘区，再加上轨道交通工程建设进度影响，因而呈现负相关关系。例如，6号线南段位于西安高新技术产业开发区，其站点周边目前以工业用地为主，在一定程度上导致站点功能信息熵相对较低。但随着轨道交通的开通运营，站点周边土地利用类型将发生变化，功能信息熵也将随之提升，从而进一步丰富和完善站点功能体系。

运营期站点功能是以商业服务业为主的多维变量综合作用的结果。其中商服功能（POI_B）（相关系数为0.47）正向影响最强，这与模型4结果是相符的。模型7中商服功能（POI_B）在站点运营期表现出显著的正相关关系，即建设期越长站点功能越完善，且功能混合水平也就越高。需要说明的是，财政收入

（REV）不再显著，相对于建设期，运营期的站点由于不再进行工程建设，因而财政收入（REV）对站点功能混合推动不再显著。但区域社会经济发展则对站点功能完善呈现一定正向作用。其中，人均 GDP（P_GDP）呈现较强负相关关系，这与 2020 年站点功能信息熵的回落现象相吻合；同时，地区生产总值（GDP）相关系数由负转正，说明经济发展对运营期站点功能混合的推动效应存在阈值[①]，站点开通时所处区县发展较为成熟，而经济增长红利无法再作用于站点功能混合度的提升，受人口密度边际效应等多种因素影响，信息熵有所回落。

针对模型 5～模型 7，到城市中心的距离（DFC）始终呈现负向效应，凸显了区位交通条件对站点功能演变的深刻影响。同时，地区生产总值（GDP）在模型 5 和模型 6 均呈现负向效应，但在模型 7 中却转化为正向效应。这暗示了在规划期，站点周边的发展建设相对滞后；进入建设期，轨道交通建设对站点周边既有的业态产生了负面干扰；然而，在运营期，通过集聚效应的作用，周边业态逐渐得到发展与繁荣。

6.4.3 优化对策

为有效促进轨道交通站点与城市土地利用协调，推进城市高质量发展，结合站点功能演变和影响因素，提出以下优化对策。

一是遵循站点类型发展规律，在保障站点居民日常出行需求的前提下，合理引导完善站点功能结构。居住型站点应以保障居民生活需求为中心，以生活圈建设为指引，补充完善商业、公共服务等功能，构建围绕轨道交通站点的完整社区；公共型站点应加强可达性水平，提升空间集约化、一体化程度，从而提升公共服务供应水平，形成高标准高质量的城市公共服务中心；商服型站点应以站点特色化为引导，建立多样化的城市商业空间，提升站点空间价值、保障城市经济发展的活力与繁荣；交通型站点应围绕多模式交通，增加"P+R"停车场数量，以提升站点公共交通接驳水平，注重非机动出行空间品质的优化与完善，建立无障碍换乘通道，构建人车分道、畅通无阻的接驳换乘环境；产业型站点应遵循发展规律，在保障城市产业发展同时，提升现有站点周边土地利用效率，挖掘现有存量空间，合理引导产业型站点的空间转型；混合型站点则应内外兼修，在控制城市中心区功能混合，在倡导功能混合发展的同时，提升城市空间的韧性，防范过高功能混合度引起的安全、健康等城市问题，同时提升城市外围新区的城市功

---

① 颜冉，张纯，郑浩. 站域建成环境对城市轨道交通客流的影响研究：以合肥市为例. 都市快轨交通，2022，35（5）：69-75.

能复合程度，促进站点的多样性，提升站点空间的活力水平。

二是针对不同区域采取针对性的优化对策。对于位于城市中心区的站点，依托交通换乘功能，优化土地混合利用结构，促进商业、商务办公、娱乐康体等功能的有机组合，从而激发城市活力。同时，推动站城一体，通过立体开发促使站点交通空间与城市功能空间相互渗透，形成连续、开放的公共空间系统。在提升站点的空间品质和城市形象的同时，有效防范因过度功能混合引起的交通拥堵等问题，避免规模不经济。对于位于城郊的站点，结合周边地段特征和未来发展的可能性，强化规划引领，科学研判站点功能定位与空间布局，避免因站点功能不合理而导致的土地资源浪费，确保站点与周边区域的协调发展。

三是结合不同建设阶段完善引导站点功能演变。在规划期，充分发挥各类商业服务及居住功能对站点发展的引导作用，建设以站点为中心的城市活力区，从而吸引更多的投资和人流。在建设期，通过加密路网、分时段施工等措施减少道路"梗阻"，保证相对畅通的道路交通，最大限度地降低工程建设对居民生产生活的影响。在运营期，倡导土地混合利用，一体化布局商业、商务办公和居住等功能，营造良好的人居环境，提高土地经济效益和社会效益，为城市高质量发展提供有力支撑。

6.5 西安北站客流扰动与韧性响应

西安北站位于西安市北部，东至建元路、西至明光路、北至秦汉大道、南到元朔大道，面积约为 1.8km² （图 6-20）。近年来西安北站客运量高速增长，日均开行列车达到 269 辆，日均发送旅客数量已经从 2011 年的 3600 人次增加到 2020 年的 15 万人次，站区客流扰动风险越发突出（图 6-21）。值得注意的是，西安北站夜间到达车次数量连年增长，由 2011 年的 7 辆提升至 2020 年的 90 辆，增幅达到 1186%，并且多次出现夜间旅客滞留现象，产生负面的社会效应，因此对站区夜间时段的客流扰动应予以特别关注。

6.5.1 客流扰动特征

1. 扰动周期性

西安北站客流扰动具有周期性的时间特征。首先，通过对 2017 年 7 月 9 日～2018 年 4 月 22 日为期 290 天的客流扰动调查（图 6-22），客流扰动显示出剧烈扰动的总体特征，相较于平时状态，站区节假日的客流扰动超过平均水平 50%

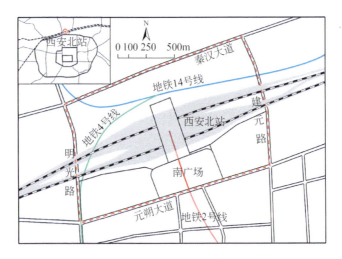

图 6-20　西安北站区位图

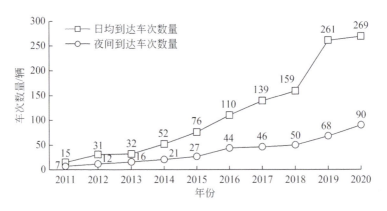

图 6-21　西安北站 2011～2020 年日均车次数量

以上。并且，客流扰动呈现出以周为单位的波动特征，基于二阶差分的时间序列自相关分析可知，在时滞为 7：00 时，时间序列呈高相关性，且 P 值远小于 0.01 通过检验，即客流扰动出现了以一周为周期的显著性特征。其次，通过对夜间客流扰动的进一步分析，显示夜间客流扰动逐渐成熟的"双峰"特征（图 6-23），站区客流扰动在 19：00 与 22：00 附近逐渐形成较为稳定的峰值，这与旅客滞留事件经常发生在傍晚与深夜的时间契合。可见，西安北站客流具有节假日剧烈扰动、以周为单位变化和夜间双峰性的特征，站区的韧性治理也应充分利用这一特征进行重点时段的风险评估与应对。

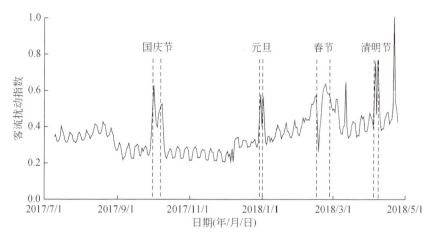

图 6-22 西安北站客流扰动变化（2017 年 7 月～2018 年 4 月）

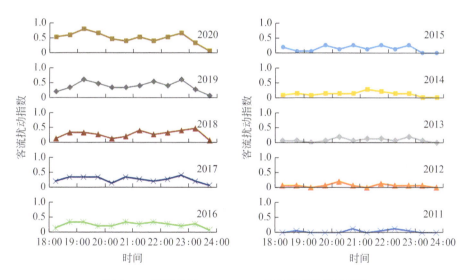

图 6-23 西安北站 2011～2020 年夜间客流扰动指数

2. 空间集聚性

西安北站呈现休息日客流重心变化大且夜间重心变化较小的空间特征（图 6-24）。工作日，日间与夜间的重心偏移距离相差不大，重心变化最大的时刻出现在 17∶00～19∶00，最大偏移距离为 18m。客流重心变化最小的时刻出现在 19∶00～21∶00，最小偏移距离为 3m。除去 17∶00～19∶00 的较大重心偏移变化外，站区客流整体仍然呈现出日间变化大于夜间变化的特征。休息日日间重心变化显著大于夜间重心变化，其中最大偏移距离出现在 9：00～11：00，偏移距离达到 34m，最小偏移距离出现在 19：00～21：00，偏移距离为 5m，同样呈现出日间到夜间重心迁移距离减小的趋势。偏移距离越小，说明客流在空间上越集中，所面临的扰动风险就越大，韧性治理面临的挑战也越大。

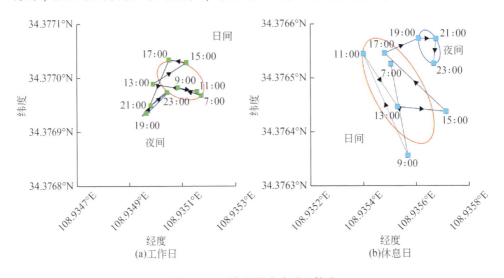

图 6-24　西安北站客流重心轨迹

同时，日间与夜间客流重心分布具有明显的空间差异特征。17：00 之前，客流重心呈分散分布，17：00 之后则具有空间集聚特征。一是站房处较为集聚，热力空间分布呈现出以站房处为中心，向周边圈层式递减的趋势（图 6-25），这样的特征表明，对于西安北站而言，客流的扰动空间主要集中在站房区域及南北两侧的广场处，高铁站房仍然是人群集聚的主要空间，具有较大风险。二是站区南侧较为集聚，以站区周末夜间的客流扰动为例，站区北侧低热区面积占比达到 79.29%，中热区面积占比为 18.82%，高热区占比为 1.89%，低热区成为站区的主导类型；而站区南侧的低热区占比为 71.83%，中热区面积占比为 17.56%，高热区占比为 10.61%，虽然站区南侧主导类型仍为低热区，但高热区占比明显高于站区北侧（图 6-26）。由此可见，站区南侧，尤其是高铁站房南侧区域，是站区夜间的客流扰动的主要空间，空间内人口较为密集，具有较高的客流扰动风险，这与西安北站滞留事件的空间特征相印证。究其原因，日间西安北站拥有始发、中间、终到等多类型的列车，进出站客流方向多样，加之西安北站的接驳空间分散布置，造成了站区客流在空间上呈现的动荡性。而在夜间，到达客流成为站区客流扰动的主要类型，并且客流以地铁换乘为主，使客流扰动空间主要集中在高铁站房下的地铁换乘处，形成了较为稳定的夜间站区扰动空间分布。客流

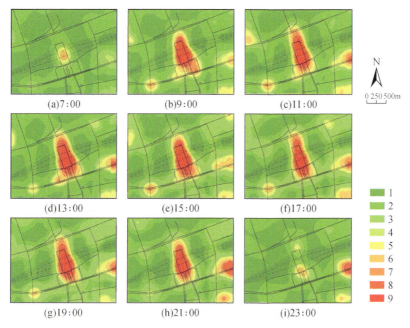

图 6-25　站区客流扰动空间分布

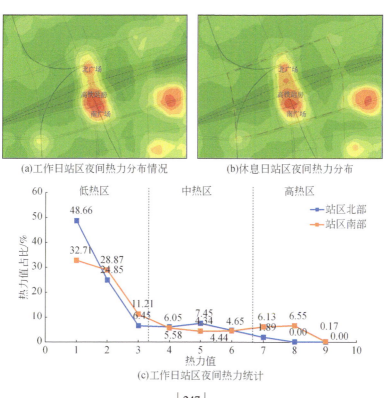

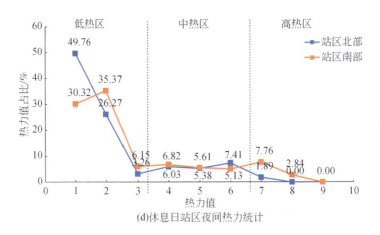

图 6-26　周内与周末站区夜间客流扰动情况

较大且空间集聚特征明显的夜间特征对于站区韧性来说是极大的挑战，在这样的空间分异特征下，应特别关注夜间站房内的韧性设施与管理应对。

6.5.2　韧性响应机理

客流扰动下的站区韧性响应机理，是指在面对站区客流扰动所体现的周期性以及空间分异性特征，站区的各类要素的应对措施是否有效，能否做出正确、高效的时间响应，从而降低站区遭受滞留、踩踏等极端事件的风险。站区的韧性响应，不仅需要关注基于工程思维的物质韧性的响应，而且需要从治理视角进行响应机理的阐释。

站区受到的客流扰动后，站区空间环境与治理体系应当作出高效响应，才能消除各类扰动的影响。一般而言，城市系统对于扰动的响应过程通常存在着"防御""吸收""恢复"等阶段，高铁站区的滞留事件也较为清晰地体现了这几个阶段。但是现阶段，城市韧性的内涵已经越发关注系统的变化、适应、演进的能力，系统的自我学习、发展与适应也成为韧性阶段的重要内容[1]，站区的适应性特征也应受到重视，即站区如何进一步适应客流扰动，增加"适应"阶段才能体现韧性系统在城市中的契合性。因此，"防御—吸收—恢复—适应"的四个阶段划分可以较好地体现高铁站区对于客流扰动响应过程，这一过程划分标准也能

进一步探究过程中的韧性表现，从而探究其韧性的影响因素。具体来看，防御阶段，主要反映了系统对于各类扰动的抵抗能力，主要受扰动的频率、强度影响，在高铁站区，抵抗能力体现为高铁站区在面对客流扰动时的抵御能力，例如站区定位是否合理，功能是否多元，能否在根本的功能定位上抵御客流扰动的冲击；吸收阶段，考验着系统内部对于风险蔓延的减缓能力，较高的空间利用效率可以加快站区对于扰动的吸收；恢复阶段，主要是评估系统受影响下的恢复能力，对于以交通功能为主的高铁站区而言，则考验着站区的对于客流的接驳疏解能力；适应阶段，主要考验韧性系统的适应能力，通过对系统受到冲击过程中的关键环节进行优化，从而实现韧性能力的提升，这一阶段中，能否总结扰动响应过程中出现的不足，并作出设施或制度方面的创新提升至关重要。

1. 开发定位失准

高铁站区的功能定位首要是交通集散，其次为衍生功能，方能在扰动时进行科学响应。西方国家的站区，通常定位于节点交通价值与城市功能价值于一体的空间集合[1][2]，即在满足车站基本的交通集散功能的同时，发展商业、商务、会展等衍生功能，从而达到站区的一体化开发[3]。而现阶段，我国高铁站的建设在未能满足交通需求、充分发挥交通价值时，便片面追求城市功能价值的体现，使得接驳困难、换乘不便等交通问题层出不穷，开发效益也未能体现。西安北站在轨道交通、地面公交枢纽、长途客运枢纽等交通功能未彻底开发时，站区南侧已建设了高度为198m与188m的超高层商业综合体，直逼《西安高铁新城核心区控制性详细规划》中建筑限高200m的规定，并且在拟施行的《西安高铁新城核心区控制性详细规划（调整）》中，站区南侧整体容积率由2.97调整为3.04，建筑限高由200m调整为350m，站区将形成衍生商业商务功能高限度开发的局面。这样的土地财政引导的站区高强度开发情形还发生在成都东站、沈阳北站等大多数城市高铁站区。

无法对客流扰动作出高效响应，与站区功能定位失准息息相关。我国高铁站区的发展，未能理解中西方城市在发展阶段、行政体制与财税制度方面的差

---

① Bertolini, L. Spatial development patterns and public transport: the application of an analytical model in the Netherlands. Planning Practice & Research, 1999, 14 (2): 199-210.

② 郑德高, 杜宝东. 寻求节点交通价值与城市功能价值的平衡: 探讨国内外高铁车站与机场等交通枢纽地区发展的理论与实践. 国际城市规划, 2007, 22 (1): 72-76.

③ 袁锦富. 高铁效应下我国城市总体规划的应对. 城市规划, 2015, 39 (7): 19-24.

异①，在政府短期政绩观与土地财政的促使下过度强调衍生功能，间接造成了站区交通功能难以体现，在面对扰动时也无法从基础的交通功能空间进行响应，何况站区交通价值与功能价值的平衡。并且，站区开发追求无差别人流的底层逻辑也存在问题，高铁站区的人流与停留、慢行为主的到达性客流不同，多为中转型人流，不应过度追求人流的集聚效应②。现阶段的站区功能定位过分考虑大体量的商业商务功能在站区核心的布置，这便是站区开发定位失准、本末倒置的体现。站区应强调面向旅客的交通集散的基本功能，在完善交通功能的基础上，补充必要的商业商务衍生功能。

2. 空间利用低效

面对复杂的客流特征时，高质量开发的站区空间能高效地吸收这种扰动。对于高铁站区而言，合理的空间资源配置、高效的空间开发利用可以在抵御客流扰动的冲击后，吸收大量的客流扰动；而较低程度、不完全的站区开发（例如站区功能不完善、接驳交通布置不科学），由于没有韧性的功能空间③，站区往往难以高效吸收较大的客流扰动，从而导致接驳困难甚至滞留事件的发生。基于热力图的分析也显示出站区空间开发不足、利用低效的特征。西安北站站区全天的热力分析显示，站区低热区面积占比达到 72.90%，中热区面积占比为 15.73%，高热区面积占比仅为 11.37%（图 6-27）。站区主要是低热区为主，因而呈现出了较低强度的空间利用的情况。对于站区开发面积的统计也显示出这一特征，站

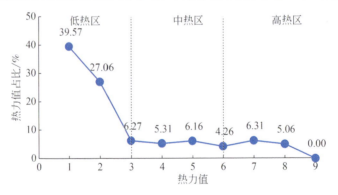

图 6-27 站区热力值占比

---

① 丁志刚，孙经纬．中西方高铁对城市影响的内在机制比较研究．城市规划，2015，39（7）：25-29.

② 袁锦富．高铁效应下我国城市总体规划的应对．城市规划，2015，39（7）：19-24.

③ Ahern J. From fail-safe to safe-to-fail: Sustainability and resilience in the new urban world. Landscape and Urban Planning, 2011, 100（4）: 341-343.

区外围地区存在着大量的未建设用地，已开发面积（包含站场、站房区域）仅仅占站区面积的 39.8%，且已开发空间与客流扰动空间高度重合（图 6-28），站区的韧性空间设置也明显不足。现阶段西安北站日均客运量仅为设计最大客运能力的 35% 左右，在这样的情况下，站区仍出现客流扰动无法疏解的情况，可见站区空间规划存在一定不足。在大客流、雨雪天气、接驳交通不便的情况下，无法将客流就近安置至站区，夜间滞留等情形的出现也就在所难免，因此无法体现站区空间的韧性。

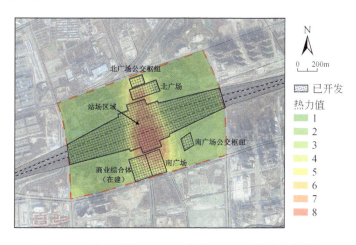

图 6-28　西安北站站区土地开发情况和百度热力空间分布

高铁站站前广场是重要的城市集散广场，承担着重要的交通集散功能[①]。这种功能空间通过对广场车流、人流的合理疏导，保证站区各类交通流畅运行，是站区高效响应的重要物质前提。但是对于"橱窗意识"与"形象工程"的过分追求，使得高铁站前广场在面对客流扰动时，不仅无法实现空间高效利用，还会成为站区治理响应的阻碍。广场空间的居中布置，不仅影响到接驳空间的就近布置，而且形成了客流响应的隐患。在面对巨大的客流扰动时，旅客无法充分利用广场空间进行快速接驳集散，而需要分散至站区外围的场站进行疏散，造成了换乘时耗无谓的增加，因而也无法体现站区响应的韧性。这种追求"形象工程"造成换乘不便的情形还发生在重庆西站、郑州东站等大多数城市高铁站区。对于"形象工程"的追求，体现了站区设计对于冗余性特征的理解偏差。冗余性特征是站区韧性的重要影响因素，其通过功能空间的储备性设置在时空维度分散客流

---

① 何小洲，过秀成，张小辉. 高铁枢纽集疏运模式及发展策略. 城市交通，2014，12（1）：41-47.

扰动带来的风险[①]是站区韧性的重要体现。在客流扰动出现时，以交通集散功能为主的站房空间可以为站区提供大量的冗余空间，然而站房外超大规模的集散广场（西安北站南北站前广场面积达 7.8hm²）却影响了接驳交通功能的临近布置，并且造成了土地资源的浪费，降低了站区韧性的响应效率。

3. 接驳多样性失调

接驳多样性的失调影响着站区对于客流扰动的动态吸收，是客流扰动空间分异性的主要因素，也造成了站区在峰值时无法及时响应的局面。多样性是城市韧性的重要特征，高铁站区理应提供多样的换乘工具，缩短旅客换乘时间与距离[②]，使得站区在受到扰动冲击时旅客能够进行多样的选择，从而降低扰动的风险。这既体现了站区换乘的便捷，也是站区应对客流扰动的重要途径。但是对西安北站站区接驳多样性的分析显示，韧性响应特征未能合理展现。接驳多样性与客流扰动在夜间整体呈现下降的趋势，但在 19：00 与 22：00 的客流扰动出现了较大的峰值，接驳多样性却未能协同变化（图 6-29）。这样的变化趋势体现出站区在波峰时刻面临巨大的集散压力，接驳多样性趋势未能与夜间客流扰动的双峰特征相契合，也解释了滞留事件多发生在傍晚与深夜的原因。

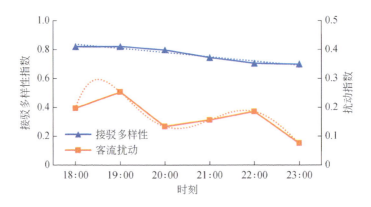

图 6-29　接驳多样性指数与客流扰动指数关系

接驳多样性不足，是轨道交通与地面公交发车间隔逐渐增加与站区换乘困难等造成的（图 6-30）。轨道交通是站区接驳的主要集疏运形式[③]，连接西安北站

① Ahern J. From fail-safe to safe-to-fail: Sustainability and resilience in the new urban world. Landscape and Urban Planning, 2011, 100（4）：341-343.

② 段进，殷铭. 高铁站点规划布局与空间换乘便捷度：长三角地区的实证研究. 城市规划，2014，38（10）：44-50.

③ 何小洲，过秀成，张小辉. 高铁枢纽集疏运模式及发展策略. 城市交通，2014，12（1）：41-47.

与城市中心区的地铁2号线承担了70%的接驳功能，然而西安北站地铁2号线夜间发车间隔较久，疏运能力下降，使得站区接驳需要由出租车、地面公交等承担。但由于地面公交换乘时间较长（图6-31），换乘旅客较少，前往换乘大厅南侧换乘出租车辆成为旅客的主要选择，导致夜间站区客流主要集聚于换乘大厅南侧，形成隐患。加之接驳信息传递不畅，站外公交接驳车辆的情况鲜为人知，加剧了站内滞留局面的形成，因而无法体现站区韧性的响应。

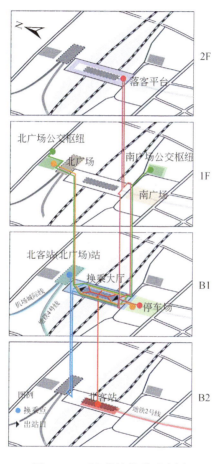

图6-30　西安北站换乘示意图

4. 治理权责分割

站区治理权责分割严重，同样影响着站区对于客流扰动的响应。站区开发治理，尤其在后期治理阶段，应形成统筹的主体间关系，达到整体效益的最优，这

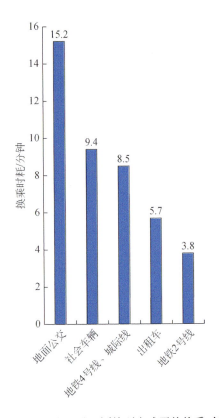

图6-31 西安北站不同接驳方式平均换乘时耗

既是制度韧性的体现，也是参与性在城市治理价值体系中的重要体现[1][2]。然而我国多数高铁站区以空间划分职能关系的管理方式，造成了站区治理困难的问题。西安北站形成了"铁路部门管理站房区域–站区管理委员会管理站房外区域"的分割制度，西安经济技术开发区管理委员会在《西安铁路北客站站区管理规定（征求意见稿）》中明文规定："北客站站区管理范围为西安北站南北广场及周边地区（元朔大道南道沿以北……不含铁路部门管辖范围）"。这样的权责分割致使站区在面临客流扰动时，铁路部门与地方政府间协调不足，未能形成连续的信息传导过程，造成了旅客诉求让位于部门间利益的局面。

同一过程分属两类主体进行管辖的复杂局面，还衍生了出站换乘地铁需要

---

[1] Hendriks F. Understanding good urban governance: essentials, shifts, and values. Urban Affairs Review, 2014, 50 (4): 553-576.

[2] 张衔春，单卓然，许顺才，等. 内涵·模式·价值: 中西方城市治理研究回顾、对比与展望. 城市发展研究，2016, 23 (2): 84-90, 104.

"二次安检"等一系列的影响站区运行效率的问题。客流扰动出现时，首先会对铁路部门负责的站房空间造成影响，大量客流集中在站房区域，铁路部门通过出站指引、提升出站效率等方式疏散旅客后便结束响应。而当客流进入站区管理委员会所管辖空间，需要经过二次安检才能换乘轨道交通，这一流程严重影响换乘效率，也造成了站房换乘大厅空间内的人群聚集，存在一定的安全风险。而调查显示，取消换乘地铁的二次安检将为旅客节省约 3 ~ 7 分钟的换乘时间，这不仅能将地铁的换乘时间缩短至 1 分钟内，而且还可大幅降低安检通道的人流拥挤程度，避免滞留事件的发生，从而体现站区组织制度的韧性。

5. 机制响应滞后

面对站区客流日渐增加的现实背景，基于传统应急思维的站区管理体系往往难以快速高效应对。在长期以来的城市治理实践中，缺乏部门协调、社会参与不足、资源整合低效的碎片化治理体系成为提升城市治理的突出困境[①]，亟须从创新管理机制、建立风险评估体系与提升协调能力等方面进行提升。西安北站作为城市治理的重点空间，通过《未央区西安铁路北客站地区应急预案》建立了相应的联动工作机制（图 6-32）以预防应对各类突发事件。然而，在应对扰动情况时却未能发挥出应有的效果，大客流未能及时疏解，导致滞留事件的发生，暴露出信息传递滞后、部门间协调不足等问题。并且，经自媒体平台传播后，造成了极为不利的社会影响，未能体现组织管理的韧性。

治理机制的滞后响应体现在治理平台与政策贯彻施行等方面。基于简易信息平台的信息传递存在风险判断不足与精度较低的问题，当面对深夜旅客滞留等客流扰动时，铁路部门负责将车内旅客人数信息发送至站区应急联动小组，各部门协商具体接驳方案。然而由于乘客的换乘倾向、目的地不同，无法准确获得到站后真正需要接驳的人数，且应急联动信息未能传达至旅客，出现了多条线路、多辆公交在公交站接驳但旅客仅在出租车换乘点等候的低效响应状况。此外，在滞留事件引起巨大社会反响后，站区应急管理机制才做出适当调整，主管部门由站区管理委员会改为由市政府分管领导下的临时性应急机构进行协调，主体联动、措施贯彻施行更加高效，联动机制工作重点也不再局限于常态化应急机制设计，而是更为注重实效建设，例如加开地铁、完善接驳时刻、增强换乘指引等措施。但是，这样的应急响应机制重在"事后响应"，虽然可以在一定程度上控制事态发生，体现站区组织管理的韧性，但是未能在风险预测与控制阶段体现出治理机制的韧性，亟须高效的现代化治理平台进行全过程的响应。此外，制度的修订不

---

① 丁志刚，孙经纬. 中西方高铁对城市影响的内在机制比较研究. 城市规划，2015，39（7）：25-29.

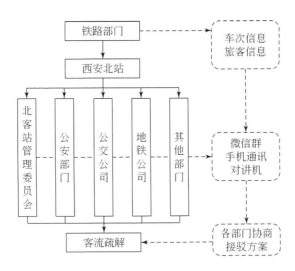

图 6-32　西安北站应急联动机制

尽完善，在滞留事件引起巨大社会反响后，站区应急管理机制做出了一定的改善（表 6-10），例如地铁末班车时刻延后至 24：00、取消"二次安检"、加强站区标识引导等措施，站区接驳流线更为顺畅，为旅客节省了 3 ~ 7 分钟的换乘时间[①]，有效地避免了滞留事件的发生，但这类改善重点仍在于"事后响应"。可以看到，虽然响应机制的改善在一定程度上防止了滞留事件的发生，体现出站区组织管理的韧性，但是响应机制的自我完善过于滞后，需要进一步提升。

表 6-10　西安北站两次联动机制对比

维度	滞留事件发生前联动机制	滞留事件发生后联动机制
主管部门	未央区政府	西安市政府
参与部门	北客站管理委员会、西安北高铁站、铁路部门、地铁部门、区交通局、区城管局、公安未央分局、交警未央大队、公交六公司等	北客站管理委员会、西安北高铁站、铁路部门、区交通局、区城管局、公安未央分局、交警未央大队、公交六公司、西安地铁总公司、西安公交总公司、西安城投公司、西安北高铁站等
工作内容	常态化联动机制建设	关键问题快速解决
重点措施	应急预案演练 公交预备	加开地铁 公交接驳 完善标识设施

① 换乘时耗等数据是利用手机计步应用，采取多次实地测量求取平均值的方式获得。

续表

维度	滞留事件发生前联动机制	滞留事件发生后联动机制
后期工作	无	加快站区规划 完善各类交通接驳方式

6.5.3 韧性调控策略

1. 重视交通功能定位

站区定位应更加重视交通功能的体现，而非激进式地追求交通功能与城市衍生功能属性的一体化。大多数高铁站区、新城开发大都采用资本主导下的增量开发模式，会不可避免地出现超前规划、低效利用的局面，应注重空间定位、开发时序等问题，避免在没有明晰其"区域-城市-场地"的条件下[①]，盲目追求站区的商务精英业态。而交通功能作为高铁站区的核心功能，无论城市商务功能如何，都应放在首位。具体来看，站点功能定位在没有形成完善的交通枢纽前，不应过分追求城市商业商务中心的门户形象体现，以及与交通功能的过度集中，从而避免形象工程造成的空间低效利用。此外，考虑到衍生功能的核心布置在一定程度上会影响站区的韧性体现，挤压冗余性空间、影响旅客换乘的便捷度，这类功能定位应该追求差异化配置。一是站区发展不同阶段一体化程度应存在差异，衍生功能循序渐进地配置，逐渐形成规模化效应；二是对于不同城市，考虑到自身定位、资源禀赋方面存在差异，其商业商务会展等衍生功能比重可进行动态调整，大中城市的高铁站区功能一体化程度适当增加，中小城市则可以避免一体化程度过度增加的趋势[②]。

2. 完善接驳空间布局

站区空间布局应在完善功能要素的同时，控制冗余性，提升多样性。换乘接驳是站区旅客出行的主要目的，缩短换乘时间、距离，对于提升换乘便捷度具有重要意义。完善的空间布局不仅能降低站区客流扰动的突出风险，而且还提升站区韧性，丰富的站区接驳体系则会为韧性响应提供多样的方式，提升站区韧性的

---

① 李建伟，刘科伟，尹怀庭. 城市新区功能定位的理论方法与实证研究. 城市发展研究，2015，22 (7)：71-75，81.

② 汪德根，汤娟，朱梅，等. 长江经济带城市高铁站区节点和场所功能耦合协调分析. 地理科学，2023，43 (8)：1317-1328.

响应速率。一是完善站区功能布局，加快建设边界换乘通道，合理布置站区换乘、接驳流线，完善站区标识体系，提升换乘便捷性。二是发挥常规公交、出租车在韧性响应中的灵活性优势，探索高铁巴士等定制化交通出行的可能，形成动态的站区韧性接驳响应。三是站区的布局追求一定的功能混合，在站区外围周边布置小体量、生活性设施，既能提升多样性，又能间接减少中转型人流，从而降低站区的客流扰动风险。通过站区土地资源的高效利用、站区功能的合理混合，实现站区的高质量开发。

3. 构建高效治理体系

面对日益复杂的城市风险，需要建立更为协调高效的站区治理体系。面对站区存在的主导部门壁垒导致信息传递受阻、二次换乘等低效响应等问题，主张联动机制化被动响应转为主动预防，倡导多主体参与协作，强调各类信息在信息化平台架构上的快速传递，从而形成协调高效的站区韧性治理体系。一是构建具有韧性的站区治理体系，通过设立综合协调机构、制定联席制度、规范法律职责等举措，统筹协调各类资源[1]；二是推动建立信息化联动平台，借助信息通信技术，提升站区韧性治理的科学性、智慧性，加快响应速率，为决策制定提供时间上的冗余；三是倡导片区治理的社会参与，通过建立"政府—组织—个人"的多层级公众参与体系，促进站区治理的全面化，提升韧性响应能力。多措并举，逐步实现站区治理体系与治理能力的现代化。

6.6 本章小结

基于 POI 数据，结合信息熵、优势度、均衡度等量化指标，运用多元回归模型，对 2011~2020 年西安市中心城区站点功能演变特征及影响因素进行了深入研究，为站点功能演变的精细化研究开辟了新的视角。信息熵、优势度、均衡度等指标不仅有效量化了站点功能的多样性、主导性和均衡性，而且能够客观揭示站点功能的演变趋势和特征，为后续的回归分析提供了坚实的基础。同时，选取西安北站高铁站区这一微观街区尺度，通过客流扰动指数、接驳多样性指数、参与式评估等方法，对高铁站区的客流扰动特征、韧性响应机理与规划策略进行深入分析，探索了人本视角下城市韧性的响应机理。本研究不仅丰富了站点功能演变的理论框架，还为站点规划和建设提供了重要的参考依据。

---

① 王莹，王义保. 基于整体性治理理论的城市应急管理体系优化. 城市发展研究，2016，23（2）：98-104.

（1）站点功能信息熵在时间上具有三次明显波动，即快速提升期、稳定演化期和高位运行期，总体呈上升态势，反映了站点功能随时间的演变趋势。站点功能的演变表现为中心稳定、外围嬗变的空间特征。72.22%的站点功能发生变化，且以城市郊区站点为主，同时不同线路站点功能演变具有显著的空间异质性。空间特征表明位于城市郊区的站点功能不断丰富和完善，是未来规划引导的重点。站点功能的结构类型具有明显的混合主导特征，主要是产业型、商服型及公服型等站点向混合型站点转换所致。这一结构演变特征指明了站点功能的引导方向。同时，不同站点类型的时空演变具有不同的特征，居住型站点经历了"先增后减"的演变特征，公共型站点分布呈现出"先分散后缩减"的时空特征，商服型轨道交通站点呈现出"空间扩散、数量提升"的趋势，交通型站点数量呈现出"整体较少、先增后减、中轴分布"的变化特征，产业型站点的空间分布呈现出"数量递减、中心陷落、空间分散"的趋势，混合型站点则呈现出"指状延伸、圈层扩散"的特征。

（2）商服功能（POI_B）（相关系数为0.466）、到城市中心的距离（DFC）（相关系数为-0.417）是站点功能演变的主要因素。其中，商服功能对站点功能完善具有显著的促进作用，推动了站点功能的混合化水平，表明商服功能的增强有助于提升站点功能的多样性和混合程度，进而促进站点与周边区域的互动和发展。而距离城市中心越近，站点功能的混合化水平越高，反映了城市中心对站点功能的集聚和辐射作用；同时，距离城市中心较远的站点交通可达性和吸引力相对较低，导致站点功能相对单一。规划期站点功能受城市空间格局影响较强，到城市中心的距离（DFC）（相关系数为-0.620）是主要影响因素；建设期站点功能受地区经济水平影响较大，产业功能（POI_I）（相关系数为-0.65）是主要影响因素；运营期站点功能主要受商业服务业支配，商服功能（POI_B）（相关系数为0.47）是主要影响因素。分段回归模型结果表明在不同的发展阶段，站点功能受不同因素的影响程度有所不同，这一发现可为不同阶段的站点规划和建设提供针对性的指导。

（3）高铁站区作为客流扰动的重要空间，韧性提升需求日益凸显。选取西安北站高铁站区这一微观街区尺度进行客流时空特征分析，探索了人本视角下城市韧性的响应机理。首先，提出站区客流扰动时间上具有七天周期性、夜间双峰性的特征，空间上体现为客流扰动日间分散、夜间集聚的分异特征。其次，客流扰动下的高铁站区韧性响应机理是站区定位、功能空间、站区接驳、治理主体与治理机制等因素的综合反映，站区定位注重衍生功能、形象工程空间利用低效、接驳多样性未与客流扰动变化协调、治理权责分割增加安检时长与治理机制响应滞后等因素，共同影响着站区的韧性响应。最后，从重视交通功能定位、完善接驳空间布局、构建高效治理体系等三个方面，提出提升高铁站区韧性的规划策略，希望以此塑造高铁站区的韧性。

第7章 主要结论

在国土空间规划体系逐步建立的背景下，控制新增建设用地规模、提高土地利用效率成为城市发展主旋律。土地混合利用作为城市功能的一种组织形式，能够促进土地的集约高效利用，避免城市的无序蔓延，从而提升居民的生活品质，激发城市的空间活力。既有研究在城市宏观层面的时空格局、物质环境方面的作用机理，以及交通、健康和安全等空间效应方面的成果颇丰，而作为土地混合利用核心空间尺度的街区，其行为机理和活力效应研究还比较缺乏。因此，迫切需要从居民的行为需求视角出发，加强街区土地混合利用的时空特征、作用机理与空间效应方向的研究，这将有利于实现功能融合发展，提升居民生活质量和城市空间品质。

本研究立足于城市由"增量扩张"向"存量挖潜"转型背景，以西安市中心城区为例，借助POI、百度热力图等地理大数据，综合运用GIS空间分析、多元回归模型、MGWR模型等方法开展城市土地混合利用空间特征与效应研究。首先，通过建构土地混合利用测度模型，分析土地混合利用的时空演变特征；其次，围绕"5D"建成环境要素构建指标体系，解析土地混合利用与建成环境之间的作用机理，提出精细化空间混合利用的调控优化模式；再次，在城市活力评价指标体系的基础上，解析土地混合利用对空间活力的影响效应，探究时空演变的行为机理，建构活力效应的分析框架体系；最后，结合城市轨道交通站点典型街区功能演变，建立基于居民行为需求特征的人本化研究路径。

（1）从数量、距离与属性三个维度构建土地混合利用的综合测度框架体系，认为西安中心城区土地混合利用呈现出低位运行、稳健增长与可持续性三大时间演变态势，以及方向分布、核心集聚和圈层递减三大空间演变特征。

对土地混合利用进行科学合理的量化，能够全面、深入刻画土地混合利用的程度与空间分布特征。土地混合利用在数量维度上表现为混合功能组成的多样性，距离维度上表现为土地混合利用的空间邻近度，属性维度则表现为用地功能之间的兼容关系。以综合性、层次性、可操作性、精简性为原则，融合数量、距离、属性多维混合状态的测度方法，既考虑了土地混合利用数量的多样性，也将土地利用类型的空间格局和兼容关系予以考量，构建包含多样性、邻近度和兼容性的土地混合利用综合测度框架，为城市土地混合利用空间特征与效应研究奠定基础。

在时间上，西安中心城区的土地混合利用呈现低位运行、稳健增长和可持续性三大特征。西安市中心城区的土地混合利用水平在 2014～2023 年整体水平仍偏低，稳健增长但增速逐渐放缓，具有可持续性的发展趋势。在空间上，土地混合利用呈现方向分布、核心集聚与圈层递减三大特征。西安市中心城区的土地混合利用呈现东北—西南的空间方向性，呈现高混合度空间分析单元集聚分布于城市中心区的特征，且随着与城市中心距离的增加，土地混合利用水平递减的趋势。

（2）路网密度对土地混合利用的促进作用最强，街区面积对土地混合利用的负向影响最显著，并提出三大调控模式。

从建成环境"5D"要素出发构建土地混合利用的影响因素指标体系，借助多元线性回归方法分析土地混合利用的建成环境影响效应，认为路网密度对土地混合利用的促进作用最强，高路网密度提高了不同土地利用类型之间的交通可达性，促进了不同功能区域之间的互动和交流，有利于各类土地利用类型的混合。而街区面积对土地混合利用负向影响最显著，大街区往往形成较大面积的单一用地，增加了居民出行时间、出行距离和成本，从而阻碍功能聚集，不利于土地的混合利用。

遵循整体系统性、保障公益性以及弹性灵活性三大原则，提出控制街区规模、管控开发强度和吸引人流集聚三大调控模式。在控制街区规模方面，应根据不同类型的空间分析单元进行差异化控制，加密支路网，形成弹性的街区开发单元；在管控开发强度方面，应合理选择不同开发强度的混合形态，通过提高空间分析单元的开发强度以提升城市的社会活力和经济活力；在吸引人流集聚方面，应优化公共资源的布局，在公共交通站点周边通过多功能混合提高公共服务设施的可达性，促进城市公共资源的共享共建，为居民提供更多便利和活动选择。

（3）与城市中心的直线距离、容积率和土地混合利用度是影响城市活力的主要因素，并提出强化城市规划引导，提升土地功能混合，稳妥推进城市更新的三大活力提升调控模式。

从社会、经济和文化三个方面构建城市综合活力的评价指标体系，分析城市活力时空演变特征。西安市中心城区城市综合活力呈现整体提升的时间演变特征和核心外围、圈层递减、路径依赖的空间演变特征。在时间方面，2014～2017年增长幅度较小，2017～2023 年增长幅度较大；空间分析单元平均活力逐年递增，64.99% 的空间分析单元活力值在 2014～2023 年持续增长。在空间方面，活力高值区主要集中在城市核心区域，各类城市活动主要集聚在三环以内；城市活力从中心区到外围区活力数值逐渐减小，逐层递减；城市活力高值区集聚分布在地铁线路和环线干路沿线，并在地铁换乘站点、地铁与环路的交叉处集聚效应增强，其中城市二环的集聚效应最为显著。同时，土地混合利用与城市活力的耦合分析结果呈现出空间异质、圈层分布和异向拓展等特征。这些空间耦合特征可能是受到西安的地形（平原地势）和城市建设形式（圈层式扩张）的影响，并且不同类型耦合关系的空间分布也反映了城市发展的方向。

本研究借助 MGWR 模型探究建成环境要素对城市活力的影响效应，不同的建成环境因素对城市活力的影响不尽相同，与城市中心的直线距离、容积率和土地混合利用度是影响城市活力的主要因素。其中，与城市中心的直线距离的影响效应具有明显的空间异质性，呈现负向抑制效应；容积率则为全局尺度，呈现正向促进效应；土地混合利用度具有明显的空间异质性，呈现正向促进效应，整体仅在城市二环外的东部区域呈现明显的低值区。

遵循综合协调、混合兼容、弹性开发和集约高效等原则，本书提出强化城市规划引导，提升土地功能混合，稳妥推进城市更新三大调控模式。强化规划引导包括"坚持市场运作，明确功能定位"和"倡导用地兼容，建构管控体系"两种策略；提升土地功能混合策略包括"明确情形，确定管控要求"和"因地制宜，分区分步实施"；稳妥推进城市更新包括"科学控制开发强度"和"倡导多中心发展模式"两种策略，促进城市空间活力提升。

（4）西安市城市轨道交通站点功能呈现波动上升、中稳外变和混合主导的演变特征，商服功能、到城市中心的距离是城市轨道交通站点功能演变的主要因素，并结合西安北站客流扰动与韧性响应机理，提出高铁站区韧性提升策略。

基于 POI 数据，利用信息熵、优势度、均衡度和分层回归模型对西安市中心城区轨道交通站点的功能演变特征及影响因素开展精细化研究。站点功能信息熵在时间上具有三次明显波动，即快速提升期、稳定演化期和高位运行期，呈总体上升态势，反映了站点功能随时间的演变趋势。站点功能的演变表现为中心稳定、外围嬗变的空间特征。位于郊区的站点功能不断丰富和完善，是未来规划引导的重点。站点功能的结构类型具有明显的混合主导特征，主要是产业型、商服型及公服型等站点向混合型站点转换所致。

商服功能（相关系数为 0.466）、到城市中心的距离（相关系数为 -0.417）是站点功能演变的主要因素。其中，商服功能对站点功能完善具有显著的促进作用，推动了站点功能的混合化水平，表明商服功能的增强有助于提升站点功能的多样性和混合程度。而距离城市中心越近，站点功能的混合化水平越高，反映了城市中心对站点功能的集聚和辐射作用。同时，距离城市中心较远的站点交通可达性和吸引力相对较低，导致站点功能相对单一。规划期站点功能受城市空间格局影响较强，到城市中心的距离（相关系数为 -0.620）是主要影响因素；建设期站点功能受地区经济水平影响较大，产业功能（相关系数为–0.650）是主要影响因素；运营期站点功能主要受商业服务业支配，商服功能（相关系数为0.470）是主要影响因素。分段回归模型结果表明在不同的发展阶段，站点功能受不同因素的影响程度有所不同，这一发现可为不同阶段的站点规划和建设提供针对性的指导。

对西安北站的客流扰动特征、韧性响应机理与规划策略进行深入分析，结果表明客流扰动具有时间周期性与空间分异性的时空特征，高铁站区的韧性响应是开发定位失准、空间利用低效、接驳多样性失调、治理权责分割与机制响应滞后等因素共同作用的结果，建议从重视交通功能定位、完善接驳空间布局、构建高效治理体系方面提升响应效率，提升高铁站区的韧性。